古都西安

贺从容 编著

中国古代建筑知识普及与传承系列丛书

中国古都五书

清华大学出版社
北京

版权所有，侵权必究。举报：010-62782989，beiqinquan@tup.tsinghua.edu.cn。

图书在版编目（CIP）数据

古都西安 / 贺从容编著. —北京：清华大学出版社，2012（2024.8重印）
（中国古代建筑知识普及与传承系列丛书·中国古都五书）
ISBN 978-7-302-29476-4

Ⅰ．①古… Ⅱ．①贺… Ⅲ．①古建筑—介绍—西安市 Ⅳ．① K928.71

中国版本图书馆CIP数据核字（2012）第154582号

责任编辑：徐　颖
装帧设计：王华工作室 + 孙世魁
责任校对：王凤芝
责任印制：杨　艳

出版发行：清华大学出版社
　　　　　网　　址：https://www.tup.com.cn，https://www.wqxuetang.com
　　　　　地　　址：北京清华大学学研大厦A座　　邮　　编：100084
　　　　　社 总 机：010-83470000　　　　　　　　邮　　购：010-62786544
　　　　　投稿与读者服务：010-62776969，c-service@tup.tsinghua.edu.cn
　　　　　质量反馈：010-62772015，zhiliang@tup.tsinghua.edu.cn
印 装 者：小森印刷（北京）有限公司
经　　销：全国新华书店
开　　本：170mm×230mm　　　印　　张：24.5　　　字　　数：257千字
版　　次：2012年7月第1版　　　印　　次：2024年8月第12次印刷
定　　价：139.00元

产品编号：047771-05

献给关注中国古代建筑文化的人们

策划：华润雪花啤酒（中国）有限公司
　　　清华大学建筑学院
统筹：王　群　朱文一
主持：王贵祥　曾申平
执行：清华大学建筑学院
资助：华润雪花啤酒（中国）有限公司

参赞：侯孝海　张远堂　陈　迟　连　博　张　巍
　　　刘　旭　阎　东　李　念　韩晓菲　廖慧农
　　　袁增梅　张　弦

·总序一·

2008年年初,我们总算和清华大学完成了谈判,召开了一个小小的新闻发布会。面对一脸茫然的记者和不着边际的提问,我心里想,和清华大学的这项合作,真是很有必要。

在"大国"、"崛起"甚嚣尘上的背后,中国人不乏智慧、不乏决心、不乏激情,甚至不乏财力。但关键的是,我们缺少一点"独立性",不论是我们的"产品",还是我们的"思想"。没有"独立性",就不会有"独特性";没有"独特性",连"识别"都无法建立。

我们最独特的东西,就是自己的文化了。学术界有一句话:"建筑是一个民族文化的结晶。"梁思成先生说得稍客气一些:"雄峙已数百年的古建筑,充沛艺术趣味的街市,为一民族文化之显著表现者。"当然我是在"断章取义",把逗号改成了句号。这句话的结尾是:"亦常在'改善'的旗帜之下完全牺牲。"

我们的初衷,是想为中国古建筑知识的普及做一点事情。通过专家给大众写书的方式,使中国古建筑知识得以普及和传承。当我们开始行动时,由我们自己的无知产生了两个惊奇:一是在这片天地里,有这么多的前辈和新秀在努力和富有成果地工作着;二是这个领域的研究经费是如此的窘迫,令我们瞠目结舌。

希望"中国古代建筑知识普及与传承系列丛书"的出版,能为中国古建筑知识的普及贡献一点力量;能让从事中国古建筑研究的前辈、新秀们的研究成果得到更多的宣扬;能为读者了解和认识中国古建筑提供一点工具;能为我们的"独立性"添砖加瓦。

王 群

华润雪花啤酒(中国)有限公司 总经理
2009年1月1日于北京

· 总序二 ·

2008年的一天，王贵祥教授告知有一项大合作正在谈判之中。华润雪花啤酒（中国）有限公司准备资助清华开展中国建筑研究与普及。资助总经费达1000万元之巨！这对于像中国传统建筑研究这样的纯理论领域而言，无异于天文数字。身为院长的我不敢怠慢，随即跟着王教授奔赴雪花总部，在公司的大会议室见到了王群总经理。他留给我的印象是慈眉善目，始终面带微笑。

从知道这项合作那天起，我就一直在琢磨一个问题：中国传统建筑还能与源自西方的啤酒产生关联？王总的微笑似乎给出了答案：建筑与啤酒之间似乎并无关联，但在雪花与清华联手之后，情况将会发生改变，中国传统建筑研究领域将会带有雪花啤酒深深的印记。

其后不久，签约仪式在清华大学隆重举行，我有机会再次见到王总。有一个场景令我记忆至今，王总在象征合作的揭幕牌上按下印章后，发现印上的墨色较浅，当即遗憾地一声叹息。我刹那间感悟到王总的性格。这是一位做事一丝不苟、追求完美的人。

对自己有严格要求的人，代表的是一个锐意进取的企业。这样一个企业，必然对合作者有同样严格的要求。而他的合作者也是这样的一个集体。清华大学建筑学院建筑历史研究所，这个不大的集体，其背后的积累却可以一直追溯到80年前，在爱国志士朱启钤先生资助下创办的"中国营造学社"。60年前，梁思成先生把这份事业带到清华，第一次系统地写出了中国人自己的建筑史。而今天，在王贵祥教授和他的年长或年轻的同事们，以及整个建筑史界的同仁们的辛勤耕耘下，中国传统建筑研究领域硕果累累。又一股强大的力量！强强联合一定能出精品！

王群总经理与王贵祥教授，企业家与建筑家十指紧扣，成就了一次企业与文化的成功联姻，一次企业与教育的无间合作。今天这次联手，一定能开创中国传统建筑研究与普及的新局面！

朱文一

清华大学建筑学院　院长
2009年1月22日凌晨于清华园

目录

引言 /1

第壹章 秦中自古帝王州——西安建都的历史 /11

第一节　史前的秦川　/13
第二节　西周的都城丰镐　/16
第三节　秦咸阳　/19
第四节　汉长安的规划布局特点　/22
第五节　两晋南北朝时期的长安城　/34
第六节　隋唐长安城的规划　/37
第七节　唐以后的西安城　/54

第贰章 各领风骚数百年——西安历史上的宫殿 /65

第一节　秦咸阳宫　/68
第二节　秦阿房宫　/70
第三节　汉长乐宫　/71
第四节　汉未央宫　/78
第五节　汉长安桂宫　/99
第六节　汉长安北宫　/107
第七节　隋大兴宫——唐太极宫（西内）　/109
第八节　唐大明宫（东内）　/112
第九节　唐兴庆宫（南内）　/124

第叁章 仙山琼阁皇家苑——汉唐长安的离宫苑囿 /131

第一节 　上林苑 /134
第二节 　建章宫 /143
第三节 　甘泉苑 /146
第四节 　隋大兴苑——唐长安禁苑 /149
第五节 　唐长安内苑 /152
第六节 　曲江芙蓉苑——郊野御苑 /154
第七节 　隋仁寿宫——唐九成宫——唐万年宫 /158
第八节 　唐太和宫——翠微宫 /161
第九节 　华清宫 /163

第肆章 繁花似锦山池园——西安历史上的园林 /171

第一节 　唐长安三内园林 /173
第二节 　官署园林 /175
第三节 　私家园林 /177
第四节 　寺观园林和公共园林 /185

第伍章 明堂宗庙安社稷——西安的礼制建筑 /187

第一节 　汉长安明堂辟雍 /189
第二节 　汉长安宗庙 /192

第三节　汉长安社稷坛　/196
第四节　汉长安其他礼制建筑　/198
第五节　隋唐长安宗庙和社稷　/202
第六节　隋唐长安的明堂方案　/204
第七节　隋唐长安郊坛和家庙　/209
第八节　其他礼制建筑　/211

第陆章　名刹古寺遍长安——西安历史上的宗教建筑　/215

第一节　隋唐长安的佛教建筑概况　/217
第二节　隋唐长安的道教建筑　/228
第三节　隋唐长安中的其他宗教建筑　/230
第四节　保留至今的古寺道观　/232

第柒章　百千家似围棋局——城坊内的住宅与市场　/275

第一节　汉长安城中的里居　/278
第二节　隋唐长安城坊中的住宅　/280
第三节　汉长安的市场　/311
第四节　隋唐长安两市　/314

第捌章 汉唐帝陵田野间——西安地区的帝陵　/317

第一节　秦始皇陵　/319
第二节　西汉长安附近的帝陵　/324
第三节　汉代陵邑　/331
第四节　隋唐帝陵　/335

插图目录　/350
参考文献　/363
附录　西安重要古建筑遗址列表　/366
后记　/378

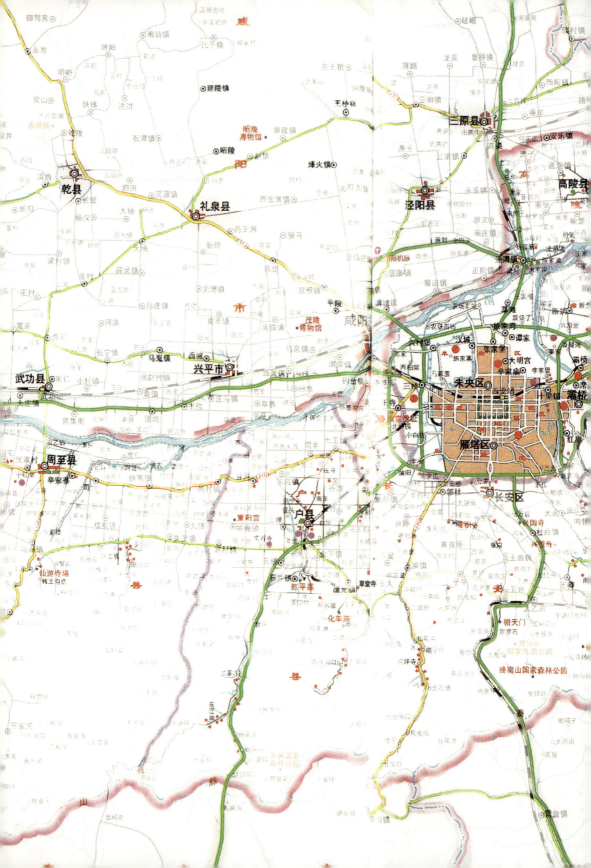

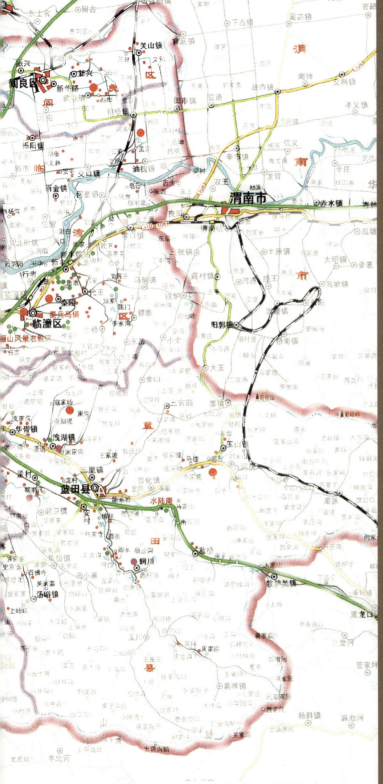

西安地区古建筑遗址分布示意图

古都西安，古称长安，坐落于陕西渭河平原关中盆地，每每成为国外元首访华的第一站，被比作中国的古希腊、古罗马，华夏文明的摇篮。（图0.1）在中国历史上，西安是历时最长的古都，建都历史超过千年。西安所在的这片土地，先后做过西周、秦、西汉、东汉、新莽、西晋、前赵、前秦、后秦、西魏、北周、隋、唐十三个大小王朝的都城，享有"秦中自古帝王州"[①]的盛誉。尤其是强盛的周、秦、汉、隋、唐等朝代在此建都，使它充满了神秘而厚重的色彩，有着在国人记忆中抹不去的帝都形象。西安为什么会如此受到帝王们的钟爱呢？

西安在中国古代，尤其是宋以前的繁盛，绝非偶然。它在中国历史版图上所具有的特殊位势和优越的地理防御形势，无疑是吸引数代帝王建都于此的重要原因。在几何位置上，西安处于中国的中心，但就人口财富和发展重心而言，西安位于中国的版图偏西。中国宋以前的边防大患在北方与西北，汉初与北方朔漠匈奴的顽强对抗，唐初与突厥的对峙，都反映出西北游牧民族的强大政权始终是中原大业的威胁，与之对抗的中原军事力量自然偏向西边，所以定都长安不仅是以

图0.1 西安在世界地图的位置

关中为本位掌控中国域内，同时也是政府对疆域主动防卫、积极开拓的宏观谋略。以发展计，中国西部有广阔无垠的空间，定都关中势必为西部的开拓创造有利条件。事实也证明，西汉一代和有唐一代在西部经济的开发上，投入和建树的力度远胜于其他朝代，使西部生产力水平大有提高。（图0.2）

其实，长安偏于西北，于管理东部经济发达地区并不十分有利，为了加强对东部和东南部的控制和管理，以长安为都者，往往以洛阳为其陪都（称东都），将长安作为政治与军事中心，而将洛阳作为经济与文化中心，这种局面一直维持到唐末。宋以后，中国的边防大患向东、东北转移，至明清时期形成以燕京为本位的防御格局。宋以后，特别是明清以后，西部经济已明显落后于东部地区。

西安的重要性也源于它险要的地理位置，古之"建邦设都，皆凭险阻"[②]。西安位于陕西黄土高原南端，黄河西岸渭水中下游平原之上。东部是自北向南再滚

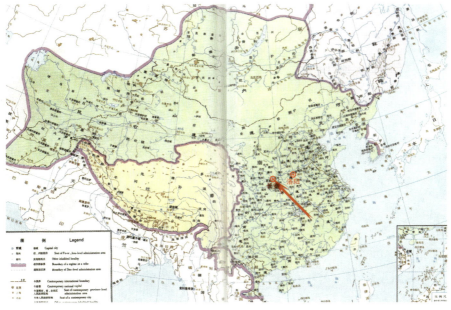

图0.2 唐时全国地图

---

① 唐代诗人杜甫诗《秋兴》中名句。
② [南宋]郑樵. 通志. 都邑序.

滚东去的黄河，南部是横亘于我国中部的南北气候分界线——秦岭山脉，包括险峻挺拔的西岳华山，景色秀丽的骊山、终南山和太白山等，北部和西部接壤着由东向西绵延起伏的北山山脉，共同形成了环山带河的天然地理屏障，也形成了四周环绕的山地景观。因为陕西曾是秦国治地古称"秦"，所以横贯陕西中部的主要山脉称"秦岭"，渭河平原称"秦川"和"秦中"，西安所在的陕西中部盆地古称"八百里秦川"。此地东有函谷关之固，西有散关之险，南有武关，北为萧关，地势十分险要，因位于四关之中，所以又称"关中"。（图0.3～图0.6）

一方面，关中水陆交通十分便利。在北方，秦代所修宽达数十米、绵延千里的驰道直通蒙古草原，是抗击匈奴、供给给养的主动脉；在南方，有子午道、傥骆道、褒斜道、陈仓道可越汉中而抵巴蜀。另一方面，凭借四周山脉和山中关口，关中地势险要，易守难攻，是兵家必争之地。东南方向商洛山中的武关道，是通往楚地的咽喉，公元前209年刘邦入秦即经此关；西向散关紧扼川陕交通要道，自古以来为兵家必争之地；北面萧关因其易守难攻，有"长安咽喉，西凉襟

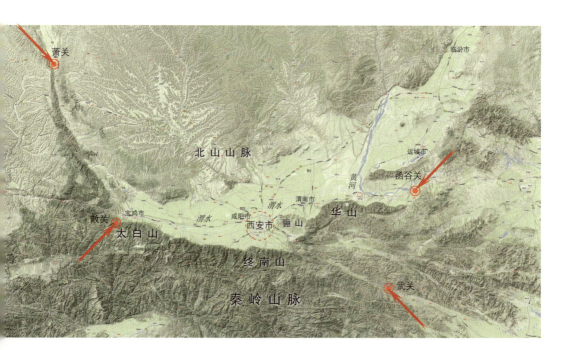

图0.3 西安周边地形图+四关

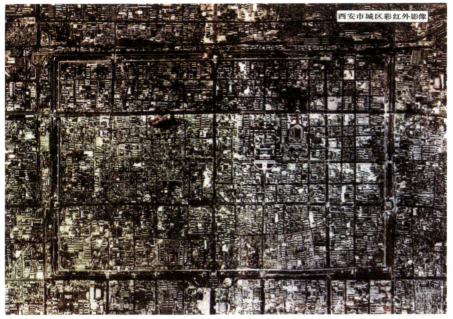

图0.4 西安市城区远红外图

图0.5 西安周边山脉照片

图0.6 西安周边要塞照片

带"之称。而东面函谷关为四关之首,是关中门户,由秦开设于战国,它北临黄河,南靠大山,东西通道在断裂的山石裂缝中行进百余里,奇险无比。战国时苏秦合纵六国攻打秦国,就是在函谷关前惨败,秦汉之交,刘邦进军关中,也不得不绕道南行。因此历代谋士和学者对关中形势十分推重,汉代张良称其"被山带河,可进可退,四塞以为固,可谓金城千里"①,顾祖禹则评价说:"以陕西而发难者,虽微必大,虽弱必强,不为天下雄,则为天下祸。"② 险要的地势在古代战争中具有十分重要的作用,因而成为数代都城选址的重要因素之一。

  古代都城的选址,不仅要满足政治筹划,军事防卫,还需要有适合生存的环境、足够富足的土地保障庞大的政权机构的居住给养,军队给养屯驻以及城中大量人口的生产和生活。而关中盆地的交通便利、水源充沛、气候温和、物产丰富、经济发达,为此提供了优越的条件。关中盆地海拔400米左右,构造为鄂尔多斯台地南沿下沉地带,盆地的地势西高东低,南北高、中间低,渭河由西向东穿过盆地,形成了平坦辽阔的冲积平原,"黄壤千里,沃野弥望",非常利于庄

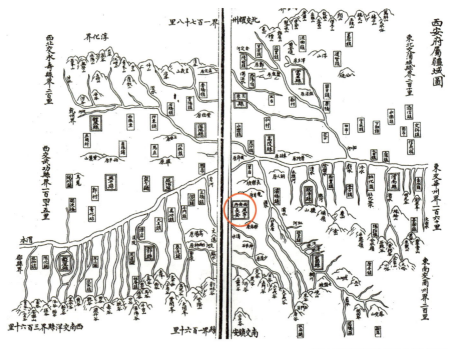

图0.7 西安府周边河流山川示意图

稼耕种，使关中盆地有"天府"、"陆海"之称。同时，关中盆地的水源十分丰富，尤其是龙首原附近河流密布，有渭水、浐水、灞水、涝水、沣水、滈水、皂水、潏(yù)水八条河流环绕其间，所谓"八水绕长安"。这里地势平坦，土质肥沃，水源丰富，为都城建设奠定了物质基础（图0.7）、为农业耕种和灌溉提供了得天独厚的条件。此外，关中盆地为暖温带气候，不仅使这里麦粟丰饶，而且还植被繁茂，落叶阔叶林与常绿阔叶林混交，汉时还有"渭川千亩竹山"③、"览竹林之榛榛"④的记载。

险要和富饶孕育了煌煌帝都。在中国都城历史的坐标上，西安不仅曾是华夏文明的起点之一，而且还是中国古代几大文化区的交界地，西北通戎狄，西南连巴蜀，东北接三晋，东南达荆楚，交通极为便利。在对外文化交往上，这里曾是世界著名的"丝绸之路"的起点（图0.8）。定都于此，亦奠定了汉唐时期以中亚、西亚为主的中西文化交流格局。先后被周、秦、汉、唐几大王朝精心营造为丰京、镐京、咸阳、长安、大兴之后，它见证了"文景之治"、"贞观之治"、"开元盛世"的鼎盛辉煌，保存着中华民族最为自豪和珍贵的汉唐文化记忆。其中最最响亮的名字，每每被后世学者不吝溢美之词反复追颂

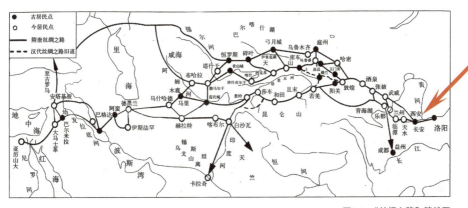

图0.8 "丝绸之路"路线图

---

① [汉] 司马迁. 史记. 留侯世家. 卷五十五.
② [清] 顾祖禹 撰. 读史方舆纪要.
③ [汉] 司马迁. 史记. 货殖列传. 卷一百二十九.
④ [汉] 班固. 汉书. 司马相如传. 卷五十七.

的名字,毫无疑问是长安。汉长安的壮丽,隋唐长安的大气磅礴,雍容华贵,让后人梦绕魂牵。

汉长安和隋唐长安不仅都规模庞大,城市规划上还各有特色。汉长安沿袭了秦咸阳的一些自由不羁但仍不失规整的风格,反映出开拓时期对都城理想模式的实践和探索,为后世积累了规划经验;隋唐长安规划极为严整有序,在这方面非但中国其他古都不能比,在世界城市史上也少有能及。汉唐长安城亦拥有宫殿、苑囿、坛庙、寺观等诸多粲然的建筑,创建了未央宫、大明宫、上林苑、甘泉宫、华清池、芙蓉苑等脍炙人口的传世经典作品。西安至今仍然保留有类型多样、跨度广且流传久的古代遗址、遗迹和遗物,特别是封建社会鼎盛时期的汉唐都城和壮观的建筑遗址,为后人展示和保存了古都规划建设的真实信息(图0.9~图0.10)。

或可借此书,与同好者一起踏勘西安古代都城和建筑遗迹,分享古都西安历史上的规划和建筑经验,领略汉唐都城的恢弘、宫殿寺观的壮丽以及园林闾里的微妙演绎。

图0.9 大明宫的数字化再现

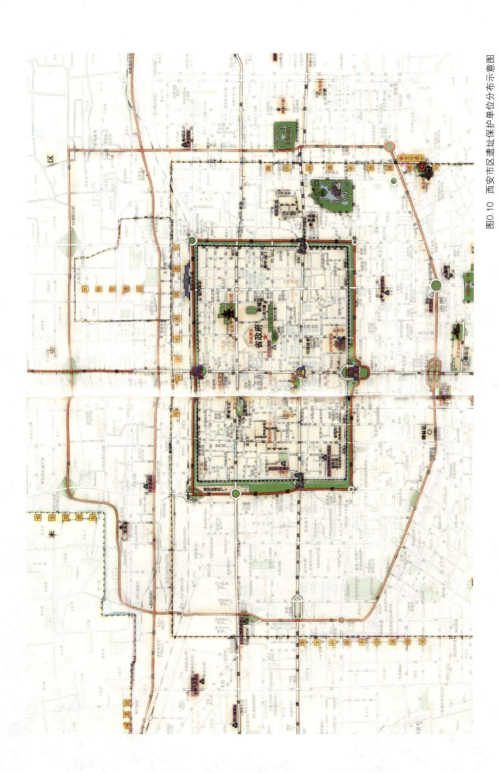

图0.10 西安市区遗址保护单位分布示意图

第壹章

秦中自古帝王州——西安建都的历史

若从考古学家根据地面遗存推断的蓝田人时代算起，关中的人类居住历史至今约有70万年；从公元前11世纪周文王灭崇国建都丰京到现在，建都史约有3000年；即使仅将西安作为都城的时间累计起来，亦约有1000余年。

第一节

史前的秦川

秦川温和的气候、丰富的水源以及丰腴的物产，自古以来为人类繁衍生息提供了比较优越的自然环境。

根据地面遗存，考古学家们推断，距今约70万年前，这片土地上已有旧石器时期的猿人（蓝田人）居住。蓝田猿人遗址位于今西安东南蓝田县公王岭，坐落在灞河南岸最高一级阶地上，依山傍水，是迄今为止中国长江以北发现的最早的人类遗址之一。考古学家认为，远在第四纪中更新代早期，这里气候温暖，雨量充沛，有茂密的森林和丰富的动物、植物，具有良好的自然环境和生存条件。1979年建立的蓝田猿人遗址保管所内，迄今保存着蓝田先人使用过的刮削器、砍砸器和尖状器等加工粗糙的石器，是蓝田猿人在此生活过的见证。

距今约六千多年前，又有一支新石器时期母系氏族的先民在今西安东郊浐河岸边半坡村一带生活。根据半坡人留下的遗址，考古学家判定它为黄河流域典型的原始社会母系氏族公社村落遗址，推测它是个有百余座房舍、可居住四五百人的原始村落。村落选址在浐河东岸的台地上，背靠灞陵原，利于耕牧与取水。自然环境优美，地势高，中间是肥沃的河谷台地。遗址东西长约200米、南北长约300米，现仅发掘3500平方米，46座房屋。村落已有初步的区划布局，分为3个区域，南面是居住区，在台地中心；东为制陶窑场，已出土6座中国最为古老的陶窑；北为成人公墓，公墓与居住区隔一条沟渠，可见居住区与墓葬区之间有分隔；夭折的幼儿则放入陶瓮埋在住房附近。在聚落的中心有个广场和一座规模很大的近于方形的房屋，可能是氏族首领的住所或氏族成员举行会议和宗教活动的场所。住房围绕广场和大房子布置，一些宽约1.9米的小壕沟再将住房划分为不同的居住组群。聚落四周有宽、深分别达5米、6米的壕沟环绕，以供防御及排水。（图1.1～图1.2）

图1.1 陕西西安半坡遗址照片

半坡遗址中发掘有平面为方形或圆形的半穴或地面住屋遗址,据建筑考古学者研究复原,住屋大多一面开门,半穴居的地面有个斜坡道导向地面,坡道上有雨篷遮蔽,有的室内用短墙隔出"门厅"。这些住屋的结构均采用木骨泥墙的方式,圆形房屋中间立柱,柱子埋在地里,节点采用绑扎法,柱顶绑扎脊檩,屋顶可能是四坡或两坡。室内地面有的细泥抹面,有的烧烤后陶化作为防潮层,也有的铺设木材、芦苇等防潮。室内有烧火的坑穴,屋顶设排烟口。到

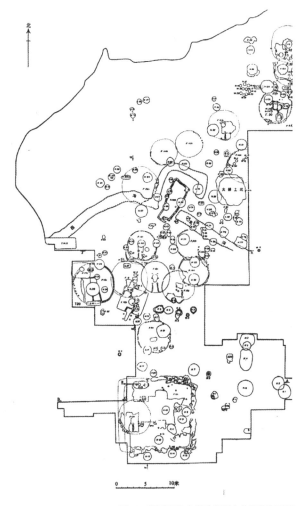

图1.2 陕西西安市半坡仰韶文化聚落平面图

仰韶末期，房屋结构已经是柱子排列整齐，木构架和外墙分工明确，表明木构架建筑技术大有提高。（图1.3～图1.5）

1958年在半坡建立了我国第一座遗址博物馆，将近三千平方米的遗址用建筑覆盖保护起来，展示半坡遗址中的房屋、窖穴、灶坑、烧制陶器的窑址、牲畜圈、男女分葬的集体墓地、各种生产及生活用品等，还建造文物展室，生动地展现了六千多年前半坡先民的生产与生活情况。

图1.3 西安半坡囤式建筑复原模型

图1.4 西安半坡方形半穴居复原模型

图1.5 西安半坡圆形穹隆复原模型

第二节

西周的都城丰镐

丰镐，是周文王所建丰京和周武王所建镐京的合称，灭商之后，丰、镐合为周王朝的统治中心，亦称宗周，①是关中平原上的第一座都城。

商时，周族活动在陕甘一带。公元前1136年周文王灭崇侯虎（纣王的亲信），扫清了伐商的重要障碍，为向东拓展，周文王在关中平原的沣水西岸营建了丰京。那么在丰京之前，此地是什么状况呢？《史记·周本纪》有载："明年，伐崇侯虎。而作丰邑，自岐下而徙都丰。"《正义》注："皇甫谧云夏鲧封。虞、夏、商、周皆有崇国。崇国，盖在丰、镐之间。《诗》云：'既伐于崇，作邑于丰'，是国之地也。"《史记·夏本纪》中的《索隐》载："皇甫谧云：'鲧，帝颛顼之子，字熙。'"又《连山易》云："'鲧封于崇。'故《国语》谓之'崇伯鲧'。"《康熙字典》解："崇，又国名。尧时崇伯鲧，商崇侯虎，今西安府鄠县。"②也就是说，后世学者推测崇国即在丰、镐之间，即今西安市西南斗门到马王镇一带。崇国自尧帝封给鲧以来一直存在，到周文王灭崇侯虎，约有一千两百年的历史，以此推测在周文王建设丰京之前，此地已有些居民聚落甚至城池，具有一定的城邑建设基础。

周族不断壮大，周武王继位后，又在沣水东岸营建了新城镐京，与沣河西岸的丰京隔河相望。自灭商到公元前770年周平王东迁之前的近三百年间，丰镐一直是周王朝的政治、经济和文化的中心，周王在镐京居住理政，在丰京祭祀先祖。由于西汉时挖掘昆明池，镐京遗址内迹象大半已被破坏。

西周与春秋战国，是中国古代城市规划建设的一个活跃时期。自周代初年起，随着分封制的推行和发展，分封到各国的诸侯领主，纷纷在自己的领地上建立或扩建城邑，作为他们在政治、经济和军事上的据点，都城营造也开始有了方法和制度的总结。据文献记载，周代根据宗法分封制度对城市规定了严格的等级，大体可以分为三类：（1）周王都城（称为"王城"或"国"）；（2）诸侯封国都城；（3）宗室或卿大夫封地都邑。③ 除了政治地位的高低以外，在城市规模上，诸侯城大的不超过王城的1/3，中等的1/5，小的1/9。城墙高度、道路宽度以及各种重要建筑物都必须按等级制造，否则就是"僭越"。

成书于春秋末叶的齐国官书《周礼·考工记》追述了西周都城规划制度："匠人营国，方九里，旁三门，国中九经九纬，经涂九轨，左祖右社稷，面朝后市，市朝一夫。"意思是：匠人营造的王城，方形，每面九里，各开三座城门。城内有九条横街，九条纵街，每街宽均可容九辆马车并行；城的中部为宫城，左设宗庙，右设祭坛，宫城前（即南部）为外朝，宫城后（即北部）为宫市；宫市和外

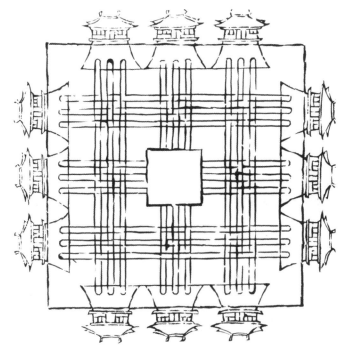

图1.6 [宋]聂崇义《三礼图》中的周王城图

---

① 周先后有三都：岐周（岐阳）、宗周（丰镐）、成周（洛邑），三都依次向东，类似于圣都、主都、新都，宗周丰镐是最主要统治时期的都城。
② 鄠县，于1964年改为户县，以剪纸闻名于世。
③ 依《左传》庄公二十八年所载，建有宗庙者，方可称"都"；无宗庙者称"邑"。

朝的面积各方一百亩。这是中国最早见载于文献的一段关于国都的规划方法，规整、方正、中轴对称的城市格局，综合考虑了城门、道路、宫殿、居住用地之间的协调。这套严格规整的规划制度，反映了周时都城的营造思想，对后世中国古代城市的规划布局产生了深远的影响。（图1.6）

丰镐的规划格局、城墙城廓至今难以确知，唯考古发掘丰、镐两地仍有丰富的西周文化遗存。丰京遗址位于今西安西南长安县内的马王村、西王村、冯村和张家坡一带，遗址面积约6平方公里，相当于郑州商城的3倍。

镐京遗址隔着沣河与丰京相对，在今斗门镇、花园村和普渡村一带，遗址东西长约3公里、南北宽约2公里，面积在4平方公里以上。镐京遗址的北部，有大面积夯土建筑群基址，考古发现西周建筑基址11座，其中5号宫殿最大，夯土台基面积约3300平方米，朝向东南，平面呈"工"字形。宫殿主体建筑居中，南北长59米，东西宽23米，两翼有对称的附属建筑，南北还有对称分布的两组附属建筑群，遗址年代大致在西周中期偏晚。

以上两个大型遗址群为我们揭示了丰镐都城北部宫殿区域建设之一角。此外，考古学者在丰京遗址内探出一条10米宽的大路，已探明的长约200米。镐京遗址内还有数以百计的西周墓葬。张家坡、马王村、新旺村有多处铜器窖藏。洛水村、张家坡、新旺村、普渡村等处发现制陶、制骨作坊。透过这些遗存，略可窥见丰镐内的功能分布。

另外，在张家坡、客省庄、普渡村，还有较为集中的墓葬及附葬的车马坑、马坑、牛坑等考古发现。在沣河西岸张家坡，中国社科院考古研究所在1956—1986年的多次考古发掘中，揭露了西周早、晚两个时期十余座车马坑，目前清理了4座，展出了其中比较完整的一座。

文献和考古材料表明，西周时期丰、镐并用，同为西周的政治、经济、文化中心，或可看做是一座都城的两个区域。都城内拥有宫殿、窖藏、制陶、制骨作坊，道路以及比较集中的墓葬及附葬的车马坑、马坑等设施，宫殿内有较完整的地下排水管道。西周末年，由于戎人入侵，周平王被迫东迁洛邑，丰、镐二京遂被放弃。1961年，丰镐遗址被国务院公布为全国重点文物保护单位，其布局以及附近的西周王陵有待于进一步探究。

第三节

秦咸阳

东迁后的周天子名存实亡，春秋战国群雄争霸的混乱局面一直持续了四百多年。到战国后期，地处西北的秦国任用商鞅变法渐渐强大起来。秦国初建都于关中平原西部的雍（今凤翔县城南），后迁都于栎阳（今西安东北的栎阳），公元前350年秦孝公向东迁定都于咸阳（今西安西北郊）。

公元前221年秦始皇结束了多年来诸侯国间的争战，灭六国后建立了中国历史上第一个统一的王朝——秦，自此咸阳成为整个秦王朝的国都，也因此具有了空前的规模和建设。之所以称为咸阳，是因为它位于九嵕山之南，渭水之北，山水皆为阳。咸阳位于关中平原的中心，北依高原，南临渭水，既有军事防卫优势，又是关中地区的交通枢纽，既能东出函谷关与诸侯争锋，又能确保渭水流域丰厚的农业收成，是个理想的建都之地。秦咸阳城渭北部分的范围，大致东起柏家嘴，西迄毛王沟，南至草滩农场，北抵高干渠，东西广约6公里，南北长约7.5公里，面积达45平方公里。秦始皇在渭南大兴土木所建的宫室，坛庙及其相应的附属建筑物与构筑物，如官署、道路等，资料缺阙，只能留待以后详述。

在中国古代都城规划史上，秦咸阳是一个独特的比较自由生长的城市，它随着秦国的强大和秦王朝的统一逐渐拓展。秦孝公始建时只在渭水北岸建有规模很小的冀阙和宫殿，惠文王时有扩建，秦始皇时则空前发展，不仅渭北建筑密布，还将城区延伸到渭南，"东西八百里，南北四百里，离宫别馆，相望联属。"[1] 城区主体开始向渭水南岸转移。秦后期，渭南城区的规模已经大大超过渭北旧城。而且在城市空间处理上，以

---

[1] 三辅黄图. 卷一. 咸阳故城.

天相比，以山代阙，重视利用自然条件，城市与自然交织在一起。（图1.7）秦咸阳城顺着地形建造，以宫殿为核心展开，整个城市的总体布局比较松散。秦咸阳宫室规模庞大，数量繁多，秦王处理朝政的宫殿有渭北咸阳旧宫和渭南新宫，另有离宫无数，非常分散。在渭水两岸，还建造长桥连通南北，形成"渭水贯都，以象天汉，横桥南渡，以法牵牛"的格局。

秦末战争使咸阳城遭到破坏，公元前202年刘邦建都城于渭水之南的长安，咸阳改为县。后来由于渭水河床北移，秦咸阳城遗址大部被水淹没，现存遗址迹象毁损严重。考古发掘其渭北城区遗址在今咸阳市东10公里的长陵车站以东窑店镇、毛王沟、红旗乡的柏家嘴、咸同铁路、高干渠一带，东西约6公里，南北约7.5公里，面积约45平方公里，考古未发掘有城垣。据刘叙杰先生《中国古代建筑史》第一卷中分析，咸阳城未建防御城垣的原因，可能与统一天下，无复担心王朝安全有关。目前发掘的咸阳宫城遗址居于城北，大体呈矩形，东西约900米，南北约580米，仅北、西、南三面有宫墙。宫城东西两侧有宫廷手工业作坊，宫西约4公里处有民间制陶作坊，并发现水井百余口。城内排水多使用陶制水管。根据排水量，管道有单管、双管及四管并联等排布方式。陶管每节长半米左右，直径大小不等，约0.19～0.59米之间，并均有子母口。渭南城区部分仍待考古发掘和研究。

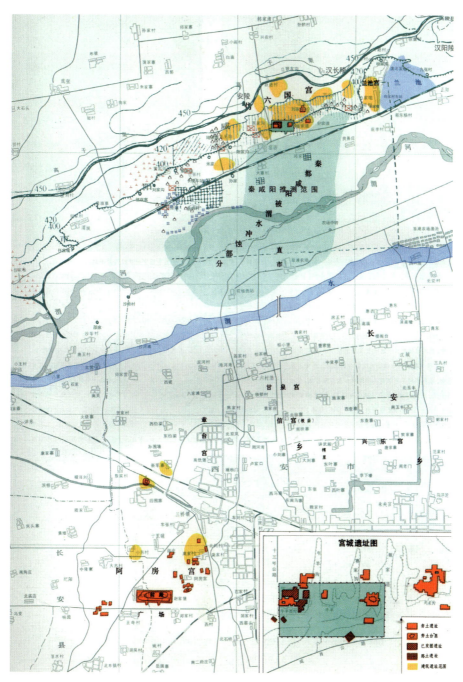

图1.7 秦都咸阳位置示意图

第四节

汉长安的规划布局特点

一、定都关中

刘邦大军平定中原初建西汉王朝时,关于定都何处主要有两种意见:一种是以祖籍关东的将领为代表,主张建都洛阳,以控制富庶的华中平原,同时靠近关东,以应军中主力将士们的思乡之情;另一种是以娄敬、张良为代表,分析了当时的军事形势和关中的地理环境后,认为当时要务是防患匈奴的进犯威胁,东迁对统治不利,提出关中地区"被山带河,可进可退,四塞以为固,可谓金城千里","搤天下之亢而拊其背",进可攻退可守,而且"资甚美膏腴之地,此所谓天府",①因此主张建都地势险要、环境优越的关中。

作为取得军事成功之后的新王朝,定都是从"攻"变为"守"的一个转折点,考虑到关中特殊的地理位置和优越的防御条件,刘邦采纳了第二种建议,在咸阳之南新建了一座都城长安,寄"长治久安"之意。汉高祖五年(公元前202年),刘邦将都城从栎阳迁于长安,并在秦兴乐宫的基础上修建长乐宫,使长安正式成为西汉时期全国的政治、经济和文化中心。

二、建都长安

汉长安城的建设大致可以分为三个阶段:汉初的草创、武帝时的扩建和王莽时期的改制完善,东汉以后长安城在战火中迅速衰败。

刘邦入主关中时,秦咸阳已被破坏殆尽,仅兴乐宫幸免于难。于是在兴乐宫的基础上加以修饰,改建为长乐宫。高祖七年(公元前200年),长乐宫建成,成为汉初皇帝朝政办公所在。随后长安不断扩建，刘邦又令丞相萧何、将作少府阳成延负责修筑未央宫东阙、北阙、前殿，以及武库和太仓等，从南端的长乐、未央二宫开始建造，依托龙首原的高度，利用自然地势创造宫城的宏伟气氛，然后向北发展其他宫殿、道路、市肆、民居。两年后，未央宫建成。同时，还建造了北宫。

惠帝元年（公元前194年），汉惠帝刘盈即位伊始，匈奴军队的威胁迫近，长安开始修建城墙以利于防护。城墙修筑从西城墙和北城墙开始，工程规模惊人，仅惠帝三年（公元前192年）春，中央政府就一次性征召了14万多人修长安城墙，征用劳力范围扩及城周600里之内，甚至开始大量征用妇女参加修筑工程。工程持续了5年之久，直到惠帝五年（公元前190年）秋才全部完工。公元前189年，惠帝在高祖六年修建的大市之西建起了西市。至此，长安城已初具规模。

汉武帝时期长安城进行了第二次大规模修建，不仅大规模扩建城中宫殿：起上林苑、营建明光宫和桂宫、修柏梁台、扩建北宫，还在西城墙外造建章宫，使城市规模扩大，建筑更加壮丽辉煌。同时，武帝时期还完善了城市供水和漕运系统，元光六年（公元前129年）穿漕渠，元狩三年（公元前120年）开昆明池，引昆明池水入城，经未央宫及长乐宫，向东南注入漕渠；还兴办太学，在城郊修建了许多游乐设施。汉长安城的建设在此时达到了顶峰。使长安不仅是全国的政治、经济、文化中心，还成为国际知名的大都市，被后人誉为"东方的罗马"。

王莽执政期间，长安城有颇多改制，如改长安十二城门名称、改诸宫殿名称等。尤其是在长安城南郊修建了明堂、辟雍、宗庙等礼制建筑，修复重建了秦汉之际的官社、官稷等，从而形成了都城完整的礼制建筑群。西汉末年战乱，长安城遭到了很大破坏。刘秀东汉政权迁都洛阳后，长安一直作为陪都，至东汉末年毁于兵火。

从汉高祖刘邦营造长乐宫，汉惠帝修建城墙，到汉武帝太初元年（公元前104年）兴建建章宫开凿昆明池和上林苑，汉长安的主要建设前后历时90年。正因为西汉长安并非一次性地规划建设完成，而是先建宫再建城而慢慢发展的都城，因此城市建设具有一定的随意性，加之顺应渭河走向，导致城墙布置并不规则，将

---

① ［汉］班固. 汉书. 娄敬传.

长安围合成一个形状不太规则的都城。长安城北面的渭河呈西南—东北流向,为了充分利用渭河南岸的土地,同时为了加强城墙的防卫能力,北城墙特意处理成顺着渭河走向的多折角的锯齿形;而南城墙是沿着长乐宫、未央宫南垣走势修筑,形成了南城墙的折角。后人将北墙曲折比拟成北斗七星的走势,南墙曲折如南斗六星的形势,所以汉长安又有了"斗城"之称。这个先建宫后建城的过程,追求完整的城墙防护、形态却很不规则的结果,也反映出中国古代都城初期边建设、边探索的特点。(图1.8)

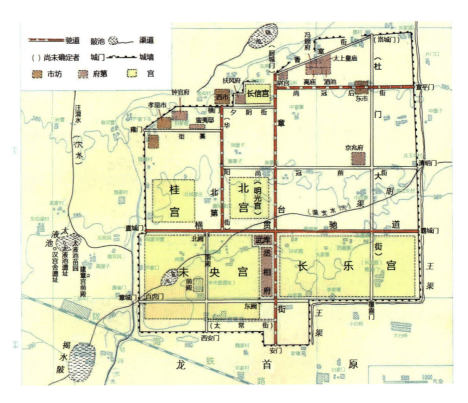

图1.8 汉长安城平面示意图

三、城墙与城门

汉长安城遗址位于渭水南岸浐水和滈（zào）水之间的龙首原上，平面为四边多折的矩形，方向基本正南正北。根据考古勘察实测，长安城内总面积约36平方公里，最大时城域面积约为38.21平方公里（包括建章宫），相当于公元前4世纪罗马城的2.79倍。城墙周长25700米，约折合汉代62里多，与文献记载基本一致。现存城墙保存状况，以东城墙最好，存高12米左右，东城墙平直，西、南、北三面城墙多曲折。长安城各面城墙长度不尽相同，东墙6000米、南墙7600米、西墙4900米、北墙7200米。城墙原来高度均在10米以上，全部为版筑夯土墙，质地坚硬。城墙底宽约16米，向上均有收分。城墙外有护城河环绕。

汉长安城的四角均有角楼建筑，东南和西南角楼基址保存较好。西南角楼基址平面东西长27米、南北宽32米、现高0.3~9米，东北角楼基址平面东西长36米、南北宽27.7米。角楼与角部城墙相连，登临角楼的通道均设置于城墙的内角。据《资治通鉴》记载，唐贞观二十一年(647年)，太宗李世民为高士廉送葬，曾登上汉长安城西北角城楼望着西出横桥的灵柩恸哭。可见直到唐时，这处角楼还保存尚好。

汉长安城四面城墙围绕，每面置三座城门，全城共十二座城门，符合《周礼·考工记》所载"旁三门"的规制。汉长安东城墙自北向南有宣平门、清明门、霸城门，南城墙自东向西有覆盎门、安门、西安门，西城墙自南向北有章城门、直城门、雍门，北城墙自西向东有横门、厨城门、洛城门。

根据遗址考古可知，每座城门中部均有两道隔墙，将城门分为三个门道，各门道宽在8米左右。汉代车辙一般宽1.5米，那么各门道应可并排通行四辆车，三个门道则可容纳十二辆车并列通行。这与文献中所描述的"参涂夷庭，方轨十二"①、"立十二之通门"②完全相符。

---

① 张衡. 西京赋.
② 后汉书. 班固列传. 卷一百一十九.

图1.9 汉长安城霸城门遗址

城门结构基本相同，门道两边设置壁柱，木柱之上架直梁，以木构架支撑门洞。设城门楼。城门门道宽约8米，深约16米。城门门道之前平铺一列方石作为门槛，门槛两端设置门臼石安放门枢。在已发掘的城门遗址如霸城门（图1.9）和直城门的内侧，还发现有至少两三间房屋遗迹，大抵是守门官兵的用房。城门的形制基本相同，仅东面城门比较特殊，城门外侧有向外凸出的阙。

城门的名字大多不止一个，如清明门又称玉女门、籍田门、城东门、凯门等。称玉女门或与汉时附近明光宫曾征召两千美女有关，门内至今还有玉女村。门内有籍田仓，所以又称籍田门。此门为长安城东面的城门，因此又俗称城东门。此外，霸城门和宣平门又称青门，大概是因城门位于东方，东方为青色。覆盎门因南对杜县又名杜门，因门北与长乐宫南宫门相对又称端门。章城门因与章台故址、章台街相对而得名。又因与便桥相对，又称便门。雍门因位于长安城西又称西城门，又因附近有一处著名的居民点函里又称函里门。文献中尚无他名的只有厨城门，因其附近的长安厨而得名，长安厨为宫廷和官府制作各种祭祖食品以及其他饮食。昆明池中所养的鱼，除部分送诸陵祭祖使用外，大多数要送到长安厨进行烹饪。

四、道路

根据各种文献记载来看，长安城内有各种不同规格、用途的道路，有与城门相连接的干道，如香室街、藁街、华阳街、城门街；有城内官署、宗庙区附近的重要街道，如尚冠街、夕阴街和太常街；也有沿城墙内侧修筑的环城道路，即《周礼·考工记》中记载的"环涂"；另外还有宫城之内的、市场之内的道路，等等。

文献记载中，汉长安城内非常著名的大街有香室街、藁街、华阳街、城门街、章台街、尚冠街、夕阴街和太常街等。有学者通过文献推测（刘庆柱《古都西安》），其中香室街可能是清明门大街，藁街可能是直城门大街，华阳街很可能即横门大街，城门街应为穿过安门的南北大街，等等，说明当时对大街的命名或有特殊的文化渊源，而不是简单地按照城门名称来命名的。比如，安门街纵贯长安南北，联系城南高庙、城中宫殿、武库、市场、城北陵寝等，是进出城门活动最为频繁的中央干道，因此时人称为城门街。高庙在安门街东南，高祖的寝殿在长安城西北。根据当时制度，惠帝每个月要把高祖生前的衣冠从城北寝殿中取出，从安门大街送至城南高庙祭祖，所以安门大街又称"衣冠道"。又如，尚冠街因尚冠里得名，章台街因秦章台而得名，太常街因"太常"官署而得名，等等。

通过对遗址的考古勘察，勘探出的长安八座城门各有一条大街通入城内。这八座城门分别为宣平门、清明门、安门、直城门、雍门、横门、厨城门和洛城门。八条大街皆为经纬走向，在城内形成了正交的道路网。八条大街之中，最长的是中央干道安门大街长5400米，几乎贯通全城，最短的是洛城门大街和清明门大街长800米。东西向的宣平门大街、清明门大街、雍门大街、直城门大街和南北向的安门大街较宽，路宽45～56米，横门大街和厨城门大街宽约45米。缘城环涂仅宽7～8米，东城墙内的略宽。每条大街之上各有两条排水沟将其分为并行的三股道（即"一道三涂"），中股道即文献所载之"驰道"，宽约20米，专供皇帝行走，一般吏民则走两侧宽13米的道路，街道两侧还植有槐、榆、柏等景观树木。

八街皆与城门相连，城门也是一门三洞的形制，与城内一道三股相对应，中间门洞专供皇帝使用，两侧门洞为吏民出入。

汉长安城外也有数条大道通向周边各地，向东有函谷道、武关道、蒲关道，向南有杜门大道、子午道、褒斜道等，向西通"丝绸之路"，向北有横桥大道、直道，等等。作为京城向外伸展的咽喉，这些大道发挥了非常重要的联系作用。

横桥大道是汉长安城北横门到渭北横桥之间的大道，连接着都城与渭北，通往渭北帝陵陵邑和甘泉宫等地，是皇帝祭祖和避暑时的必经之路。横门以内有东市和西市，横桥以北又有著名的直市，因此横桥大道上的商业往来相当频繁，大道旁也有很多商业集市，横桥大道成为了长安近郊一条十分重要而且热闹的大道。

子午道是从长安直南入子午谷，翻越秦岭通往汉中、安康以及巴蜀的一条重要谷道。古以"子"为北，以"午"为南，南北走向的大道与河谷即名为子午道、子午谷。鸿门宴后，刘邦逃离关中去往南郑，走的就是这条路。

从长安城向东过灞桥，是京师送往迎来非常重要的地方，史有"灞桥折柳"送别的佳话。灞桥以东有霸陵亭，这是长安通往东方函谷关、东北方蒲关和东南方武关的交汇处。由霸陵亭向东沿渭河阶地到函谷关有著名的函谷道。由霸陵亭向东北至蒲关为蒲关道。由霸陵亭向东南沿灞河东岸南行即武关道，向南可达楚地。

出长安西门，过渭河之上的西渭桥，沿渭河北岸向西，即可进入连通广阔西北的"丝绸之路"。

除了陆路交通之外，长安城以东的渭河还是重要的水路交通线，大宗的粮食运输主要靠渭河航运。后来又开漕渠引渭水东入黄河，更加提高了渭河的航运功能，为大量关东粮食物资运到京城提供了保障。沿途设置的京师仓、太仓、细柳仓等大型粮仓，恰好反映出这条水路的功能。

五、功能分区与布局

与八座城门连接的八条大街将长安城内分为十一个区。其中未央宫（包括武库）、长乐宫（包括高庙）、桂宫、北宫、明光宫和东市、西市各占一个区，里居共占四个区。汉武帝太初四年（公元前101年）营筑桂宫、明光宫之前，长安城中里居应占六个区。因为先建宫后建城，汉长安城内的分区比较混乱。整个城市的大部分用地被宫殿所占据，官署、武库、市肆散布其间，市民闾里穿插其中。朝廷的官署及贵族宅第多位于未央宫北，市民可能更多生活于城外，生活在城内的居民以闾里划分，多为贵胄居第。其他仓廪则散建于城内、城外多处。

城中宫殿有长乐宫、未央宫、桂宫、北宫、明光宫五区，汉武帝时又在城外建建章宫，其中长乐宫、未央宫、建章宫三组曾被当做皇宫。长乐宫是最初的皇宫，由长乐宫前殿、长信宫等一系列建筑构成，西汉诸帝仅刘邦常居长乐宫，其后将长乐宫作为太后的寝宫。从惠帝开始直到平帝，以后历朝皇帝均常居未央宫，未央宫的主体建筑也是前殿，其规模与长乐宫前殿大体相当，是皇帝朝会诸侯群臣的场所，经汉武帝重新整修后更加华丽。此外，汉武帝在长安城西垣外修建了建章宫和上林苑，汉武帝父子曾将其当做朝政宫殿。而桂宫、北宫、明光宫和汉惠帝之后的长乐宫都是后妃之宫。

里是长安城中最基本的居民区，长安城的居民住在里内，里的四周有围墙，墙上设里门，出入均须通过里门。长安城的里采取封闭式管理，设里魁或称里正负责管理里内事务，设"里门监"管理进出。里的规模大小不一，一般每个里多者不过百户，少者三四十户，一般五十户左右。里内布局非常整齐，"室居栉比，门巷修直"（《三辅旧事》）。文献记载汉长安城的一般居民区共划分为160个里，但流传下来的里名共有十几个。

汉长安城地势西南高、东北低，最高的地段上设置未央宫，其他高地均被长乐宫、桂宫、北宫等宫城占据，普通百姓生活区和手工作坊大多位于地势较低的城北部，经常因渭河泛滥而被淹。都城选在地势高亢的龙首原上，宫城占据城内的制高点，一方面为防止水患；另一方面利于军事防范。同时高亢的地势烘托出宫殿的雄伟，大朝正殿位于宫城的制高点上，更使最高统治者有居高临下的威严。

在长安城的南郊还有十几个汉礼制建筑遗址，方形围墙，四面辟门，四角为曲尺形的房屋，庭中为高起的夯土台，上有高大建筑物，据推测可能就是明堂。

此外，汉长安结合帝陵设置"陵邑"，迁移富户居住在都城附近，形成"卫星城"的城市群格局，这是秦汉以来帝王为了加强对大地主富商们的管理而采取的强制办法。

六、都城的给排水工程

汉长安城的规划建设突出考虑了城市的给排水系统。在选址上，都城北有渭水、泾水，南部有六条发源于秦岭的河流，自南向北绕城而过流入渭河，所谓"八水绕长安"，水源充沛。但在确保满足水源供应的同时，都城也要避免河水泛滥的灾害。因此，汉长安城建设在龙首原高地上，具有比较优越的地势，利于排水，远离水患。

为了进一步优化城内和宫城的供水、排水，汉长安开发了沇水和昆明池水系，建设了完整的人工排水系统。

■ 给水工程

都城原有西周都城镐京的沣、滈二水和镐池为水源，有秦咸阳渭南宫室的给水系统为基础，使长安城水源供应原本就有较好的条件。

西汉初年，长安城开发沇水的水源，从少陵塬西南的樊川，西北流经皇子陂、杜城至长安城西南角，沿西城墙北流，然后在章城门附近分为两支，其中一支仍名沇水，从章城门继续沿西城墙向北，流到直城门南分出一支水渠向西，将水引入建章宫；另一支为明渠，将水引入长安城内。明渠顺着长安城西南高东北低的地势，从章城门向东流入未央宫沧池，然后从沧池北部流出，向北流经未央宫北部，折向东流经北宫南部、长乐宫北部，最后从清明门附近流出长安城，成为城内主要的供水渠道。城内的明渠故道一般宽11~13米、深约1.5~1.7米。明渠流出长安城后又分为两支，一支汇入城壕（即王渠），沿东城墙向北注入渭河；另一支向东流注入漕渠。沧池位于未央宫的西南部，东西约400米、南北约510米，它不只是未央宫的景观水池，而且是都城的宫廷水库，一方面可以储水供应宫殿区用水；另一方面可以调节水位，保障明渠水流通畅。沇水支流进入建章宫后，经前殿北部流入太液池，而后从太液池西北流出，最后注入渭河，保障了建章宫的用水。沇水主流由直城门向北，到城西北角折转流向东北，最后注入渭河。沇水主流满足了西城和北城附近地区，尤其是城西北工商业区的用水。

接着，汉武帝时开凿的昆明池为长安城给水系统起到了非常关键的调节作用。汉武帝时大规模扩建宫殿，并新建桂宫、明光宫和城西的建章宫，使宫殿供水吃紧。此时汉武帝名为训练伐粤水军而开凿的昆明池，实际上大大缓解了长安城宫殿的给水和漕运问题。昆明池面积约有10平方公里，出水量巨大。人们一方面把水量丰沛的交水引入昆明池；另一方面为避免昆明池水泛滥，在交水下游向西开通泄洪道流入沣河，在昆明池西岸开东西向泄洪渠流入沣河。昆明池的北面和东面各有一条出水口：由昆明池向北流出的一条称昆明池水，经镐京故址东和阿房宫遗址西，再向东北流入揭水陂人工水库，这个水库可以控制水流，避免昆明池水向北倾泻。为了确保揭水陂人工水库的控流能力，汉时还在揭水陂东面和北面各开出一条支渠，减缓了水流速度，基本解决了两处因地势高差较大而存在的水流过急问题。东出的支流向东北流到长安城西南注入沇水，从而保证了对明渠和宫殿用水的供应。北出的支流在双凤阙南注入沇水主流，大大补充了建章宫的用水。

昆明池东处开有著名的漕渠，它的流线穿越了汉长安的南面和东面：从城南郊礼制建筑群遗址南边流过，经长安城东南部，到城东北与清明门流出的明渠相汇，然后向东北流到池底村南后分为两支，一支向北流入渭，另一支向东流过灞水、华阴，到潼关汇于渭河。漕渠的建设大大增强了长安的漕运能力，补给了城南郊和东郊用水。

此外，长安城内宫殿、官署、邸第、里居等生活用水，多为井水。

■ 排水工程

长安城有比较完整的排水系统。主要街道两边均有排水沟，有的沟与城壕相通，有的与城内大型排水渠道相连，从而使水流排出顺畅。穿过城墙的街道排水沟和排水渠在城墙底部构筑有涵道。城内的大型排水渠一般为明渠，局部建筑之下设有暗渠。

具体到宫殿、官署等建筑群院落的排水设施主要有地漏和排水管道。地漏通常位于建筑群的一隅或天井院子中，一般位于地势较低处，便于雨水汇集。如未央宫中央官署遗址东院二号天井的地漏位于天井西边，桂宫第二号宫殿建筑遗址A区发现的地漏位于建筑群东北部。地漏一般为砖砌，大小不一，结构也不尽相同，如未央宫中央官署遗址地漏直接与五角形排水管道相接，桂宫第二号宫殿建筑遗址地漏则与附近砖砌排水道相连。

最后，城壕之中收纳的城内排水，由南向北注入渭河。

在汉长安的给排水规划和建设中，优先考虑的无疑是宫城，人工给水系统、排水系统都以服务于宫城为主。此外，给排水设施的重要特点是给水系统化，生活用水采取开渠引水，挖池蓄水，导渠输水，提高地下水位，凿井滤水、用水；全城排水渠网化，建筑排水由水沟、水渠搜集，局部采取地下化，由单组建筑群排向宫中明渠，由宫内排到城内，由城内排到城外，由城壕汇流至渭河；尤其值得一提的是，汉长安非常注意将给排水工程开挖的渠、池与城市园林建设相结合，如昆明池、沧池、太液池等。它们不只是蓄水库，还是风景优美的池苑，不失为古代都城规划统一协调的典范。

七、其他

此外，西汉朝廷的若干官署也位于未央宫北阙外及其附近一带，如公车、司马等府寺，京兆府在尚冠前街，左冯翊府在太上皇庙西，右扶风府在夕阴街北。

高祖时萧何在长乐宫与未央宫之间起武库，平面作矩形，南北长880米，东西广320米，周以墙垣。中列仓库7座，最大的长230米，宽46米，面积超过10000平方米。

城内有两处宗庙，太上皇庙在香室街南冯翊府北，汉祖庙在城内西安门内东太常街南。城内共有9处存放帝王出行车马之厩，有24所监狱。城外有存放粮粟等物资的仓库，如位于长安城外东南的太仓、城西的细柳仓、城东的嘉禾仓、东垣清明门的籍田仓，等等。

汉长安城内外还发掘有大量的手工业作坊遗址，有铸钱遗址，以及生产砖瓦等建筑材料、东园秘器的制陶遗址和铸造遗址，如北宫南侧的砖瓦窑址、汉长安城西北部的陶俑窑、汉长安西市遗址中南部汉代冶铸遗址、上林苑铸币遗址等，反映出都城长安既是国家经济中心，也是重要的手工业基地。

小结

综合汉长安的规划特点，一方面，汉长安城与《周礼·考工记》中所载王城（即都城）的布局原则仍是一脉相承："匠人营国，方九里，旁三门，国中九经九纬，经涂九轨。左祖右社，面朝后市，市朝一夫。"都城平面接近方形，边长接近18里，四面城墙各开3门，每门分为3道，每道分为3途；以未央宫为本位，有明显的中轴线和建筑轴线，朝宫在南，市场在北；以未央宫中轴线向南延伸出安门的子午大道为都城的中轴线，宗庙在宫左，社稷在宫右。在都城的布局上，皇宫未央宫虽偏于西南，以未央宫为规划核心。用地规划优先皇宫；各种设施，包括城墙、武库、市场、给排水系统等，均绝对优先地考虑皇宫和其他宫城的供给。

另一方面，汉长安城因先建宫后建城而呈现出不规整的城廓和城内分区，与中国历史上其他都城有很大不同。城墙之外没有郭城，宫城分散，面积占长安城总面积的42%，里坊区穿插在宫城之间，分区混乱，表现出其布局在受到传统都城规划思想影响的同时又探索开拓的时代特点，传承了一些秦都咸阳布局的松散和随意。

长安城的兴建策划，传说是出自相国萧何之手。但初期担任具体施工的，则是梧齐侯阳成延。据《汉书》记载，他是"以军匠从起郯，入汉后为少府，作长乐、未央宫，筑长安城，先就侯五百户"。然而长安的全部建成，还是在武帝时期，如建造城内之桂宫、北宫与明光宫，西垣外之建章宫及昆明池，西南之便门桥等。此外，还自昆明池引水入城，经未央宫及长乐宫，再东南注漕渠，一举解决了生活用水、排水、漕运和美化环境等诸般问题。因此汉长安城最辉煌的阶段也是在汉武帝时期，诸多壮丽辉煌的建筑巨作，如未央宫、北宫、章台、长乐宫、甘泉宫、宗庙、明光宫、桂宫、建章宫及上林苑等，将当时的建筑艺术推到顶峰。

第五节

两晋南北朝时期的长安城

西汉末年战乱，长安损毁几近废墟，东汉改在洛阳建都。东汉末年（190年）董卓焚毁洛阳宫室，迁都长安，修葺宫殿居住。五年后又经战乱，新修葺的宫室又被破坏殆尽。（图1.10）

汉末及魏晋战乱期间，长安毁坏严重。西晋初年文学家潘岳所撰《西征赋》中描写当时长安"街里萧条，邑居散逸。营宇寺署，肆廛管库，蕞芮于城隅者，百不处一。所谓尚冠、修成、黄棘、宣明、建阳、昌阴、北焕、南平，皆夷漫涤荡，亡其处而有其名。尔乃阶长乐，登未央，泛太液，凌建章，萦跋婆而歆骀

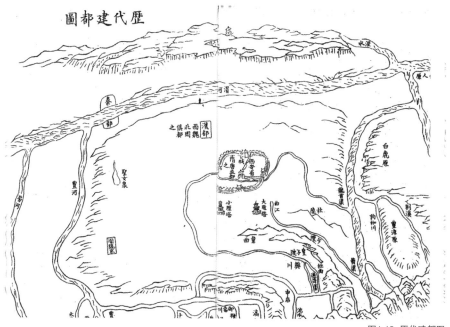

图1.10 历代建都图

荡,桐扮诣而轹承光。徘徊桂宫,惆怅柏梁。鹙雏雏于台陂,狐兔窟于殿傍",宫城官署、市坊、闾里,都是一派荒凉残破景象。

在十六国时期,长安先后为前赵、前秦、后秦的都城,经近百年的恢复发展,到后秦时又成为宫殿壮丽、财宝盈积,居民六万户的北方雄都。十六国期间,长安基本沿用汉末旧城格局,改动不大,建小城,新修了宫室官署,恢复了道路民居,具体位置和形制均不详。在魏晋时,出于战争需要,长安建有小城,史载晋愍帝四年(316年),刘曜攻入长安外城,晋人退守长安小城。晋郭缘生《述征记》中也说,长安小城最东一门名落索门,门内有司马京兆碑[①]。318年,刘曜在长安称帝(改国号为"赵",史称"前赵",年号光初元年)后建新宫,前殿为光世殿,后殿为紫光殿。两年间立宗庙、社稷、南北郊,在长乐宫东立太学,在未央宫西立小学,起丰明观,并效法西晋洛阳在宫殿另立西宫,形成东西宫并列的布局,宫中正殿效法魏晋洛阳宫东西堂的规制。

东晋穆帝永和八年(352年),前秦苻坚在长安建都,沿用前赵的宫殿,西宫为王宫,东宫为太子宫。西宫的门、殿名称、规制全仿洛阳西晋宫殿,正门称端门,门外有东、西二阙。端门左右有东、西掖门。东门称云龙门,正殿称太极殿,太极殿两侧有东、西两堂。《晋书》中说车师前部王等朝觐苻坚,见"宫宇壮丽,仪卫严肃,甚惧,因请年年贡献"[②],反映其宫室建筑之壮丽。前秦皇始四年(354年),在长安北门平朔门外建来宾馆以接待各少数民族的首领,在长安南面东门杜门之外建灵台。358年建明堂,修缮南北郊,至此都城礼制建筑基本齐备。

后秦长安沿用西汉旧城,史载北面有朝门、平朔门和横门,南面有杜门,分别为汉代的洛城门、厨城门、横门和覆盎门,仅更改部分名称。后秦的宫殿沿用前秦,仍是东、西二宫并列,西宫为王宫。

东晋安帝义熙十三年(417年),东晋刘裕攻陷长安,以长安为雍州,关中又陷入战乱。418年,夏国赫连勃勃攻陷长安,晋雍州刺史朱龄石焚长安宫室东逃。至此,自318年刘曜建都以来,长安近百年的建设再次化为灰烬。

---

① 太平御览(居处部)(门)下. 引《述征记》曰:"青门外有魏车骑将军郭淮碑。小城最东一门名落索门。门里有司马京兆碑,郡民所立。"
② 晋书(载记). 苻坚下.

北魏太武帝（拓跋焘）太延五年（439年），统一北方，定都洛阳，宇文泰镇守关中。北魏孝武帝（拓跋脩）永熙三年（534年），因权臣高欢控制朝政，魏孝武帝逃至长安投奔宇文泰，次年宇文泰毒杀孝武帝，在长安拥元宝炬为帝，史称西魏；高欢另在邺城拥元善见为帝，史称东魏，自此北魏政权一分为二。为了跟比自己强大的东魏和东晋对抗，宇文泰励精图治，重用苏绰治国，尽地利，敦教化，擢贤良，均赋役，国力日渐增强，长安陆续有所兴建，再次走向繁荣。西魏长安似偏重城的中部和北部。城内居住区仍为市里制。554年，宇文泰攻克南梁，活捉梁元帝，将俘虏的数万名战俘和百姓驱入长安。

西魏恭帝（拓跋廓）三年（557年），被迫禅位，宇文泰之侄宇文护拥泰幼子宇文觉为帝，史称"北周"，长安继续为都。北周不久就举行了祀圜丘、方丘、太社、太庙诸礼，可知在西魏时诸礼制建筑已建成，但具体位置和规制已不可考。此后宇文护两次易帝，其执政十余年间，对长安的宫室、坛庙、苑囿有所建设。北周武帝天和六年（572年），杀宇文护后亲政。史载周武帝是个汉化程度较高的明君，他释放奴婢为民，实施西魏时的均田制和府兵制，使国家经济和军事实力大大增强。他惩罚贪官，任用贤良，灭佛没产，号召复古、节俭，"诸宫殿华绮者，皆撤毁之。改为土阶数尺，不施栌栱。其雕文刻镂，锦绣纂组，一皆禁断"①。他带头提倡廉俭，使得国库很快充盈起来。周武帝建德六年（577年），统一北方，其后又占领了南陈长江以北的领地，为隋朝的统一奠定了基础。

北周的宫殿沿袭魏晋以来的东、西二宫，东宫为太子宫，西宫为皇宫。但北周政权标榜依周制立国，以在文化上与梁及北齐相抗，所以宫室名称比拟周代之名。比如宫内主殿把太极殿和东西堂改名为露寝及左右寝，殿前之门称露门，宫城正门称应门，等等。此外也有如乾安、延寿、文昌、明德、正武、大德、天德、含仁等其他殿。其中正武殿多用于听讼、大醮、大射、举哀等仪式，大德殿多用于议政，是外朝的主要议政殿宇。明帝、宣帝死于延寿、天德殿，或为寝殿，含仁殿是太后居所。宫中有永巷，即贯通宫城的东西向横街，将宫城分为外朝和内廷两部分。

周宣帝（宇文赟）即位（578年），又大兴土木。次年（579年），北周宣帝传位于太子，自称"天元"，实即太上皇，改称皇宫为"天台"。即位的太子即北周静帝，仍住东宫。改名为正阳宫。581年杨坚以隋代周，次年（582年）舍弃旧都在长安东南龙首原处建新都大兴城（后之唐长安城），自此长安旧城废弃。

第六节

隋唐长安城的规划

隋唐时期三百余年的时间,是中国历史上最为辉煌壮丽的历史阶段,也是长安最为繁盛的时期。

这一阶段不仅经济高度发展,国力空前强盛,科学文化事业也取得了许多至今令人惊叹的辉煌成就。隋唐时期的诗歌、雕塑、绘画、书法艺术以及宗教文化,在中国历史上都具有十分重要的地位,唐帝国和周围国家间的贸易交流频繁紧密,其影响远及中亚及阿拉伯地区。唐长安的繁荣不仅吸引了大量外国商人往来贸易,还吸引了众多外国学者前来求学。日本、朝鲜、东南亚以及南亚诸国都曾多次派遣使者来长安交流,中亚的波斯王卑路斯和王子泥涅斯甚至长期定居长安,阿拉伯各国使者和商人落户长安则更加普遍,《古兰经》中甚至有"为了追求知识,虽远在中国,也应该去"之说。对于这些外国使者和求学者,唐朝政府均妥善安排其在长安住宿。

在政治、经济、文化繁荣的背景下,长安被隋唐数代帝王建设成一座中古历史上堪称世界之最的大都市。不仅规模空前,其城市建设与建筑技术与艺术,都达到了很高的水平。极有规律的城市街道和里坊制度,严整有序、中轴对称的城市布局,宫城皇城居中,正对宽阔的朱雀大街的壮观景象,表现出统一而强盛国家的伟大气魄,堪称世界城市建设史上的伟观。隋唐长安建造了极其宏伟壮丽的宫殿、苑囿,及一大批空间巨大、规模宏伟的佛寺与道观,远远超出我们今日所见明清建筑群的规模,而其建筑在艺术上所创造的雄伟、硕大、粗犷、飘逸的风格,虽实例留存不多,仍令人惊叹。

---

① 周书(帝纪).武帝下.

一、隋大兴的创建与规划师

隋文帝之所以要建一座新城,文献记载是因为汉长安已经使用了八百多年,规模狭小,人口拥挤,水质咸卤,不利于发展。①城内宫殿、官署与百姓的闾里民宅相互间杂,分区不明确,造成了很多的不便。通过建造新城,隋文帝希望改变这种现状,因此在新城的重新规划中,宫城、皇城、郭城,宫殿、官署与民居区分得清清楚楚。其实,隋统一全国后,也迫切要求有代表统一帝国新面貌和气概的新都。避开汉长安既得利益的贵族集团,到新城中重新分配土地,也应是加强新兴中央集权的一项重要考虑。(图1.11~图1.12)

大兴城是隋文帝在龙首原完全新建的一座都城,因杨坚在后周时曾封大兴公,故定名大兴城。②新京城始建于隋文帝开皇二年(582年)元月,次年(583

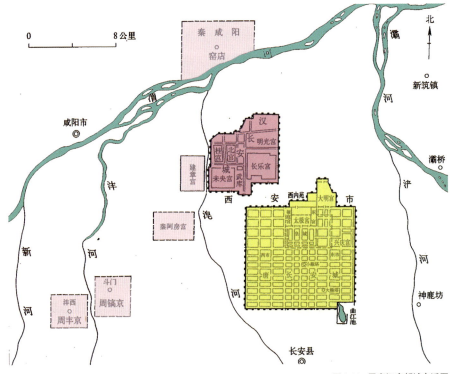

图1.11 周秦汉唐都城变迁图

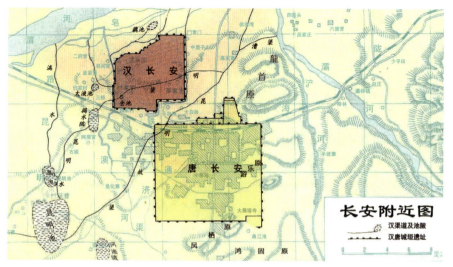

图1.12 汉唐长安平面关系图

年）三月新都建成，前后历时9个月时间。大兴城的兴建由重臣高颎主持，具体的规划实施则由宇文恺负责。宇文恺是中国建筑史上的一个传奇人物，他出身于北周皇家，他的父亲和哥哥热衷于政治和军事，但他喜欢研习书籍。他熟悉历代宫室制度，有巧思，善于营造，相传是他发明的比例尺和用模型表达设计的方法，隋代很多重大的国家项目都由他主持。他知道隋炀帝好大喜功，东都洛阳规划得十分壮丽，隋炀帝大悦，任命他为工部尚书。他还负责过宗庙、广通渠、岐州仁寿宫、文献皇后陵的建设。最有意思的是一次隋炀帝北巡，想向戎狄显示朝廷威严，宇文恺为炀帝建造大帐，帐下可以容纳数千人。又造观风行殿，殿上可以容纳侍卫数百人，行殿下装轮轴，可以迅速拆卸和拼合，显示了高超的建造技术。宇文恺深受隋文帝和隋炀帝的赏识，曾多次得到二帝的重赏。他主持规划大兴城时，才不过28岁。

---

① 资治通鉴（陈纪）："凋残日久，屡为战场，宫室狭小"，"建都八百载。水皆成卤，不甚宜人。"
② 太平御览．卷一百五十六："州郡部二 叙京都下。""左仆射高颎总领其事，太子右庶子宇文恺创制规模，谓之大兴城。隋文初封大兴公，及登基，县、门、园池，多取其名。"

二、选址

新城前面直对终南山子午谷，后枕龙首山，东邻灞水、浐水，西抵沣水。在城内开掘了龙首、清明、永安三条水渠，三渠分别从城东、城南引浐水、洨水和潏水进城入宫，供城内及宫苑用水，号称"八水绕长安"。

新城选址还考虑了地理环境的影响。大兴城内的地势东南高，西北低，高差30多米，从北到南其间隆起约6米高的土坡6条，宇文恺在规划中，将这六条岗阜比作乾卦六爻。以乾卦的解释，九二、九三、九五这三爻尤为重要，所以长安六爻中第二岗上"置宫殿"，第三岗上"立百司"，以合爻义之谨慎小心，以治国事的意思；九五位置为贵地，不能给平常人居住，所以就放了个道观和一个佛寺以镇风水，也就是崇业坊的玄都观与靖善坊的大兴善寺。城内其余的几条高的土岗，也被王宅与寺观所占据。（图1.13）

同时，大兴城还特别注意了城郭四角与边缘部分的空间平衡。城郭东南地势最高，宇文恺故意在此不造建筑，弱化其突兀感，唐时建芙蓉苑，也是以绿化为主。西南略低，建大庄严寺与大总持寺双塔、双寺镇住。外郭东北隅布置"十六宅"，西北隅汉灵台旧址建造了积善寺。城市四缘边角地区，布置王宅或寺院，以形成对全城的钳控之势。这样布置的目的，是便于加强对普通居民的控制。

在长安城内，除在每坊置里司外，各坊中

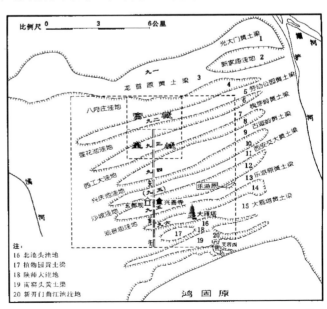

图1.13 隋大兴六爻地形

的"坊角有武侯铺","左右金吾卫,左右街使,掌分察六街缴巡",专司坊市门启闭,城内有严格的宵禁制度,天色一晚,街鼓齐鸣,各坊门立即关闭,街上除巡逻卫兵外,居民不得走动,这种宵禁制度,直到中唐,才有所松懈。

三、城郭

全城分为宫城、皇城与外郭城三个部分。先筑宫城,皇城次之,最后建外郭城。外郭城内由若干条东西、南北向的街道,将城市划分为里坊。宫城与皇城位于外郭城北部正中。宫城之北则为规模宏大的皇家禁苑。郭城东西长9721米,南北长8651米。全城面积约为84平方公里。唐代基本沿用了隋都大兴城,改名为长安城,规划基本维持原样,改动很小。外郭按照《周礼》的王城制度,四面各开三门。(图1.14)

由于中古时期的建筑技术与建筑材料的限制,除了唐代建造的大明宫等部分城垣用了包砖技术,或在城垣转角处用砖石砌筑外,外郭城主要是用夯土版筑而成:"初移都,百姓分地版筑。"①

据考古发掘,全城东西广9721米(文献载为:18里150步),南北长8651.7米(文献载为:15里115步),墙基厚多在9~12米,城周36.7公里(文献载为:67里),外郭城全城面积约为84平方公里。在外郭城城墙之外,距墙基3米处,有宽约9米,深约4米的护城壕。

大兴城按照《周礼·考工记》中有关王城每面设三门("方九里,城三门")的规则,在东、西、南、北四面各设三门,除南壁正中与朱雀大街相连的明德门上开有5个门道外(图1.15~图1.16),其余各门仅设有3个门道。

南面三门:(西)安化门、(中)明德门、(东)启夏门

东面三门:(北)通化门、(中)春明门、(南)延兴门

西面三门:(北)开远门、(中)金光门、(南)延平门

北面三门:(西)光化门、(中)景耀门、(东)芳林门

---

① [清] 徐松. 唐两京城坊考(卷四).

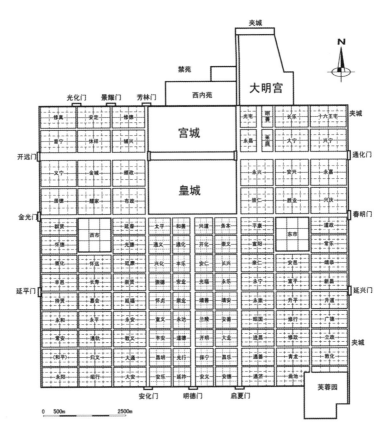

图1.14 唐长安平面示意图

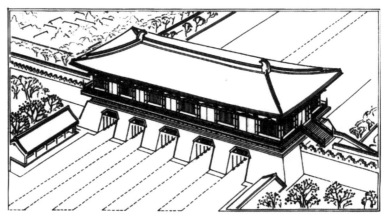

图1.15 唐长安明德门平面和轴侧复原图

图1.16 唐长安明德门遗址

外郭城的北面正当禁苑之南,宫城之东又为大明宫,所以唐代时的郭城北门均设在宫城之西的外郭城垣上。其中,作为郭城正门的明德门设5个门道,门道各宽约5米,深18.5米,门洞之上的城台上又设门楼。城门之内连着大街。

四、街道与里坊的布置特点

郭城内有南北向大街11条(若加上夹城则为12),东西向大街14条。通向南面三门和东西六门的三横三纵六条主要道路,称为"六街",是城内的交通干道,"六街"尺度很大,它们除城南连接延平门与延兴门的东西大街宽度为55米外,其余5条的宽度都在100米以上,其中尤以中轴线上的朱雀大街为最宽,其宽度为150~155米,由史料可知,唐时人将朱雀大街称为"天街"。这条宽阔的中央大道,将长安划分为大兴、长安(唐时称:万年、长安)两县。其他不通城门的大街,宽度一般在35~65米之间。顺城街的宽度也有20~25米。各条街道的路面均为夯土筑造,路的横剖面为中间高、两侧低,路两侧并建有宽约2.5米的排水沟。这反映了隋唐时人已经很注意街道的排水问题。城内一些居住有官宦贵胄的里坊街道上，还特别铺设了便于车行的"白沙路"。皇城、宫城之间的大道则有220米左右。街道路面都是土筑，驰道两侧有绿化，种植槐树，排列整齐，因此在唐代被称为"槐衢"。唐代著名的军旅诗人岑参《登大雁塔》诗云："青槐夹驰道，宫馆何玲珑"，以赞美唐长安的盛况。

这南北11条、东西14条的城市街道，除宫城、皇城和东西两市外，把郭城以内划分成了棋盘式的里坊共110个（唐玄宗时108坊），各坊的面积大小不一，但尺寸很规律，从北到南为450步、550步、350步；从中间到两边为350步、450步、550步、650步，所谓"棋布栉比，街衢绳直，自古帝京，未之有也"①。据《长安志》引《隋三礼图》的说法，内里坊布置具有象征意图：郭城南北共有13排里坊，象征一年中的13个月（含闰月）；皇城南有东西四列坊，象征一年四季；这四列里坊分成九排，象征《周礼》中的王城九逵之制，以突出皇城与宫城的重要地位。这样的解释虽有附会之嫌，但也反映出都城规划的理想化，希望符合某种吉祥的含义，达到文化意象上的完美境地，因此对城市建设的要求和管理非常严格，需要一些理由来证明它设计的合理性。

据考古勘探，郭内各坊已基本探明范围，其大小颇为悬殊，最小的光福坊面积0.289平方公里，而最大的兴庆坊面积0.943平方公里，相当于一座小城。里坊四周筑有夯土墙，墙基的厚度为2.5~3米左右。皇城南的四列坊，只有"一"字形横街，其余各坊内都设十字街，街道两端开设坊门。坊内由十字街所划分四区，每区内又用十字巷划分成四个更小的区块，区块内还有"曲"，为东西向小路。古代日本城市里坊中"十六町"分割方法，就是源于隋唐长安或洛阳城中的这种里坊分割制度。这种规划方法严整有序，使长安城如白居易诗所写："百千家似围棋局，十二街如种菜畦。"坊内布置大量的住宅和寺庙，三品以上官员的宅邸可以向街开门以便于他们早朝，因为一般早朝时，坊门尚未开启，一般居民的宅门则向坊内巷曲开启。（图1.17~图1.18）

长安城实行严格的宵禁制度，坊内居民夜间不得外出，坊是封闭的居住区，坊门每天按时启闭。三更之后，宫城、皇城、郭城所有坊门关闭，街上除巡逻卫兵外居民不得走动。以承天门设鼓为号，六街设"冬冬鼓"，天色一晚街鼓齐鸣,很是壮观。靠近宫城不得有行人,若见人行,城墙上的卫兵先弹弓弦警告,再旁射警示,如果再不听就用箭射之。在长安城内,除在每坊置里司外,各坊坊角有武侯铺,六街有金吾卫、街使巡逻,这种宵禁制度直到中唐才有所松懈。

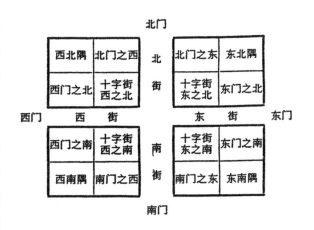

图1.17 隋唐长安城坊内示意图

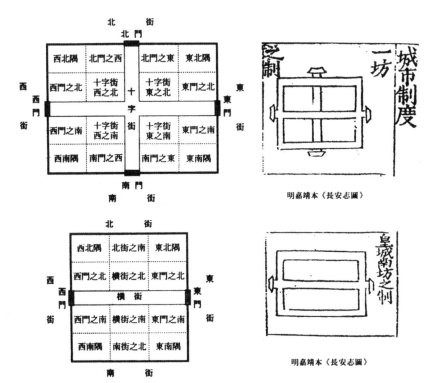

图1.18 妹尾达彦对坊内分区的推测示意图

① [宋] 宋敏求. 长安志. 卷七. "唐京城".

五、宫城与皇城

大兴城将京城内的不同区域做了明确的划分,将宫城与皇城布置在城市中轴线的北端,并用城垣与普通里坊加以分隔,初步形成了影响后世的宫城与皇城之制。这一点是古代城市规划史上的一个创新。

1. 大兴城的宫城,位于郭城北部正中,其前是皇城,其后与郭城之北的大兴苑(即唐禁苑)相接,唐代时称为"西内"。(图1.19)宫城南北长1492.1米,东西长2820.3米(史载宫城:东西四里,南北二里二百七十步,周一十三里一百八十步,崇三丈五尺①)。宫城的城郭为夯土版筑,基宽一般在18米左右。宫城正南为广阳门(唐代称承天门)有三个门道,门基铺有石板,这是在其他城门中未曾见过的做法。

宫城中轴线上,仿周代宫殿的三朝制度,设有太极、两仪等殿,宫殿区的东部为东宫,宽800余米(最初的推测为约150米,后又经考古发掘而推测为833.8米②),宫城内西部为掖庭宫与太仓。

2. 皇城紧靠宫城之南,东西与宫城同宽,南北长约1843.6米。皇城南面开三门,正中朱雀门隔承天街北对宫城正门承天门,南经朱雀大街而与郭城南垣正中的明德门相对,居全城中轴线上。东有安上门,西有含光门,门内各有南北街,街道名同门名。

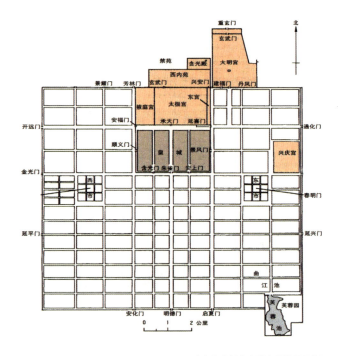

图1.19 隋大兴唐长安宫城皇城位置示意图

皇城内被三条南北街和一条东西街划分为八区，街道的宽度为"各广百步"，其间设立有中央各衙署及附属机构。这些街道大多为后来重建的西安城所利用，并沿用至今。每区再由两条东西向小街分为三段，其中列有六省（如尚书省等）与九寺（如大理寺、司农寺等）、一台、三监（如将作监、少府监）及十四卫。最重要的政权机构门下省和中书省的外省和军事机关十六卫府，都布置在承天门外路南和承天门街的两侧。东北角一区正对东宫，布置东宫官署。太庙和太社按"左祖右社"传统建在皇城的东南、西南角。隋、唐皇城遗址全部压在今西安城内现代建筑之下，目前尚无法探查。（图1.20）

3. 皇城内与宫城相隔有一条很宽的街，叫横街。这条街道在史料记载中的宽度为300步，实测宽度为220米，正当承天门前，这一方面是为了保证宫城的安全；另一方面则相当于一座开阔的广场（东西长2820米，南北宽220米，面积

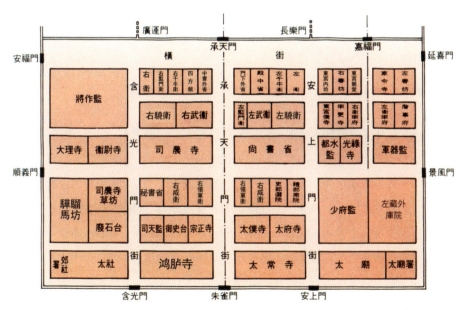

图1.20 唐长安皇城复原平面图

① [宋] 宋敏求. 长安志. 卷六.
② 考古. 1978（1）.

合今日的60余公顷)。因为唐代时的承天门是大朝之所,皇帝在这里举行大型朝会,百官与各国使节均在横街上觐见皇帝。这座长达五里余,南北近半里宽的宫廷广场,每当元旦、冬至在承天门举行大朝会时,文武百官及各地朝集使齐集横街上"陈乐,设宴会,赦宥罪",设仪仗队,诸卫军士陈于街,总人数不下两三万人。而在规划上设置这样一条"横街",使人与宫殿区之间隔开一定距离,则更增加了宫城之"九天宫阙"的神秘与雄伟感。

4. 自曹魏邺城开始,历代王朝都城内的中央衙署便开始集中,如两晋、北魏的洛阳,其中央衙署即集中在宫城南面大街铜驼街两侧,但在衙署外围筑一城,即皇城,是隋以前所未有的。①

5. 宫城的演变。唐初沿用隋代宫殿,改宫内正殿大兴殿为太极殿。唐高宗龙朔三年(663年)在北城外偏东建大明宫,成为听政的主要宫殿,称为"东内",旧宫改称"西内"。唐玄宗开元二年(714年)把其潜邸所在的兴庆坊全坊建为兴庆宫,称"南内"。

六、两市

长安城外郭内设有两个集中的交易市场:东市(隋名都会市)、西市(隋名利人市),对称地置于皇城外的东南和西南方向。每市各占两坊之地,市平面近方形,有夯土市墙环绕,每面各开二门,使市内形成"井"字形街道,分全市为九区。街道宽约30米,"井"字形街两侧各有剖面为半圆形的排水沟。市内中心设有管理市场的市署和平准署,四周各区分行建店,店铺大多临街布置。东市东北角、西市西北角各有放生池,市内还有寺庙。唐长安东半部户口少于西半部,大约因靠近东内大明宫,多居住公卿勋贵,故人口密度低,西半部户口多于东半部;加之西市接近西门,西域来的胡商云集,所以比东市更加繁荣。西市内有收购宝物的胡商,有胡商开设的波斯邸。此外,西市附近的里坊中还有波斯寺、祆寺、摩尼寺、景教寺等为外国商人使用的宗教场所,说明隋唐长安城不仅是一座国际化的大都市,也是一座文化包容性很强的城市。

七、佛寺与道观

长安城内，佛寺与道观林立。城内寺院多达百余座，仅崇贤坊内即有八座佛寺。而且很多寺院规模巨大，如进昌坊慈恩寺，占半坊之地，凡十余院，有寺舍佛殿总1897间之多。大型寺院可以占有一坊之地，如大兴善寺，寺院基址为靖善坊一坊之地，面积有510.4唐亩。长安城内的道观也有十余处之多，如辅兴坊东南隅的金仙女冠观与西南隅的玉真女冠观，是为唐睿宗的女儿出家为女冠（女道士）而建造的。从外郭城西门开远门进入皇城西门安福门，西来的车马商贾可以从街上望见这两座道观中突出坊墙之上的高大华丽的楼阁，景象壮阔繁华。

在这些寺观，尤其是佛寺中，矗立着许多高大的楼阁和佛塔，这些楼阁和佛塔与位于城市北部的宫殿建筑群遥相呼应，构成了长安城内十分丰富而壮阔的空间轮廓线。其中一些佛塔的设置，表明规划者一开始就注意到城市建筑空间的构图问题。如长安城西南隅的永阳坊，位于汉长安旧时的昆明池附近，地势比较卑微，所以"宇文恺以京城之西有昆明池，地势微下，乃奏于此建木浮图，崇三百三十尺，周回一百二十步，大业七年成，武德元年，改为庄严寺，天下伽蓝之盛，莫与于此"②。塔为四方形平面，以文献中的数据推算，边长约42米，高度约92.4米。而在与庄严寺毗邻的禅定寺（隋总持寺）内，有一座完全相同的木塔。两座同样高度与造型的木塔，分别坐落在长安西南隅永阳坊内的两座大寺院中，这两座高塔，在空间构图上，东与芙蓉园的高地相平衡，北与宫城内高大雄伟的宫殿建筑相呼应，起到了使全城整体空间得以均衡的作用。

这样突兀而起的高塔、楼阁，还有进昌坊慈恩寺西院浮图（今大雁塔），六级，崇300尺（合今84米）；曲池坊荐福寺内的弥勒阁，崇150尺（合今42米）；丰乐坊内的法界尼寺，寺内有双塔，各崇130尺（合今36.4米）；延康坊内的静法寺西院木塔，崇150尺（合今42米）；怀德坊中佛寺内亦有9层浮图，高150尺（合今42米）；怀远坊大云寺中的楼阁，有百尺之崇（合今28米）。这

---

① [宋] 宋敏求. 长安志. 卷七："自两汉以后，至于晋、齐、梁、陈，并有人家在宫阙之间，隋文帝以为不便于民，于是皇城之内惟列府寺，不使杂人居之，公私有便，风俗齐整，实隋文新意也。"
② [清] 徐松. 唐两京城坊考. 卷四.

些高大挺拔的浮图、楼阁，极大地丰富了长安城内的城市空间与建筑天际线。

八、曲江池、乐游原、夹城等

长安还设有公共游赏的风景区，主要有曲江池和乐游原两处。把公共游赏园囿布置在城内，应属城市史上的一个进步。

曲江芙蓉苑本是汉代的宜春苑（汉上林苑之一部分），苑中有曲折水流名曲江。玄宗开元间凿为池，称曲池或芙蓉池，环池建造了不少离宫别馆。苑北曲江池的北半部有堤隔开，是开放的公共游赏地，自池西到通善坊的杏园一带，花木繁茂，绿水弥漫，时为帝都胜景，屡见于唐人诗篇。杜甫《乐游园歌》中"青春波浪芙蓉园，白日雷霆夹城仗。阊阖晴开诀荡荡，曲江翠幕排银榜。拂水低徊舞袖翻，缘云清切歌声上"，所描写的就是开元时曲江游赏的盛况。"安史之乱"后，曲江池芙蓉苑日渐衰败，唐文宗时（太和九年即835年）意图恢复曲江胜景，浚池修园，并下诏"其诸司如有力及要创置亭馆者，给予闲地，任其营造"①。9世纪中叶之后，除皇室外，不少官署也在苑中建置，"进士开宴常寄其间，大中、咸通以来……曲江之宴，行事罗列，长安几乎半空"②。中唐以后，唐帝多次命诸官宴会于曲江池边的亭子。新科进士在慈恩塔"雁塔题名"后，也多循河曲在杏园至曲江一带游览，"春风得意马蹄疾，一日看尽长安花"即描写此中情景。

乐游原位于升平坊，地势较高，"四望宽敞，京城之内，俯视指掌"。在原上，有汉代建的乐游庙，武则天之女太平公主建的亭子，以后发展为公众游赏之地，"每正月晦日、三月三日、九月九日，京城士女咸就此登赏祓禊"③。曲江池和乐游园一处是临水，一处是登高，可以满足当时民众上巳和重九游赏的习俗。

唐玄宗开元十四年（726年），修外郭城东壁，建造兴庆宫北通大明宫的复壁，开元二十年（732年）又修外郭城东壁，建造兴庆宫南通曲江芙蓉池的夹城，是专为皇帝潜行赴芙蓉苑游玩而不为人知的道路。这条夹城复壁长达7970米，东距外郭城壁23米，与外郭东壁南北平行，但近城门处，则向东斜，使复壁与郭壁的间距缩小到10米左右。诗人杜甫曾以诗句"花萼夹城通御气，芙蓉小苑入边愁","六飞南幸芙蓉苑,十里飘香入夹城"④讽咏这种专为皇帝修建夹城的做法。在9世纪初,在大明宫的东、北、西三面也有兴建。

唐代遗留下来的长安图自宋以后遗失,今能见到关于(隋大兴)唐长安城坊最早最详细的图像资料是宋吕大防《长安城图》的残碑石刻图,宋神宗元丰三年(1080年)时著名学者吕大防率刘景阳、吕大临、张佑测量绘制。金、元战争中

图1.21 宋吕大防《长安城图》残碑拓片

① 全唐文. 卷七十四. "文宗".
② 唐摭言. 卷三.
③ 长安志. 卷八. 升平坊,乐游庙下原注.
④ 樊川文集. 卷二. 长安杂题长句.

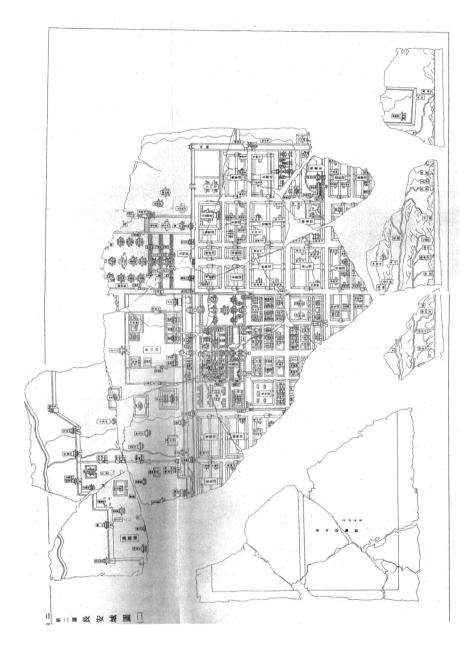

图1.22 宋吕大防《长安城图》平冈武夫整理版

石碑被毁，残碑现存于陕西省碑林博物馆。虽然仅保留了原碑1/4的面积，但对于我们读解唐长安城的规划尤其是坊内形态仍具有重要价值。（图1.21～图1.22）

小结

概而言之，在全国统一、政治基本稳定、经济文化空前发展、国力臻于鼎盛的条件下，隋唐创造出面积84平方公里、干道宽150米、规整方正、规模空前的都城长安，风格遒劲开朗、气势宏大的宫殿，庄重肃穆、洒然出尘的寺观，形成自汉以来中国封建社会的第二个建筑发展高峰，反映出统一而强盛的政权的恢弘气度，成为城市建设史上的伟观。隋唐长安城总结了曹魏邺城，北魏洛阳城等古代城市规划与建设的经验，在方整对称的原则下，沿着南北轴线，将宫城和皇城置于全城的主要地位，并以纵横交错的棋盘型道路，将其余部分分成若干里坊和集中的市场，使分区明确，街道整齐，又较好地解决了城市的供水与排水问题，考虑了城市的绿化，即城市公共游乐、绿地等问题。在唐代的继续营造中，采取更为务实的态度，克服了隋大兴城的某些不合理之处，成为当时世界上规模最宏伟、规划最完善的都城。对邻国尤其是日本、朝鲜的都城规划设计产生了巨大的影响。虽然后来使用中城南的里坊人烟稀少，反映出隋唐长安在规划上有点脱离实际的理想化，但仍然掩盖不了它杰出的规划成就。

"安史之乱"使长安城受到一定的破坏。晚唐黄巢农民起义两次占领长安并登基称帝，国号"大齐"，"冲天香气入长安，满城尽带黄金甲"。883年黄巢再次撤出长安后，长安遭沙陀兵和唐军焚毁，903年又遭朱温军队洗劫焚烧，这座中世纪世界建筑史上最大的都城，曾经无限繁华的都市，在朱温的一炬之下沦为一片废墟。

第七节

唐以后的西安城

随着封建社会文明的进程，尤其是交通运输、经济贸易、文化交流等的发展和需求，长安被山带河的地理屏障，从拥有军事防卫上的地理优势，转而成为封闭、阻隔与全国其他地区联系的地理劣势。为了加强对全国政治、经济、文化的管控，隋唐时期一直将洛阳设为东都。唐代以后，全国政治中心东移，面对经济迅速发展的江南、华北以及广大中原地区，偏处西北的长安作为全国中枢的辉煌日渐不再，但在政治、经济和文化上，仍然占有举足轻重的地位，特别是明清两代。封建都城自此转向东部。

为适应军事防卫需要，驻守长安的佑国军节度使韩健根据长安当时的状况，于904年（唐哀帝天祐元年）改建了长安城，放弃了外郭城和宫城，仅修复皇城称为"新城"。同时在新城外南面的东西两侧修建了两座小城作为"长安"、"万年"两县的县治，与"新城"形成军事上的三犄角相互支持之势，这种状况一直延续到宋元时期。

时光荏苒，唐代之后长安的建制和名称数度更改。907年，朱温建立后梁，废长安西京之名，改属雍州佑国军（909年改为永平军），改京兆府为大安府。923年，李存勖建立后唐，复建西京，恢复京兆府。936年，石敬瑭建立后晋，再废西京，属雍州晋昌军。997年，宋太宗（赵光义）至道三年置陕西路京兆府。1072年，宋神宗熙宁五年置永兴军路京兆府。1107年，宋徽宗大观元年升京兆府为大都督府；1120年，徽宗宣和二年复称京兆府。南宋高宗（赵构）建炎四年（1130年）复称永兴军路，后为金所据。1142年，金熙宗（完颜亶）皇统二年再改称为京兆府路。1260年，元世祖（忽必烈）中统元年设陕西四川行省，治京兆府；元世祖至元十六年（1279年）改京兆府为安西路；元仁宗皇庆元年（1312年）改安西路为奉元路。明灭元后,明太祖(朱元璋)洪武二年(1369年),改奉元路为西安府,这是"西安"之名的第一次出现,体现出西安城作为保障中国西北部安全的重要地位,自此"西安"之名一直沿用至今。

明末农民起义,崇祯十六年(1643年)十月,李自成攻占西安,次年正月定西安为西京,国号"大顺"。崇祯十七年(1644年)三月,李自成率部攻克北京,崇祯自缢于煤山,明朝覆亡。四月,李自成率军进攻吴三桂据守的山海关。吴三桂降清,并引清军入关,李自成失利后于七月撤回西安。清顺治三年(1646年)年初,清兵分两路攻打西安,李自成在潼关保卫战失利后,弃城向东退向湖

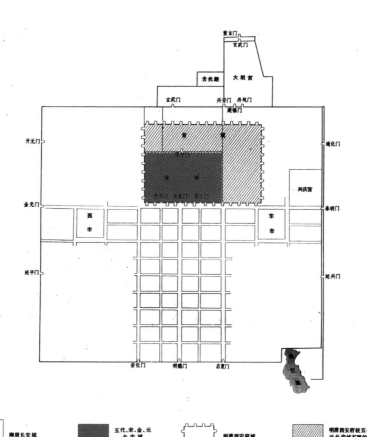

图1.23 明清西安与隋唐长安城的位置关系示意图

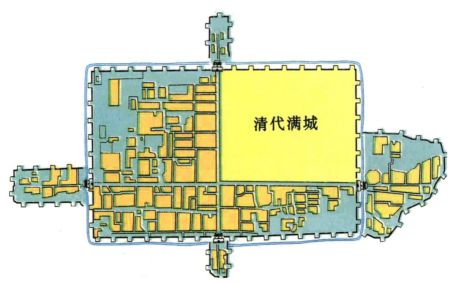

图1.24 民国初年（1912年）长安县城图

北，最后战死在通山九宫山①。作为一年多大顺政权的都城，西安再次谱写了一段悲壮的历史。清朝时对西安城也有修葺，但改动不大。近代战争中西安古城屡遭战火的破坏，但仍保留有城墙城门、钟楼、鼓楼等一批重要建筑。

其实，自唐末节度使韩健改建新城起，西安城市的性质已从都城转变成府城，城内的格局和建筑配置发生了明显的变化。尤以明朝时对西安的城市建设贡献最大，包括扩建城区，修葺城墙，修建钟、鼓楼等城市公共建筑。（图1.23～图1.24）

西安明城墙是明太祖朱元璋洪武三年至洪武十一年（1370—1378年），以隋唐长安皇城位置上的遗存为基础，向北、东南面延伸扩建。城池平面为矩形，城墙全长13.74公里，有98座敌台和敌楼。四面各建有一座城门和瓮城，分别有正楼、箭楼、闸楼三重城门。瓮城外护城河上有控制"吊桥"的闸楼（亦称谯楼）。城墙顶部宽14米，内侧建"女儿墙"防护，外侧建垛墙和垛口以供射击。城墙内面建有登城马道和供排水用的"溜水槽"等。城墙四角还各建有一座角楼，防卫设施十分完备，是个庞大而精密的军事防御体系。（图1.25～图1.32）

钟楼始建于明太祖洪武十七年（1384年），原址在今西安市广济街口，明神宗万历十年（1582年）由巡安御使龚贤主持移于今西安城内东、西、南、北四条

图1.25 西安明城墙遗址照片一

图1.26 西安明城墙遗址照片二

---

① 也有人认为李自成最终禅隐夹山寺。

图1.27 西安明城墙安远门瓮城遗址

图1.28 西安明城墙西南城角与城壕遗址

图1.29 西安明城墙西南角台

图1.30 西安明城墙东城门长乐门全景

图1.31 西安明城墙东城门长乐门现状

图1.32 西安明城墙南门外护城河现状

大街的交汇处，成为明城墙东、南、西、北四门内大街相交的中心，清乾隆五年（1740年）重修。钟楼上悬挂铜钟，用以为全城报时。（图1.33～图1.34）

西安鼓楼建于明洪武十三年（1380年），位于西安市西大街与北院门交汇处，在钟楼之西，与钟楼隔广场相望，后又经清康熙三十八年（1699年）和清乾

图1.33 西安明钟楼

图1.34 西安明钟楼现状

隆五年（1740年）先后两次重修。鼓楼上原有巨鼓一面，傍晚击鼓报时，故名鼓楼，是国内目前最大的鼓楼遗存。（图1.35）

　　1932年，国民政府以西安为陪都，定名"西京"，期间有不少建设。1949年之后，作为陕西省的省会，作为中国西北部的中枢，西安日渐发展成为现代化的大都市。（图1.36～图1.37）

图1.35 西安明鼓楼遗址照片

图1.36 南城门向北俯瞰中轴线

图1.37 鸟瞰西安

电影《大明宫》从含元殿望丹凤门

电影《大明宫》丹凤门

第贰章

各领风骚数百年——西安历史上的宫殿

"秦川雄帝宅，函谷壮皇居。"三千年的都城积淀，滋养了宫殿建筑的繁盛（图2.1）。秦咸阳（图2.2）、汉长安和唐长安中的宫殿建筑，无疑是都城中最重要的建筑群，凝聚着当时全国最优秀的工匠和规划设计者的心血。"紫泉宫殿锁烟霞"，一语道出了长安殿宇的巍峨。如果宫殿是古代建筑中华美的王冠，汉唐长安的宫殿就是这王冠上璀璨的明珠，在历史中放射着永不磨灭的异彩。

各时期的宫殿还有所不同。比如汉代宫殿建筑的造型粗犷率直，规模之庞大，具有与汉赋一样磅礴开拓的气势；而唐代宫殿建筑造型则开朗豪迈，华丽雍容，具有与唐诗一般洒脱浪漫的气度。

汉长安城中多座宫城分散并存，其中未央宫长期作为皇宫，是皇帝主持朝政的场所，长乐宫、北宫、桂宫、明光宫则是为太后、后妃们居住使用的宫城，它们的主体院落和建筑与主政宫城格局相似，有环绕的宫城墙，有多组院落，有主次大殿，辅助建筑等，是宫城功能的延伸和补

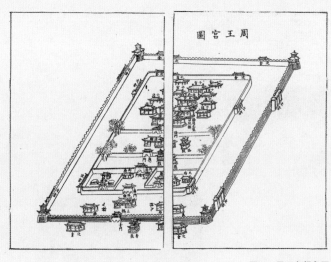

图2.1 周王宫想象图

充。这种以一组宫殿为主政场所,多座宫城并存的现象,是太后、皇后的外戚势力还很强大的秦汉时期的一个特点。西汉以后,都城中的多宫城逐渐向汉魏的双宫城、单宫城制的发展,是皇权加强、外戚势力削弱的反映。

隋唐都城建设表现出统一后中央集权的气魄与实力,宫殿集中设置于都城中轴之北端,而宫室制度也更加严密和成熟。唐长安先后曾有三内:"西内"太极宫居于都城中轴之北端,但地势低下易积水潮湿,所以使用时间很短,可见当时宇文恺为了追求宫城居中的完美,对于宫殿选址有些牵强;后来听政时间最长的"东内"大明宫既位于地势高爽的龙首原上,也尽量靠近宫城中轴之北端,宫室制度井然;"南内"兴庆宫比较特殊,以玄宗李隆基的藩邸为基础扩建而成,虽也偶尔用以听政,但不是主要的宫殿。唐长安虽有三内,但大部分时间以大明宫为主,反映出唐时的宫殿具有一些灵活性,可以因为地势、皇帝个人等原因而发生改变。

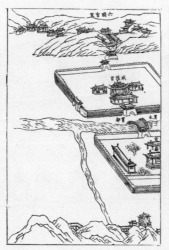

图2.2 秦王宫想象图

第一节

秦咸阳宫

秦汉时期宫殿建设兴盛,都城中均有宫殿数处,其规模气势之大,建筑数量之多,体量造型之壮丽宏巨,远胜于前。据《史记·秦始皇本纪》载:"(秦)关中计宫三百,关外四百余。"秦始皇灭六国过程中,每灭一国,便仿造其宫室于渭水北岸,彰显和鼓舞着统一的雄心,同时也吸取了各国不同的建筑风格和技术经验,使秦朝的宫殿成为集天下之大成者。《史记·秦始皇本纪》中记载,"秦每破诸侯,写仿其宫室,作之咸阳北阪上,南临渭,自雍门以东至泾、渭,殿屋复道周阁相属,所得诸侯美人、钟鼓,以充入之"。另外,"六国灭,四海一。蜀山兀,阿房出"。他又建新宫于渭水南岸,形成以阿房宫为主体,由章台、兴乐宫、信宫以及祠庙形成的庞大的建筑群,一时曾"宫馆阁道相连三十余里"。

咸阳宫是城中最早的宫殿，位于渭水北岸，自秦孝公迁都咸阳起就开始建设。1974—1982年间，考古工作者在距今咸阳市东15公里处发现了三组较大的秦代高台宫室建筑遗址，分别称为一号、二号、三号宫殿遗址。

其中一号宫殿遗址最为完整宏大。殿基平面为曲尺形，东西宽60米，南北长45米。经发掘知此建筑大体分为二层，上层夯土台面距地面约5米。各层之建筑均傍依夯土台整齐建造，建筑结构为大木架构与夯土相结合。上层台基中部为主体大殿，其平面大致方形，东西广13.4米，南北长12米。殿中央有一棵较粗的"都柱"，墙面嵌有壁柱，内置暗柱；墙表抹草泥，饰以白色，地表饰以红色；王座置于西壁之下①；南、北、东三面辟门，门外有走廊；南隔围廊有广阔的高台，可供凭眺；西侧建有附属房屋，并建露天踏道通向一层；东南小殿内有壁炉，可能是帝王住所。夯土台一层的南、北两侧亦附有建筑，南侧建筑分为五间，有沐浴设备，可能是宫女居所。北侧分为两大间，可能是宿卫之所。宫殿上下层均有通廊环绕，东、西两端设有楼梯，交通顺畅，布置合理。有学者根据此遗址，将其平、立、剖面及外观透视作了复原研究，其形象附列于后（图2.3），以供读者参考。

---

① 秦人有尊西之习俗。

图2.3 秦咸阳宫一号宫殿遗址复原示意图

第二节

秦阿房宫

咸阳宫殿中,最负有盛名的无疑是阿房宫,它是秦始皇三十五年(公元前212年)开始兴建的宫殿朝宫的前殿,位于渭河南岸的上林苑中。据《史记·秦始皇本纪》中描述:"始皇以为咸阳人多,先王之宫廷小,乃营作朝宫渭南上林苑中,先作前殿阿房,东西五百步,南北五十丈,上可坐万人,下可建五丈旗。周驰为阁道,自殿下直抵南山。表南山之巅以为阙。"《关中记》则载其"殿东西千步,南北三百步,庭中受万人"。其他古文献亦多有述及,但尺度出入甚大。从实地考古调查看来,尚存东西广1400米、南北长450米、后部有残高7~8米的巨大夯土台,面积与《关中记》记载相近。

阿房宫不过是朝宫的前殿,就已成为历代文人屡述之物。最著名的当属唐代杜牧的《阿房宫赋》:"六王毕,四海一,蜀山兀,阿房出,覆压三百余里,隔离天日。五步一楼,十步一阁。廊腰缦回,檐牙高啄,各抱地势,钩心斗角……长桥卧波,未云何龙?复道行空,不霁何虹?高低冥迷,不知西东。歌台暖响,春光融融;舞殿冷袖,风雨凄凄。一日之内,一宫之间,而气候不齐。"对其奢华极尽描绘之能事,虽已无实物可证,但足见其工程规模之巨,气势之宏伟,人、财、物力耗费之多。根据文献和考古研究,基本认为宫殿四周修有阁道,向南直抵终南山,向北跨过渭水,与咸阳宫相接。阿房宫殿前排立着十二个重达万斤的铜铸"金狄",殿北设置磁石门,是为防止私带武器采取的安全措施。殿的东、西、北三面筑有城墙,称为"阿城"。

阿房宫遗址位于今西安城西郊约15公里的三桥镇之南,赵家堡和大古村之间,附近有大量夯土台,还散落有大量秦砖汉瓦,考古学者推测其遗址区面积约有60公顷。阿房宫不过是朝宫的前殿,阿房也只是暂设的名称,意思是咸阳附近的宫殿,建成后或应另择新名,可见秦始皇原计划建设朝宫之规模空前。

第三节

汉长乐宫

长乐宫，意为长久的欢乐，与未央宫、建章宫同为汉代三宫。汉高祖之后为太后居所。因其位于未央宫东，又称东宫。

一、建造背景

长乐宫位于汉长安的东南部，在安门大街以东，清明门大街以南，东、南两侧靠近城墙。长乐宫始建于汉高祖五年（公元前202年）而竣工于高祖七年（公元前200年），是汉长安城中最早修建的宫殿，在秦咸阳兴乐宫基础上改建。兴乐宫在秦昭王时已存在，为便于咸阳宫和兴乐宫之间往来，当时还修建了著名的渭河桥，即汉代的横桥。后来秦始皇又建造了大夏殿、鸿台、鱼池、鱼池台和酒池、酒池台等大量建筑。为了尽早"徙治长安"，刘邦用一年时间在秦咸阳兴乐宫基础上修筑了长乐宫。建成后刘邦在长乐宫中住了五年之久，因此长乐宫成了西汉初年的政治中心，在这里建立了西汉的一套封建礼仪制度。没能等到未央宫建成，刘邦就过世了，长乐宫成为终汉高祖一朝的听政宫殿。惠帝刘盈入主未央宫后，长乐宫即改为太后居所，成为仅次于未央宫的一座重要宫城。为便于内廷交通，两宫之间建有复道相连。因长乐宫在未央宫之东，所以又称东宫或东朝。西汉时期，外戚势力强大，所以长乐宫在政治生活中仍起着重要的作用。（图2.4～图2.5）

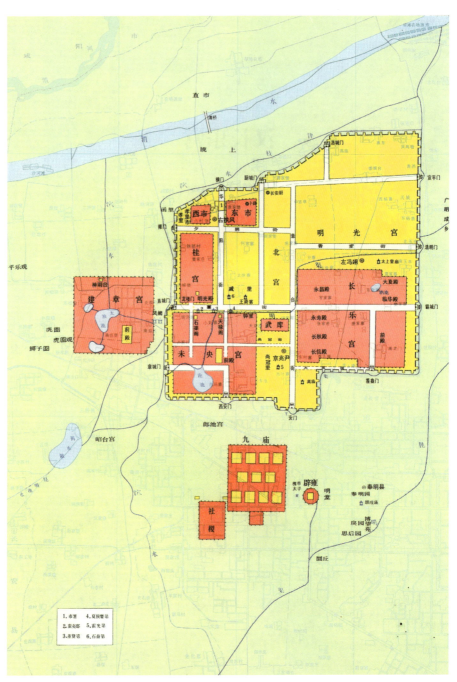

图2.4 西汉长安宫城位置示意图

图2.5 汉长安长乐宫4号建筑遗址照片

二、宫城和道路

根据实测，长乐宫遗址平面大体呈矩形，其东西宫墙平直，南北宫墙有曲折。考古勘探其东墙长2280米、南墙长3280米、西墙长2150米、北墙长3050米，[①] 面积约6平方公里，占汉长安总面积的1/6。按文献记载，长乐宫宫城四面各设有一座宫门，目前考古勘探已发现东、西、南三面宫门，三座宫门对内连接着宫中主要道路，对外分别面朝霸城门、覆盎门和直城门大街，是宫中的交通要塞。长乐宫内现已勘探发现5条汉代主要道路，3条东西向、2条南北向。其中最重要的一条是东西宫门之间横贯宫城的东西干道，宽45~60米，路面由两条路沟分为三路，中路地面较平，两侧路面略呈弧形，与汉长安城内连接城门的大街的规模和形制相近。这种规模和形制的道路其他宫城中均未见有，它在城市道路规划上的级别等同于连接城门的城市干道。其次是南宫门向北至东西干道的南北干道。另一条是从南宫墙西部掖门向北至东西大道的南北大道，此道向南出掖门延伸至长乐宫外的高庙遗址。

值得注意的是，长乐宫的东西干道恰好在汉长安霸城门（东城门）与直城门（西城门）的连线上，从古代城市规划的角度看似乎应当是城市东西干道的位置，是直城门大街的东段。汉长安先建宫后建城，汉初以秦兴乐宫为基础建造长乐宫时尚无汉长安的整体规划，因此长乐宫的平面并未受到城墙城门束缚。萧何

[①] 《太平寰宇记》卷二十五引《关中记》载长乐宫"周回二十里"，可能只算了东西干道以南的宫殿范围，此范围的勘探周长为8780米，与文献数据基本相符。《关中记》为西晋人潘岳著，以西晋一尺折今约24.4厘米计，一里三百步，一步六尺，晋代一里约今439.2米，则二十里约8784米。

营建未央宫时，长乐宫已建成投入使用，基本以东西干道为界分为南北两部分，干道以南是朝寝宫殿主体，以北是园囿和池苑建筑，未央宫北宫墙位置有可能参照了长乐宫主体宫殿的北端界限（即长乐宫东西干道）。汉惠帝修筑汉长安城墙城门时首要考虑诸宫的防卫和交通，尤以未央、长乐为重，所以东、南、西三面城墙围绕未央、长乐宫城而建，把霸城门与直城门安排在同一东西直线上，对于长乐、未央的东西交通都很便利。汉初宫苑一体的形制尚未形成，秦时兰池即置于咸阳宫之外，至汉高祖修建未央宫时，已将沧池置于宫中。长乐宫东西干道以北的园囿和池苑（酒池、鱼池）建筑（多为秦始皇时建造），起初或也被置于宫城之外，待宫殿完善后宫城修整，才被纳入宫城之内。长乐、未央之北的东西干道东段，则被圈进长乐宫城内成为宫苑之间的东西干道。

三、长乐宫的主要建筑

长乐宫主要的宫殿建筑遗址都分布在东西干道以南，目前已勘探出东西并列的三组大型宫殿建筑群，其中东边一组规模最大，建筑夯土基址东西宽116米、南北长197米，基址南边东西并列"三阶"（西周礼制中的东、中、西三阶），基址上从南向北有三组殿址。南殿址东西100米、南北56米，中殿址东西43米、南北35米，北殿址东西97米、南北58米。这组宫殿位于南北大路东侧，明渠之南，殿西有多处汉代大型建筑群遗址，与《水经注·渭水》中描述明渠东经长乐宫前殿之北且"殿前列铜人，殿西有长信、长秋、永寿、永昌诸殿，殿之东北有池"等相符，因此这组宫殿有可能就是长乐宫的前殿。（图2.6）

殿后有武帝时所起之临华殿，以及西端之长信、长秋、永寿、永昌四殿，皆用以居后妃。长乐宫西边一组宫殿院落遗址规模略小，整组院落东西宽420米、南北长550米，四周院墙环绕，南墙中部置门。院中大殿基址东西长76.2米、南北宽29.5米，四周设回廊，廊道方砖铺地，廊外卵石散水。有学者认为这就是窦太后曾居住的长信宫 。①

另外，宫中还有神仙殿、建始殿、广阳殿、中室殿、月室殿、温室殿、大厦殿等殿堂，以及著室台、斗鸡走狗台、坛台、射台、钟室(吕后斩韩信处)等附属建筑。（图2.7）

图2.6 汉长安长乐宫遗址照片

---

① 李遇春. 汉长安城的发掘与研究. 参见：汉唐边疆考古研究（第一辑）. 北京：科学出版社，1994.

图2.7 汉长安城长乐宫5号建筑（凌室）遗址保护工程施工前原状

四、北部池苑

长乐宫东西干道之北有一些比较有特色的池苑建筑，如鸿台、鱼池台、酒池台，多保留了秦兴乐宫时的名称和基址，汉代又有些增补。其中酒池本是一处供皇家贵族享乐游玩的池苑，也可做调节宫城用水的小水库，汉武帝时在酒池北修筑了大规模台榭，可容上千人停留观赏。史载汉武帝在酒池边制作了大型铁杯盛放美酒以飨宾朋，铁杯重得根本拿不起来，来宾只好俯身低头去喝，颇似黄牛饮水，留下了"上观牛饮"的笑谈。

由于在秦代离宫的基础之上改建而成，长乐宫的布局形制显得比较特殊，与未央宫、桂宫、北宫等新建宫殿有所不同。由于长乐宫的地势南高北低，明渠东段流经长乐宫北部并向东流出长安城，因此宫殿建筑大多集中于宫城南部，池苑则在北部，北部酒池顺势作为调节用水的水库。另外，长乐宫建成之初是作为刘邦的听政宫殿，但因利用秦离宫兴乐宫的宫殿基址，其主要殿宇的布局并没有择中自南向北依次建造，而是分为三组院落东西并列于宫城南部，东部一组是前殿，建筑规模最大。另外两组宫殿靠近中部，大量遗址都分布在两条南北向道路之间，道路与宫殿遗址时代一致，均属西汉时期。此外，长乐宫建设之初，宫中道路与汉长安的路网尚无关联，宫中的东西干道本是宫内宫苑之间的分隔道路，但汉惠帝时的路网规划把它放在了汉长安城东西干道直城门大街的东段，因此它虽为宫中道路，但具有城市干道的位置、规模、形制等特点。

第四节

汉未央宫

未央宫位于汉长安城的西南角,在安门大街西,直门街以南,西宫门与南宫门之外就是长安城西城墙和南城墙。"未央"一词出自《诗经·小雅·庭燎》:"夜如何其?夜未央。"未央即未尽之意。未央宫始建于高祖七年(公元前200年)二月,高祖九年(公元前198年)十月建成。未央宫建成之初,高祖曾在未央宫前殿举行大型国宴。未央宫长期是西汉王朝最主要的政治中心。刘邦死后,其子刘盈即位,开始以未央宫为皇宫,终西汉一代未改其制,西汉绝大多数皇帝在此居住和办公。因汉长安最重要的两座宫殿未央宫与长乐宫分列于城南的西、东两侧,所以分别又称西宫与东宫。汉代方位以西为上,因此位于西边的未央宫也称公宫。西汉末年的战火对未央宫破坏严重,东汉初年光武帝时有所修缮,董卓胁迫汉献帝迁都长安又以此为宫。后赵石虎攻占长安后,于建武十一年(345年)征发16万人修筑未央宫,此后前秦、后秦、西魏、北周等魏晋南北朝期间的小朝廷也以未央宫为皇宫。隋唐时期另建新都城于汉长安东南,汉长安城故址成了新都禁苑的一部分。唐贞观七年(633年),太宗李世民仿效汉高祖刘邦在未央宫设酒宴为其父李渊祝寿。会昌五年(845年),武宗还在未央宫中修复了249间殿屋。

未央宫无疑是被当做最正式的皇宫来修筑的。它选址在长安城内地势最高的龙首原,远比西汉初的临时宫殿长乐宫壮丽威严(图2.8)。主持未央宫建设的是丞相萧何,刘邦最得力的重臣。《史记》载:"萧丞相营作未央宫,立东阙①、北阙、前殿、武库、太仓,高祖还,见宫阙壮甚,怒,谓萧何曰:'天下匈匈苦战数岁,成败未可知,是何治宫室过度也?'萧何曰:'天下方未定,故可因遂就宫室。且夫天子以四海为家,非壮丽无以重威,且无令后世有以加也。'高祖乃说。"文献中描写刘邦的为人比较低调,担心宫殿做得太大太壮观了会有劳民伤财之谤。主持未央宫建设的丞相萧何却旗帜鲜明："天子以四海为家，非壮丽无以重威，且无令后世有以加也"，宫殿就要以其"壮丽"体现皇帝的"重威"，用建筑艺术渲染至高无上强大无比的皇权仪式空间，让以后都不可能超越。萧何说的"非壮丽无以重威"不仅是宫殿的建筑原则，其实更是迎合了封建帝王治理天下之术，因此成为后世宫殿营造共同遵守的一大法则。

西汉王朝是中国古代封建社会前期的鼎盛时代，这时候的政权第一次如此强大和稳定，而且有强大的抱负拓展中央集权的势力，加强中央制度的管理。所以西汉也是中国古代封建社会的主要典章制度形成、确立的重要时代。宫殿是统治集团权力的代表和缩影，正如秦始皇需要写仿六国宫殿于渭水北岸表达统一六国的雄心与自信。从政治意义和文化心理上来看，西汉初步稳定后，非常需要表达封建集权统治愿望的极其壮观的宫殿。

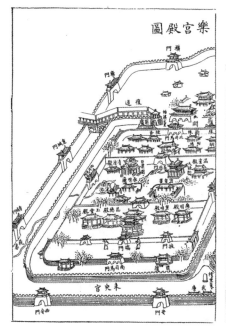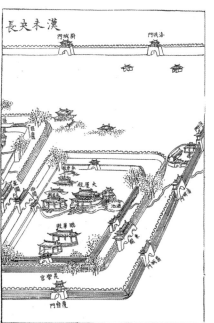

图2.8 汉长乐、未央宫想象图

---

① 阙是门通道两边的附属建筑，阙上建楼形成"观"。

为什么没把第一座宫殿长乐宫建造得如此庞大壮观呢？未央宫基本为新建工程，而长乐宫则属于利用秦代离宫。从建造目的看，长乐宫是临时性的朝堂，汉高祖五年（公元前202年）开建，两年建成，主要让刘邦的父亲居住，暂时当做朝堂。汉高祖七年（公元前200年）建成后同年，由丞相萧何主持开始修建未央宫。如此慎重，是因为未央宫是非常重要的正式皇宫。从名称的含义上看，长乐是长生欢乐，未央即未尽，子子孙孙永远昌盛兴旺的意思。长乐宫是给老一辈的，未央宫是给新生力量的，最重要的宫殿显然是在未央宫。后来的使用中，未央宫也是最重要和时间最长的。

一、宫城

在规模上，未央宫是西汉最大的宫殿。其宫城平面近方形，东西2250米、南北2150米，面积5平方公里，约占汉长安城总面积的1/7。未央宫周长8800米，约占都城周长的1/3。虽然未央宫已无地面遗存，但通过考古勘察到的资料，大致可以窥见到宫城的大致面貌。（图2.9）

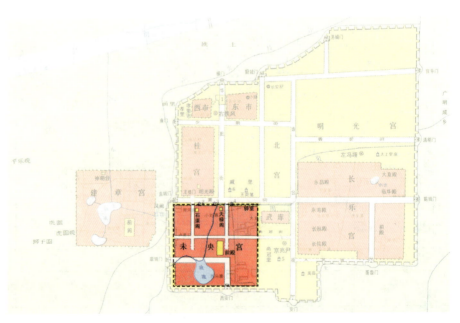

图2.9 西汉未央宫平面示意图

■ 宫门

考古勘探资料说明，未央宫四周设有宫墙，四面宫墙上各有一座宫门，宫门内均有道路通向未央宫前殿，四座宫门大小相近，宽深均约8米。东宫门外有南北对称分布的两个32米×18米的夯土基址，二者南北相距150米，应为东宫门外的守卫建筑，亦能塑造出宫门的宏伟气氛。《汉书·高帝纪》载，萧何曾在未央北宫门和东宫门外修筑了高大阙楼，其位置和规模与这两个夯土基址相符。另外，西宫门和北宫门遗址附近出土了铁矛、铁甲片、铜镞、陶弹丸等，北宫门遗址还出土了"卫"字瓦当，表现出宫门的防卫职能。

未央宫偏于长安城西南角，与城内其他地方的联系主要是通过北宫门和东宫门。从长安城北横门向南到未央宫北宫门，是西汉时期十分重要的进宫道路，官员上书奏事、谒见皇帝，都要到北宫门等候召见。因此北宫门外有许多达官显贵的住宅，即文献记载的"北阙甲第"。而东宫门是皇亲国戚、王子王孙往来于未央、长乐二宫的必经之门，甚至皇帝去长乐宫拜谒太后也要从此经过，因此出东宫门之路上还有"驰道"。

南宫门是未央宫正南门，向北正对前殿，向南通向长安城南的礼制建筑群，虽然不常使用，但有着重要的礼制意义。西宫门之外是长安城西城墙，去建章宫另有飞阁，所以涉及这座宫门的活动不多。

据《长安志》卷三引《关中记》所载，除4座宫门外，未央宫还有14座掖门。有的掖门另有称谓，如北宫墙上的作室门，因为靠近作室（织室、暴室之类的统称）而得名。

■ 角楼

汉未央宫宫城四角还建有角楼，现今只有西南角楼夯筑基址保存尚好，平面呈曲尺形，宽10~13米，东西总67.4米、南北总31.5米，东北两面分别与南宫墙和西宫墙相连。基址北壁和东壁分别保存有5个和3个柱础遗迹，北壁西部有铺砖的斜坡慢道。基址内转角平行分布有曲尺形散水，宽0.88米，以瓦片竖立砌置，两边竖砌薄砖。此外，在角楼基址附近还发现了水井、砖池等遗迹，出土了剑、矛、弩机、镞、弹丸、铠甲片、胄片等兵器、武备遗物，以及陶盆、灯等生活用品，说明这里曾有驻守戍卫的士兵。

与未央宫城隅角楼曲尺形平面形制相似，西汉时期许多重要皇室建筑的城隅建筑，都呈现出曲尺形的平面形制，如孝宣王皇后陵园东北城隅建筑基址、长安城南郊礼制建筑的院落四隅、汉明堂围墙四隅，等等，均为类似城隅性质的防卫建筑。

■ 宫城的总体布局

作为一座大型的皇宫，未央宫内有壮丽堂皇的朝政宫殿，后妃宫殿，婕妤以下嫔妃、宫女所住的掖庭、寝宫等建筑群，有风景优雅的池苑园囿，服务于皇室生活需要的宗教文化建筑、手工业作坊以及各种服务设施等。其中，前殿是大朝正殿，位于未央宫中央，包括宣室殿（亦称宣室阁）、后阁、非常室等。后妃宫殿群位于前殿以北，以皇后居住的椒房殿为首殿。其他宫殿建筑则多在前殿东西两侧，后宫掖庭如昭阳殿、合欢殿、兰林殿、凤凰殿和蕙草殿等，园囿中有云光殿、九华殿、月影台和临池观等。寝居、宗教文化性建筑有清凉殿、飞羽殿（亦名飞雨殿）、白虎殿、金马殿、宣明殿和钩弋殿等。此外，未央宫中还有大量的官署建筑，如已经考古发掘的少府（或其所属官署）遗址、中央官署遗址等。此外，还有服务于皇室的凌室、织室、暴室等建筑。凌室是藏冰之所，藏冰以备酷暑降温，而且除了降温，凌室之中还要冷藏一些珍贵食品，因此未央宫夏季用冰量大，凌室的规模也不同一般。织室是为皇室制作各种高级丝织品的手工业作坊，暴室是属于织作的染练之署。织室和暴室均位于未央宫西北部。（图2.10）

在布局形制上，未央宫也是西汉长安最正统的宫城，它的平面近方形，继承了夏商以来的宫城方形平面的传统。未央宫内的布局可以分为南、中、北三部分，分别由两条横贯宫城的东西向大街分隔开。汉长安城中其他宫城长乐宫、桂宫、北宫和明光宫，均不及未央宫方整。

南部西侧为未央宫的重要池苑——沧池，池中筑造有假山——渐台，台上修

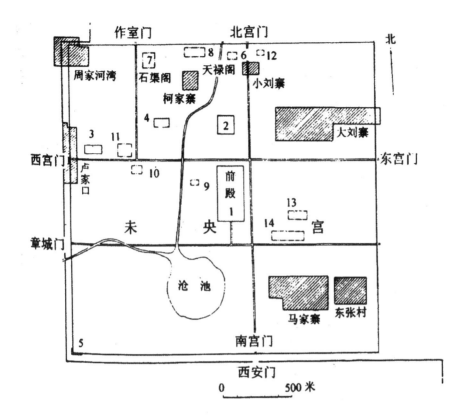

1. 前殿　2. 椒房殿　3. 中央官署　4. 少府（或其所辖官署）
5. 宫城西南角楼　6. 天禄阁　7.石渠阁　8～14. 第八至第十四号建筑

图2.10 未央宫遗址平面示意图

建了亭榭楼阁，池光阁影，风景如画。西汉末年，王莽被农民军追赶，从前殿仓促逃至沧池渐台，以渐台四周的池水暂时挡住追杀，最终死于环境优美的渐台之上。南部东侧分布有大量建筑遗址，但每座单体建筑的规模并不太大。

中部以居中的前殿为主体建筑，在其东西两侧已勘探出不少规模较大的建筑遗址，应为主要的宫殿分布区域，按文献记载，前殿东部有曲台殿、鸳鸯殿、凤凰殿等，西部有昆德殿、白虎殿等。北部是皇宫中的后宫区。后宫区以北为文化设施区，北部西北侧有少府所辖官署作坊和中央官署区，东北侧有一些礼制建筑。

整个宫城的布局以皇帝大朝的主体宫殿——前殿建筑群为中心，后妃的寝宫建筑群列于其北，其他主要宫殿位居主体宫殿之后，辅助宫殿建筑集中在主体和主要宫殿两侧。形成以帝后宫殿沿线为南北中轴，然后向东西两翼展开的宫城布局模式，为后世宫城所沿用。

二、大朝正殿——前殿

秦汉时期，前殿系天子大朝的正殿，皇帝在此听政布政，举行朝会，授官封爵。前殿位于未央宫中部，符合中国古代天子"择中而居"的观念。宫城内其他的宫殿、官署等建筑均在其两侧或后部。这种布局对后代宫城设计影响深远，此后的宫城正殿，如汉洛阳城南宫的前殿，曹魏邺北城宫中的文昌殿，晋建康城、北魏洛阳城、东魏和北齐邺南城、隋大兴城、唐长安城等宫城中的太极殿，北宋开封城宫城的大庆殿，明清北京紫禁城中的太和殿等，一般都位于宫城内居中的位置。其南与宫城正门相对，其他重要殿堂均在其后或在其东西两侧。（图2.11）

前殿建于汉高祖七年（公元前200年），位于龙首山上。据《水经注·渭水》记载，为了使前殿建筑显得更为高大、雄伟，丞相萧何选择龙首山丘陵作为前殿台基，"斩龙首山而营之"，"山即基阙，不假筑"，

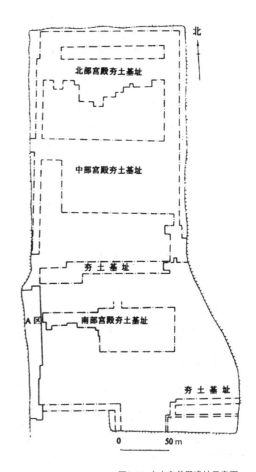

图2.11 未央宫前殿遗址示意图

从而实现"壮丽以重威"的建筑意向。考古勘探证实，前殿基址的确建造在自然高起的丘陵之上，仅在丘陵四周和表面进行了加工夯筑。这种方法节省了大量财力和人力，比战国时期建造高台烘托建筑的方法经济很多。现存前殿基址平面为长方形，南北长400米、东西宽200米。台基所在地势南低北高，最南端高出今地面0.6米，向北逐渐升高，北端高出今地面15米。

考古发掘显示未央宫前殿是一组大型的宫殿建筑群，由南、中、北三座大殿组成，大殿基址面积分别为3476平方米、8280平方米、4230平方米，中殿的面积最大。南殿与中殿之间，一条东西横亘的廊道将前殿分为两大部分，廊道以南为南殿，以北为中殿和北殿及附属建筑。南殿西部连接有附属建筑，中殿和北殿的东西两侧有封闭性廊道。北殿之北还有后阁建筑，高居于前殿所在山丘的北端。三座大殿的夯土台面有较大的高差，中殿比南殿基址高3.3米，北殿比中殿基址高8.1米，后阁比北殿基址高3米。前殿西南和东北部都有附属建筑，东西两侧还有上殿慢道。前殿之南有一东西约150米、南北约50米的庭院，庭院正南有门。王莽当政时曾将前殿改称为王路堂，正南门改称朱鸟门，朱鸟代表南方之神。

三座大殿之前均有宏大的庭院。南殿和前庭当为举行大朝、婚丧、即位等大典之用，所谓"外朝"之处。中殿和北殿可能为"内朝"、"正寝"。未央宫前殿的三殿布局形制或为后代宫城三大殿之制的先河。后代宫城正殿如唐长安城宫城中的太极殿、两仪殿、甘露殿，北宋开封城宫城的大庆殿、文德殿、紫辰殿，明南京城的奉天殿、华盖殿、谨身殿，等等，均为南北向排列三大殿的形制。（图2.12～图2.13）

此外，前殿遗址西南部发掘有46间房址，43间背靠着前殿基址西壁，南北排列，坐东向西，3间房址位于前殿遗址西南角，背靠着前殿基址南壁，东西排列，坐北朝南。这46间房址的面积7～20平方米不等，位置偏于一角，规模小，形制低，应为前殿的附属用房。其中有的房屋是由2～4间组成套房；房间平面大多为方形，北段有几个为长方形，房屋墙体夯筑，地面多为土坯墁地或草泥地面，个别方砖铺地。这46间房址出土的遗物比较丰富，有砖、瓦、瓦当等建筑材料，板瓦和筒瓦上有陶文戳印如"宫廿五"、"工七"、"大卅一"等，许多是建造者的印记。瓦当纹饰有西汉早期的变形葵纹瓦当，也有较晚的"长生无极"文字

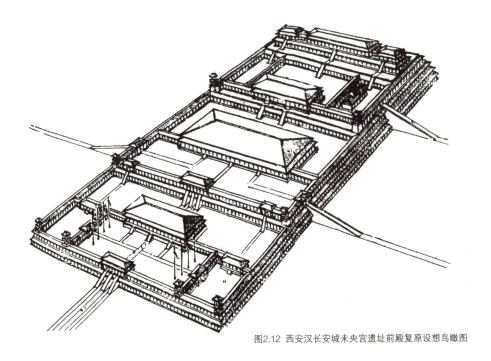

图2.12 西安汉长安城未央宫遗址前殿复原设想鸟瞰图

图2.13 前殿A区遗址(西北—东南)

瓦当。出土遗物中有大量的陶碗、陶盆、陶灯、纺轮等生活用品，还有铁斧、铁锛、铁臼、铁铲等工具，剑、刀、弩机、镞等兵器，在套房遗址中甚至还发掘有陶博局，记录了医药、人名、祥瑞等的木简。因此，进一步推测此46间房原为服务于前殿的卫士、管事、仆役（包括医疗服务人员）的居住和储存之处。其中或许有些服务人员具有一定的身份和文化教养，偶尔会做些阅读文字记录和陶博游戏，其居住条件也较优于普通仆役。

三、皇后正殿——椒房殿

椒房殿是汉代皇宫中皇后的住所，是后宫的首殿，系汉宫中必须配置之宫殿。椒，大抵取"椒聊之实，蕃衍盈升"之意，椒房则是以椒和泥涂壁，屋内呈暖色而且散发出清香的房子。皇后住在椒房殿，椒房也往往被当做皇后的代称。（图2.14）

未央宫椒房殿遗址是目前唯一有完整考古发掘的中国古代皇后宫殿遗址，遗址位于前殿之北三百多米，遗址东西130米、南北148.75米，包括正殿、配殿和附属建筑三个部分。正殿居南，配殿在正殿东北，附属房屋建筑在正殿北部、配殿西部。因为是皇后的正寝，椒房殿也有类似"前朝"、"后寝"的格局。比较有特色的是，正殿之内有地下室，配殿中还有多条地下巷道。

椒房殿正殿平面为矩形，东西54米、南北29～32米。正殿四周设置回廊，殿东西设有踏道，是出入大殿的主要通道。大殿西北部有一地下室，地面低于原正殿地面估计约2.5米，其北墙辟门和通道，通向北部庭院。从其位置来看，可能是正殿的密室或储藏室。（图2.15）

正殿之北为庭院，东西43.7米、南北12.2～13.6米。庭院四周设置廊道，廊道均以方砖铺地。庭院中间为天井，天井地面东高西低，西北有排水沟。

配殿在正殿东北，由南、北二殿组成，二殿之北都有一庭院。南殿台基东西50米、南北32.5米。殿东有带踏道的长廊，应当是进出南殿的主要通道。殿南偏西有南踏道，虽然规模很小，但是可以非常便捷地到达北庭院、北殿和正殿以北的附属建筑。南殿北部偏东有一地下室，西北隅还有一间小屋，屋前上有通道连接南殿台基。南殿北庭院平面近方形，边长22～28米。庭院四面有廊，中间为天井，天井和廊道均以方砖铺地。北殿台基东西43.5米、南北23.2米。台基西部、西北部均有类似门房的房屋。北殿北部庭院东、西、南三面均有廊，中间为天井。北殿进出有三条踏道，分别位于南廊东部、殿西和北廊西部。另有一通道在北殿台基西部。

整组配殿建筑内还有五条穿行于宫殿地面以下的地下巷道，其中四条连接着配殿、正殿、附属建筑群以及庭院。还有一条地下巷道既不影响大殿里的主要活动，又能方便配殿的来往交通，或许还有一定的保密功能。（图2.16）

图2.14 椒房殿遗址（北—南）

椒房殿附属建筑群主要包括有九座房屋和三座庭院。庭院在东部，南北排列。九座房屋位于西部，南北向排列，平面多为长条形。

此外，椒房殿遗址内的给排水设施主要发现有正殿东部的水井、北部庭院的

图2.15 椒房殿遗址正殿一号庭院

图2.16 椒房殿遗址正殿夯土基址（西南—东北）

地漏和配殿北部西边的排水沟。椒房殿遗址上还出土有一种面径20.5～21厘米的大云纹瓦当，由此不难想象当年椒房殿建筑体量之宏大。

四、少府（或其所辖官署）遗址

少府是汉代九卿之一，在九卿之中位居第一，是皇帝的财政总管，专门负责管理收取全国的山海池泽之税，保证皇宫供养。少府的机构庞大，辖有尚方、永巷、宦者、钩盾、内者、织室、太官、暴室等官署，大多分布在未央宫西北部。为方便少府各作室的工徒出入，未央宫在靠近少府所管辖各种"作室"的北宫墙上特辟有作室门，作室门内有南北向道路通向横贯未央宫的东西干道，少府诸官署即分布在这条南北路附近，少府及其主要官署位于路西偏南，与前殿和椒房殿相距不远。整组少府建筑群规模大，布局清晰，建筑考究。（图2.17）

少府（或其所辖官署）遗址东南距前殿遗址430米，东距椒房殿遗址350米。少府建筑遗址的发掘范围东西109.9米、南北59米。（图2.18）

图2.17 少府（或所辖官署）早期遗迹

图2.18 少府（或所辖官署）遗址（西北—东南）

　　少府建筑群的布局主次分明，东西居中的位置上以南北两座大型殿堂为主体建筑，主体建筑两侧分布有一些附属建筑，主体建筑北面为庭院，南面有广场。南殿两侧的建筑与公务活动有关，北殿两侧的建筑与生活起居联系比较紧密。再向两侧则多为通道、仓储、水井水池之类的公用附属设施。

　　少府的主体建筑为南北排列的两座大型殿堂，坐北朝南。南殿东西面阔七间共48.6米，南北进深两间共17.5米，殿内（约南北居中位置）有东西排列的础石6个。北殿东西面阔五间共31米、南北进深两间共12.9米，规模较小于南殿，殿内（约南北居中位置）有东西排列的础石4个。南北两座大殿的东西两侧有朵殿。北殿东朵殿平面呈方形，边长近10米，西朵殿东西11.35米、南北8.25米，地面均铺地板，殿北两端设有通气道通至庭院。这两个朵殿的地面铺装很有特点，除大规模铺设地板外，在支撑地板的础墩表面（图2.19）和基槽四壁还包砌有石板（图2.20），地板下设置了通风道与庭院相通，既利于基槽内的防潮，同时又促使地板下的空气与室外空气的流通而不致腐臭。北殿以北有较大的庭院。庭院北部有东西向廊道，宽2.8～3.5米，地面均铺方砖。廊道东端有一小房屋，北墙辟门，庭院东南角和西南角各有一小房屋。

少府的另一重要建筑是主体大殿东部附属建筑中的一座木构半地下多层仓储建筑。在这座房屋的底部发现了未曾使用过的1892枚王莽货币，出土时穿钱的绳子还依稀可辨。房屋南北各有一条通道，北通道宽2.1米，南通道宽5米；南通道规模较大，布局较复杂。南通道西部有一间特殊的储藏室，在此出土了上百件封泥，其中"汤官饮监章"封泥多达54件，说明此建筑与少府的汤官饮监关系十分密切。这间储藏室南北(进深)5米、东西（面阔）2.2米，夯土墙内壁有石板贴面，石板长72

图2.19 少府（或所辖官署）遗址早期遗迹F23础墩

图2.20 少府（或所辖官署）遗址早期遗迹F23

厘米、宽34～36厘米、厚3～4.5厘米。石板上有位置呈等腰三角形分布的三个孔，以便将石板外挂在墙体表面，孔内有圆帽大铁钉。最后石板表面抹麦糠泥，泥上刷白灰。这种墙面装修方法在古代建筑遗址发掘中十分罕见。

1. 北—南　　　　　　　　2. 南—北

3. 西壁（东—西）

图2.21 少府（或所辖官署）遗址早期遗迹F5东通气道

此外，少府建筑群的南、北、东三侧均有很长的通道（图2.21），围合和联系着整组建筑群。建筑群东北有较大的水池，在北通道之东，面积约有775平方米，可以营造建筑群内比较宜人的水景，亦可养殖些水产。未央宫少府（或其所辖官署）建筑毁于王莽末年长安城中的战火。王莽之后，光武帝建都洛阳，长安退为西京，东汉时在少府原址上依照早期少府主体建筑格局营建了新的建筑，但整体规模和建造质量逊于早期建筑。

五、中央官署遗址

未央宫西北部还有中央官署建筑群，西距未央宫西宫墙110米，南至宫城中间的东西向大街35米。是一座封闭式的大型院落建筑。院落东西133.8米、南北68.8米，四周环绕着带壁柱的夯土围墙，南、北和西墙之外均有宽1~2.3米的廊道，廊道外有散水。东墙外只有散水没有廊道。院落中央有条纵贯南北的排水渠，水渠两侧都有院墙，将院落分隔为各自独立而且封闭的东院与西院。

东院内有南北两排房屋，二者相距23.3米。南排房屋中间一道隔墙将其比较均匀地分为东西两间，东边一间房屋东侧分隔出的空间向南延伸，形成东侧长条形的廊屋，这三个房间均有门通向外廊，最西一间的北墙外侧还有一楼梯遗址，此处应可登临上层房屋或平台。南排房屋之南有天井，天井东、西、北三面置廊。北排房屋东西分隔为三间，三个房间均开南门通向外廊。三个房间中，东端的房间比较特殊，其室内有一南北向木板隔墙将其分为二室，东室辟北门通向北廊。北门外西侧有一眼水井，东侧有一间3米见方的小屋，向西开着门，形制似为东院东北部的"传达室"。南北排房屋之间有天井，天井四周设置有宽敞的回廊。

西院东南角有两个小门，其中一个与东院的西南角门隔排水渠相对，估计当时水渠上架设有木桥沟通东西二院。西院之内有南北两排房屋，两排房屋之间有天井、回廊和亭子。南排房屋与院子南墙之间也有天井和回廊。南排三间，皆辟南门通向南廊，东侧和中间房屋之间有一东西宽4.4米的通道。东西两侧房屋的北墙边各有一楼梯遗址，应可登临上层房屋或平台。南排房屋之南有天井，天井东、西、北三面置廊。北排房屋四间，皆辟南门通向南廊。在南、北两排房屋之间有东西并列的两个天井。两个天井周边有回廊环绕,并且天井之间有一亭榭遗址,既能成为通风良好的纳凉之处,又不阻挡两个天井之间的视线,以此塑造出一处通透惬意的景观。在西院南排房屋南廊东端有间小屋,小屋辟南门,与西院南门相对。似为西院和中央官署大院落的门房。

中央官署建筑群的布局工整紧凑,虽规模大却井然有序联系紧密,显然经过精心的设计,这从考古发掘发现的排水系统设置中亦可得到证实。考古发掘发现,这座建筑群有着排水渠、地漏和地下排水管道等一套完整系统的排水设施。东院和西院之间的排水渠是主要的明渠,便于收集两院雨水和生活污水直接排出。排水渠上口宽3.2米、底宽1.3米、渠深0.8米,渠壁向内倾斜。排水渠明渠北部在院落北墙之下与两院的暗渠相连,暗渠顶部一般在汉代地面以下0.1米,由单排或双排五角形陶质水管道组成,显然双行排水管是因排水量大而设置。地漏设置在天井内,均为砖砌,主要负责收纳屋顶流向天井的雨水,然后导向暗渠中的排水管道。地面和地下的排水系统浑然一体,显然是需要经过统一设计施工才能够实现的工程。

中央官署建筑遗址出土了丰富的遗物,其中最重要的是房屋遗址内出土的六万多枚汉代骨签。这些骨签多集中分布在房屋的墙体旁边,推测靠墙原有放置骨签的木架子。骨签镌刻的内容显示出它们来自各地,但也反映出相同地区情况的骨签大多出土于同一房屋,说明这些骨签应是分地区来存放和管理的。在这些精心保管的骨签上,主要记录有汉文帝晚期弓、弩、箭、镞等兵器的编号、名称、数量、规格,以及直接服务于中央或皇室的各地工官和官署的名称、各级官吏或工匠的名字,一方面是为了掌握有关各地工官向皇室或中央进供的情况;另一方面又可作为质量跟踪备查的凭据,是中央政府保存的重要档案。可以说,未央宫遗址出土的这些骨签是目前所知中国古代最早的中央档案实物,也是研究汉代工官制度的重要资料。

除了骨签外,中央官署建筑遗址还出土有砖、瓦、瓦当、陶质水管等建筑材料,有不少生产生活工具和用品,如纺轮、灯、碗、盆、盘、石磨、锛、锸、斧、铲、直柄小刀、双挂钩等,还有钱币,有戟、镞、弩机和甲片等兵器以及带扣和镳等车马器,等等。(图2.22)

根据中央官署建筑遗址布局、规模和出土遗物分析,这座遗址不是大型宫殿,也不是一般生活起居之处,而是一组集中的非常重要的、精心保管和处理国家档案文件(即骨签)的官署建筑。这组建筑共有房屋15间,除了东院东北角和

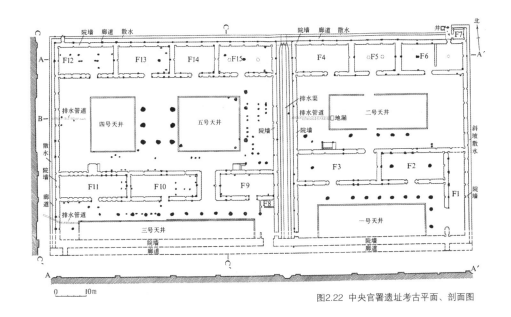

图2.22 中央官署遗址考古平面、剖面图

西院东南角的两间小门房外,其余房间的规制基本相同,房屋的规模都较大,最大的房屋面积达215.04平方米,最小的房屋面积也有109.2平方米,这样的规模应与骨签储存和办公相关。从出土遗物及其位置来看,院落周围和院内房屋均戒备森严,如东院南排房屋的西房北门外两侧,就留有当年守卫所执的铁戟。中央官署建筑最终毁于王莽末年的战火,一些骨签等遗物与建筑物的土坯、瓦片被烧后结成一团。此外,从大量的生产生活工具和用品来看,这组官署建筑中,或还包括有一些重要官员和管理人员的生活起居内容。在东院和西院的南排房屋北部发现楼梯基址遗迹,说明原来这些房屋建有二层楼。

六、北部文化建筑——天禄阁、石渠阁、柏梁台等

未央宫中有不少重要的文化性建筑,如收藏宫廷重要典籍档案的天禄阁、石渠阁、麒麟阁三阁,以讲授礼教学问著称的曲台殿和金华殿,与金马殿并称皇宫中的"著作之庭"的承明殿,收藏地理典籍的朱鸟堂以及柏梁台、白虎殿等。

天禄阁位于未央宫北宫门附近,是西汉王朝皇室存放档案和重要图书、典籍之地,扬雄、刘向等著名学者曾在此整理典籍、著书立说。现今天禄阁遗址的夯土基址东西55米、南北45米,基址南边正中向南伸出南北15米、东西25米的夯

土。地面尚留有高约10米的夯土台基，底部平面近方形，边长约20米。夯土台上还有后人修建的刘向祠，纪念西汉时在天禄阁的学者刘向。

石渠阁位于未央宫西北部，西距天禄阁500米。因其下以石砌渠导水，故名石渠阁。石渠阁起初为存放从秦朝得来的各种宫廷档案和图籍之用，西汉晚期又扩及收藏"秘书"，西汉大儒韦玄成、萧望之、施雠、梁丘临、欧阳地余、林尊、周堪、张山拊、张生、薛广德、戴德、戴圣和刘向等都曾在这里读书研习，使石渠阁也成为了西汉时代著名的经学研究中心，史上著名的"石渠阁奏议"即出于此处。

与天禄阁、石渠阁齐名于世的还有一阁——麒麟阁，传说是汉武帝时因祥瑞之兽麒麟出现而修建。除了存放宫中的重要藏书外，麒麟阁还有一项重要功能是在壁画中留存西汉功臣的图像，以为后人纪念，因此麒麟阁内的壁画十分著名。唐太宗李世民在唐长安城太极宫凌烟阁内绘制唐朝功臣勋将的图像，纪念他们的丰功伟绩，有可能就是受到汉武帝麒麟阁的影响。惜麒麟阁遗址的位置尚未确定。

在石渠阁遗址以东210米，即今柯家寨村北亦发现一大型建筑遗址。该遗址东西150米、南北50米，可能是承明殿故址。承明殿亦称承明庐，是西汉王朝天子在皇宫延招儒生之处。承明殿约建于西汉初年，毁于王莽末年未央宫的战火之中。

柏梁台，据文献记载是汉武帝为了求仙而修建，是十分壮丽的建筑。据《汉书·食货志》所载，柏梁台高数十丈，又《汉书·郊祀志》载，"此台以柏木为梁，以铜为柱"，柏梁台的修建使长安宫室"由此日丽"。柏梁台规模宏大，汉武帝曾在此台之上举行酒宴，"诏群臣二千石有能为七言诗者，乃得上座"。以诗唱歌，创造了诗歌联句、流传后世的柏梁体。但这座建于汉武帝元鼎二年（公元前115年）的雄伟建筑仅存十余年，于太初元年（公元前104年）因火灾而毁。柏梁台的位置至今不明，有说在未央宫北宫门附近，也有文献如元李好文《长安志图》将柏梁台标于未央宫西部。另有将卢家口村的一段高大夯土或汉长安城以西的柏梁村当做柏梁台故址之说，比较缺乏依据。

白虎殿是西汉晚期重要的朝政之殿。皇帝与大臣们商议国家大事、外邦首领来长安朝谒，天子慰劳将帅、封官拜爵等重大朝政活动均在此殿进行。据文献记载，白虎殿遗址应位于前殿遗址西部。但前殿遗址以西已勘探出多座汉代宫殿建筑基址，具体哪一座为白虎殿基址尚未可知。

第五节

汉长安桂宫

桂宫位于未央宫之北,建章宫之东。经考古勘探确定,其基址范围在直城门大街以北、雍门大街以南、横门大街以西、长安城西城墙以东。这一基址应为秦咸阳甘泉宫之所在,《初学记》卷三引《关中记》:"桂宫一名甘泉。"桂宫遗址的考古中亦发现不少秦代宫廷之物。(图2.23~图2.24)

桂宫建于汉武帝太初四年(公元前101年),为当时的后宫之一,并一直沿用至西汉后期,如汉成帝刘骜就曾居住在桂宫。考古实测其遗址平面呈矩形,南北1840米,东西900米,占地约1.66平方公里,周长5480米,合13汉里,与文献所载大体一致。

文献记载桂宫内有许多宫殿建筑,宫中"正殿"称"鸿宁殿",汉哀帝的祖母傅太后就曾住在这里,此外还有著名的明光

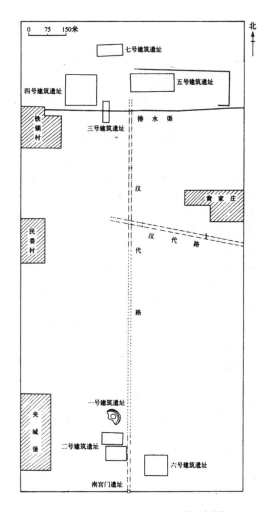

图2.23 桂宫遗址平面图

图2.24 汉长安桂宫二号建筑遗址

殿及其土山、走狗台等。桂宫的建筑与长乐、未央等宫殿有机地连成一片，明光殿土山上有复道越过西面城墙，通向建章神明台蓬莱山。《文选·西京赋》李善注引《汉武故事》："上起明光宫、桂宫、长乐宫，皆望道相属，悬栋飞阁，北度从宫中西上城至神明台。"

桂宫遗址位于今西安市未央区六村堡乡。考古探出南、北、东三面城墙和三座宫门，三座宫门之间有道路相连，南、北宫门之间有贯穿宫城的南北大道，东宫门内有东西向道路通至南北大道。桂宫宫城范围内有多处大型宫殿建筑基址，大多数分布在宫城的南部，少数在北部，建筑轮廓清晰可辨。[①] 1997—1999年中日联合考古队对桂宫遗址进行了若干次的大规模的考古发掘，考古编号为桂宫二号、三号、四号遗址。

一、桂宫二号建筑遗址

桂宫二号建筑遗址保存完整，南北长200米、东西宽110米，包括南院（前殿）、北院（后殿）和北面的夯土高台。南院、北院之间隔有院墙，隔墙西段有大门道连通两院。北院北面有南北向通道通向北部夯土高台。夯土台底平面为长方形，东西45米、南北56米、高12米，有学者认为这就是文献记载的"明光殿土山"，土山南面的宫殿建筑群是明光殿[②]，也有学者认为这组建筑应当是桂宫的正殿[③]。

南院中央为大殿，应为二号建筑群的前殿。大殿东西两侧有附属建筑，

殿周有庭院，殿内有半地下建筑，另外还有院墙和水井等附属设施。（图2.25～图2.27）

北院中央也是一座大殿基址，应为二号建筑群的后殿。后殿周围有通道、附属建筑、地下通道、庭院以及渗井等附属设施。后殿遗址中还发现有渗井及排水管道各一处，说明后殿设置有排水设施。出土遗物中有较多砖、瓦、瓦当等建筑材料，文字瓦当中有"长生无极"、"与天无极"、"千秋万岁"和"右空"的字样。北院以北40米有高台建筑基址，与北院和南院修建时期相同。在高台北部和东部均发现了登台遗迹，登上此台，未央宫前殿、石渠阁、天禄阁和建章宫双凤阙尽收眼底。有学者推测此夯筑台之所在为宫殿园囿中的高台建筑，亦可能是《三辅黄图》引《关辅记》所记载的桂宫之中的"土山"。

桂宫二号建筑遗址不仅规模大，居于宫城前部，且南对未央宫，从其规模、位置和形制来看，应为桂宫中最重要的宫殿建筑。这组宫殿建筑

图2.25 汉长安城桂宫二号建筑遗址南院建筑殿堂台基外散水

图2.26 汉长安城桂宫二号建筑遗址南院建筑水井和排水道

图2.27 汉长安城桂宫二号建筑遗址南院建筑殿堂台基外西阶

---

① 中国社会科学院考古研究所和日本奈良国立文化财研究所的研究人员共同组成中日联合考古队，于1997年11月—1998年5月，1998年10月—1999年4月，两次对汉长安城桂宫二号建筑遗址进行了发掘，考古简报于《考古》1999年第1期、2000年第1期发表。
② 何清谷. 三辅黄图校注. 西安：三秦出版社，1995.
③ 刘庆柱，李毓芳. 汉长安城. 北京：文物出版社，2003：114.

图2.28 汉长安城桂宫二号建筑遗址北院建筑F2和一、二号地下通道

显示出"前朝后寝"的格局。其前殿与未央宫椒房殿正殿十分相似,居于南院当中,前庭开阔,地面铺装精致工整,台前置双阶,四周设置回廊通道,应为朝政大殿。后殿则处于北院众多并列的小庭院之间,有储藏用的窖穴、贯通南北的地下通道以及四周回廊,表现出明显的内蔽性,应是供生活起居所用的后寝。(图2.28)加之后殿北部还有通道通向北面的园囿高台,桂宫二号建筑遗址及其北面的夯筑高台应为一座完整的前殿、后殿与宫苑建筑遗址。(图2.29)

图2.29 汉长安城桂宫二号建筑遗址北院建筑发掘现场

二、桂宫三号建筑遗址

桂宫三号建筑遗址范围南北84米、东西24米,遗址内有南、北两个大房址及二房址之间的七座小房址、六堵墙垛。此外也有较多砖、瓦等出土遗物,文字瓦当有"与天无极"、"长生无极"、"长生未央"和"千秋万岁"四种字样。

分析遗址状况可发现,桂宫三号建筑遗址由南、北两个大房址和它们之间的七间小房址组成。七间房址均坐东朝西,平面进深大面阔小,每间均于西檐墙辟门,门道宽大,隔墙坚固厚实,壁柱分布繁密,这些特点与通常坐北朝南面阔大的宫殿居住办公建筑差别很大,很可能是桂宫中的储藏建筑。七座房址南北两侧的大房屋可能为守卫管理仓储者居住活动的场所。这种类型的建筑不但在桂宫南部遗址内没有发现过,在未央、长乐宫等宫城中也不曾发现,这组仓储建筑填补了汉代宫殿建筑类型中的空白。(图2.30~图2.31)

图2.30 汉长安城桂宫三号建筑遗址全景

图2.31 汉长安城桂宫三号建筑南部大房址、F1、一号墙垛、F2、二号墙垛（由西北向东南）

三、桂宫四号建筑遗址

桂宫四号建筑遗址,范围东西124米、南北120米,面积约1.48万平方米。遗址中部有一条95米长的南北向通道,将四号建筑遗址分隔为东、西两部分。西部建筑由主殿、附属建筑和庭院组成,殿堂基址形状不规则,西部向西凸出两块,附属建筑有一座地下和一座地上建筑;东部建筑主要有大殿、附属地下建筑以及两个天井,大殿形状也不规整,北部呈曲尺形,附属建筑有两座地下建筑、两座地上建筑,天井不大,形状比较随意。从四号建筑遗址形状不规整布局比较松散自由来看,可能是后妃宫中的辅助活动场所。(图2.32~图2.33)

考古学者从堆积层推断桂宫四号建筑遗址的时代不超过西汉中期,这与《三辅黄图》记载桂宫建于汉武帝时期一致。其中部分房屋的迹象显示出很可能即毁于王莽末年的战火。

图2.32 汉长安城桂宫四号建筑遗址全景

图2.33 汉长安城桂宫四号建筑遗址出土Ⅲ型云纹瓦当

桂宫这三组大型宫殿建筑遗址的发掘，使我们对桂宫中的主要宫殿形制和建筑布局有了大概的认识。桂宫宫城平面为南北长的矩形，布局上将主要宫殿建筑安排在宫城南部，多组宫殿东西并列。这种多组宫殿东西并列的格局，在先秦时期相当普遍，秦咸阳宫、汉长乐宫中亦有出现，汉以后便不多见。

桂宫建筑遗址出土的文字瓦当以"长生无极"瓦当为主，与椒房殿遗址及汉宣帝王皇后陵已发掘的东门遗址、寝殿遗址所出文字瓦当情况相同。① 因此考古学者判断，桂宫与未央宫椒房殿一样，应属后妃宫殿。

此外，桂宫建于汉武帝时期，与创建于西汉初年的北宫形制相近，而与同时修建的建章宫大相径庭。这也可能因为建章宫是当做皇宫营筑的，而桂宫是后妃宫城之故。

第六节

汉长安北宫

中国古代的方位以南为前、北为后，所以秦汉时期称帝王朝政之宫为前殿，后妃之宫为后宫，先秦时期后宫又称北宫。汉长安的北宫创建于高祖刘邦时期，是西汉长安的后宫之一，武帝时进行了增修，因居于未央宫和长乐宫之北，沿用了先秦时期的后宫之名仍称北宫。综文献所述，此宫的用途有三：安置废退或年老的先王后妃；祭奉神仙；做太子宫。

北宫位于桂宫之东的"北阙甲第"以东，在厨城门大街以东、安门大街以西、雍门大街以南、直城门大街以北，即今西安市未央区六村堡乡和未央宫乡的曹家堡、周家堡、施家寨、讲武殿村一带。宫城平面为规整的长方形，南北长1710米、东西宽620米。宫墙基础尚存，在今地下约1米处，夯筑宫墙，宽约5~8米。宫墙南距直城门大街约225米，其余三面距安门大街、厨城门大街和雍门大街均在35~50米范围之内。② 北宫宫墙周长4660米，与《三辅黄图》记载"北宫周回十里"（折今4320米）基本一致。③ 已发现遥遥相对的南北宫门，两座宫门均面阔7米、进深12米。由南宫门向南有道路通至直城门大街。

太子宫是北宫的主要建筑，太子宫内有甲馆、画堂和丙殿，画堂有九子母壁画，表现了企盼多子的愿望。据文献记载，除太子外，宫中所居住的多为废贬后妃或不得志者，如孝惠张皇后在吕后崩、吕氏政变被粉碎后，被废黜北宫；哀帝

---

① 中国社会科学院考古研究所 编著．汉长安城未央宫(1980—1989年考古发掘报告)．北京：中国大百科全书出版社，1996．// 中国社会科学院考古研究所．汉杜陵陵园遗址．北京：科学出版社，1993．
② 未央宫距直城门大街和长安城西南城墙，长乐宫距安门大街和长安城东南二城墙，桂宫距雍门大街、直城门大街、横门大街和长安城西城墙距离与此相近。
③ 中国社会科学院考古研究所汉长安城考古队．汉长安城北宫的勘探及其南面砖瓦窑的发掘．考古，1996 (10)．

崩，皇太后赵飞燕被贬，退居北宫。她们在供奉神灵的地方修行、反省，消渡余生。根据文献记载，北宫中还有前殿、寿宫、神仙宫等，寿宫和神仙宫是供奉神君的宫殿，各种祭礼、礼仪活动在此进行。因此北宫平时比较清静、神秘，有时还会成为皇帝躲烦恼的场所。北宫与未央宫之间有紫房复道相通，方便了皇帝的来往活动。

可以看到，汉长安城中除了未央宫作为皇宫之外，长乐宫、北宫、桂宫、明光宫等也是皇室宫城。但不是作为皇帝主持朝政的场所，而是或为太后所居，或为后妃使用。这类太后和后妃们使用的宫城作为多个独立的宫城出现，是早期政权格局中外戚势力强大的一种表现。西汉之后，都城中的多宫城制逐渐向汉魏的双宫城、单宫城制发展，是皇权加强、外戚势力削弱的反映。

第七节

隋大兴宫——唐太极宫（西内）

太极宫位于长安城中轴线的北部，始建于隋文帝时期。唐高宗永徽年间曾经加以修缮与改建。太极宫之南为皇城，将政府办公机构集中设置在一起，并砌筑城墙加以保护。太极宫北倚长安北墙，北墙外有内苑，内苑之北为禁苑（隋大兴苑），是一个规模巨大的皇家苑囿。太极宫的东西两侧分别是太子所居住的东宫与太后所居住的掖庭宫（图2.34）。

唐太极宫遗址位于今西安市内西北部，全为现代建筑所覆盖，目前尚无条件进行考古发掘。仅知太极宫遗址呈矩形，东西1285米，南北1492米。其东的东宫和隔城共宽832.8米，其西的掖庭宽702.5米，南北与宫同，三者总宽2820.3米，与皇城同宽。[①] 太极宫面积1.92平方公里，是明清北京紫禁城的2.7倍。

宫殿之制，自秦汉以来有三变。秦汉时代没有严格地遵循周制，而采用宏大的前殿制度，如秦阿房宫前殿，汉未央宫前殿等，并设有东西厢。南北朝时，宫殿建筑中的东西堂之制渐渐形成，即在大朝太极殿两侧分别设立东堂与西堂，应是并列的三座大殿。唐代一改魏晋南北朝300多年中一直沿用的东西堂之制，依据周礼改为依进深序列布置的"三朝之制"，以承天门为外（大）朝，太极殿为治（中）朝，两仪殿为内（燕）朝（图2.35）。在中轴线上依序布置有太极门、太极殿、两仪门、两仪殿、甘露门、甘露殿等十余座重要门殿，在中轴线两旁用回廊与大殿围合成一组组院落。

从布局上看，宫城内被两道东西贯穿宫城的横街划分朝区、寝区和后苑三部分。第一道横街之南是朝区，即国家朝政办公和礼仪之所在。宫城南墙开有三门。中轴线上是宫城正门承天门(隋称广阳门)，门上建有巨大的城楼，门东西有阙。阙外侧有朝堂，前临皇城与宫城之间宽220米左右的东西大道，这里是举行元旦、冬至大朝会

---

① 中国科学院考古研究所西安唐城发掘队. 唐代长安城考古纪略. 考古，1963 (11).

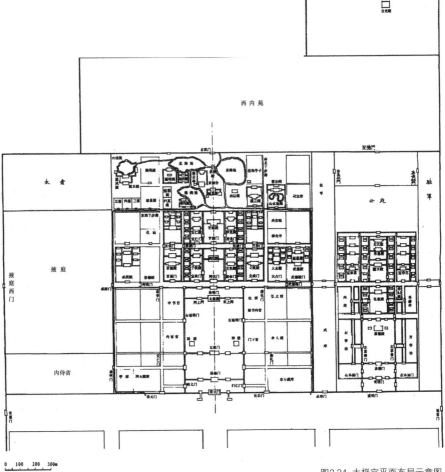

图2.34 太极宫平面布局示意图

和朝贡、大赦等大典之处,称"大朝"或"外朝"。承天门之东、西两侧分别是长乐门、广运门。门内皆有南北道路通向朝、寝之间的横街。长乐门内街向北,还有恭礼门、虔化门;广运门内街向北,还有永安门、安仁门、肃章门。

承天门内,中轴线上为朝区正殿太极殿(隋称大兴殿)建筑群,其南有太极门,东西有左右延明门,北有朱明门。四门之间以廊庑相连,围成矩形殿庭,殿庭南侧两隅建有钟楼、鼓楼。庭中偏北为太极殿,是皇帝朔、望听政的场所,称"中朝"或"日朝"。太极殿左右有横墙,墙上辟有东上阁门、西上阁门。上朝时,百官由此二门进入,称为"入阁"。墙外左右侧是仓库区。太极殿建筑群的东西外侧是宫内官署区。东面有门下省、史馆、弘文馆、舍人院,等等;西面有中书省、内阁省,等等。由此,太极殿建筑群形成了三纵(东长乐门轴线、西广运门轴线与承天门中轴线)、三横(前太极殿、中两仪殿、后甘露殿)的规整严谨的宫殿布局。

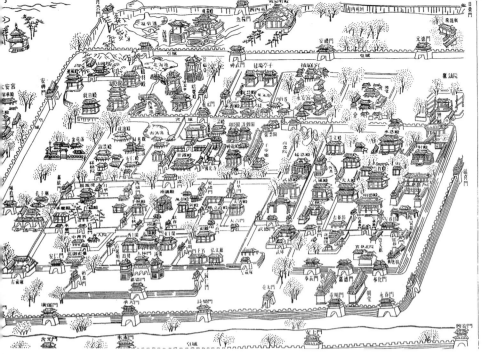

图 2.35 唐长安太极宫想象图

太极殿后为朱明门,其北为两仪门,朱明门与两仪门之间的横街即是朝、寝之界。

寝区内又被一条横街(即永巷)分为前后两排宫殿,由于这部分是寝宫,防卫更加严密,永巷中加设了四道横门:东横门、西横门、日华门、月华门。永巷南是皇帝生活区,即"帝寝",永巷北是皇后妃子居住区,即"后寝",绝对禁止外臣进入。前排正中为两仪殿建筑群,正门两仪门(隋称中华门),门内是寝区的正殿两仪殿(隋称中华殿),也是皇帝的常朝之所,除朔望之外,皇帝平时经常在这里见群臣议政。两仪殿的东侧有万春殿,西侧有千秋殿,万春殿之东有立政殿、大吉殿和武德殿,在千秋殿以西有百福殿和承庆殿,诸殿各有廊庑围绕形成院落。横街以北,正中是甘露门,门内是寝殿甘露殿。甘露殿左右有神龙殿和安仁殿,诸殿各有院落。

寝区之北是后苑。后苑中西部有几个大池,称东海池、北海池、南海池。围绕三池布置有一些园林性质的殿宇,西北隅还有一组山池院,并设有千步廊等建筑。东部建有凌烟阁、功臣阁、紫云阁、凝云阁等一系列楼阁,凌烟阁内壁绘有唐太宗为功臣画的画像,以表达对开国功臣的追思。

东宫在太极宫之东,布局也分朝区,寝区、后苑三部分,但规模及建筑等级皆低于太极宫。后苑建有亭子院、山池院、佛堂、射殿等园林设施。东宫两侧均有隔城,为驻军之处。太极宫西侧的掖庭,因史籍缺略,难知其状。

第八节

唐大明宫(东内)

唐初改大兴城为长安城,太宗贞观八年(634年)在太极宫东北禁苑内地势高大的龙首原高地上建永安宫,次年改名为大明宫。这座宫殿最初是唐太宗李世民为高祖李渊(当时的太上皇)避暑而建造,高宗龙朔二年(662年),高宗李治因宫内潮湿,又修大明宫,并改名蓬莱宫,龙朔三年(663年)迁大明宫听政,咸亨元年(670年)改称含元宫,长安元年(701年)又改回大明宫,自此,大明宫就一直成为唐代主要的朝会之所。(图2.36~图2.37)

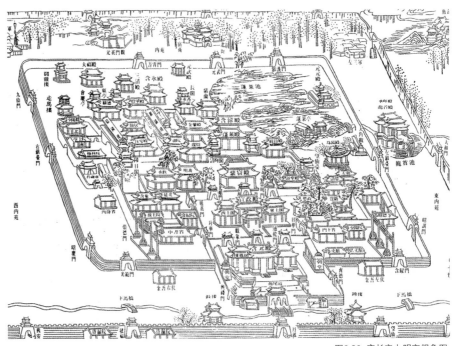

图2.36 唐长安大明宫想象图

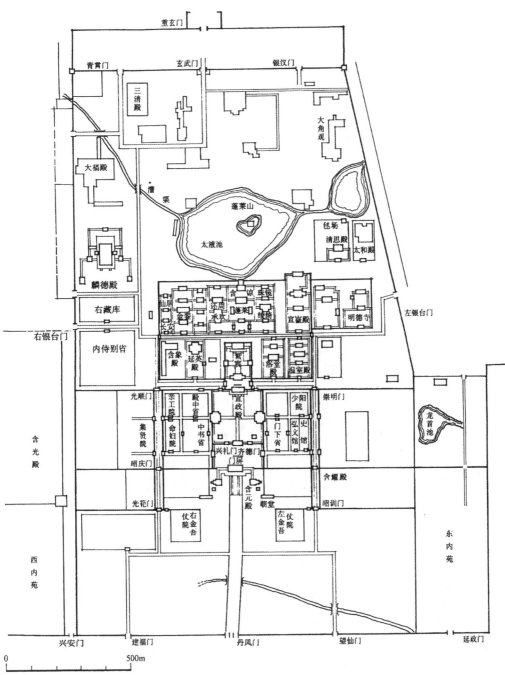

图2.37 唐长安大明宫平面复原图

唐大明宫周长7.6公里多，面积约3.2平方公里，相当于5个北京紫禁城，3个凡尔赛宫，12个克里姆林宫，15个白金汉宫，500个足球场，是中国古代最为宏伟的宫殿建筑群，同时也是世界史上最大的宫殿建筑群之一。

从大明宫的修建，可以看出隋初营建大兴城时存在的问题：为了追求宫城居中，不能根据实际情况来布置宫殿，故宫城所处的位置，北有隆起的龙首原，南有起伏的岗阜，使宫城一带因地势低下而极易积水，变得潮湿，不适宜居住。此外，从政治的角度考虑，这座地势较低的宫殿，也不利于防止突然的事件，而新建的大明宫"北据高岗，南望爽垲，终南如指掌，坊市俯而可窥"[①]，从根本上改变了这种情况。

图2.38 电影《大明宫》中丹凤门复原形象

一、宫城城墙与城门

大明宫的宫墙南宽北窄，西墙长2256米，北墙长1135米，东墙由东北角起向南偏东斜长1260米，东折300米，然后再南折1050米，与南墙相接，南墙则是长安外郭城的北墙，外郭墙在大明宫范围内的部分长度为1674米。宫城总面积约3.2平方公里，是明清北京紫禁城的4.7倍。

宫城东、西、北三面都有夹城，东、西夹城宽55米左右，北夹城宽约160米。夹城内都驻有禁军，左、右神策军署都在东、西夹城附近。北夹城之北为禁苑，西夹城内有含光殿毬场。

大明宫宫城南墙上开有五门，正中为丹凤门，东为望仙门和延政门，西为建福门和兴安门。其中间三门直接入宫，延政门通东内苑，兴安门通入宫西夹城。宫东墙开一左银台门；西墙开两门，南为右银台门，北为九仙门；北面三门，中为玄武门，其东、西为银汉门和青霄门。丹凤门是大明宫的正南门，为唐代皇帝出入宫城的主要通道，也是一些国家仪典的重要场所，拥有大明宫所有宫门中最高的规格。宫城四周各门中，只有丹凤门设有五个门道，其余皆只有三个门道。②（图2.38～图2.39）。

图2.39 大明宫遗址公园丹凤门复原现状

---

① 太平御览. 卷一百七十三.
② 1957年进行的考古勘探认为，丹凤门只有三个门道，其余宫门为一个门道。2005年中国社科院考古研究所对丹凤门遗址的考古勘探和发掘却发现，丹凤门有五个门洞，采用了最高等级的"五门道制"，形制与规模堪称隋唐城门之最。

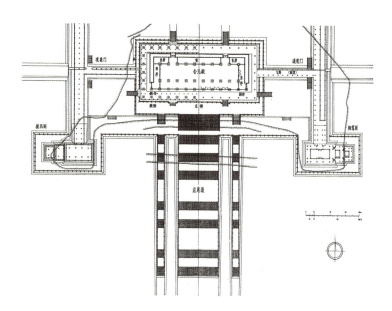

图2.40 含元殿平面复原图

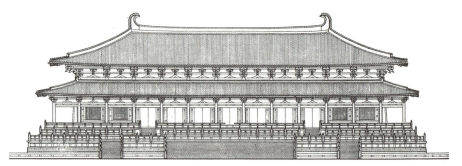

图2.41 含元殿立面复原图

图2.42 含元殿剖面复原图

二、含元殿

丹凤门向北610米左右,经龙尾道上到10米高的高台上即达正殿含元殿,这里是举行元正、冬至大朝会的场所,功能与承天门相近。含元殿矗立在高于地面约15.6米的台地上,与丹凤门之间形成一个开阔的殿前广场。含元殿两侧向前伸出两座阙阁,东为翔鸾阁,西为栖凤阁。殿两侧向前折出的廊道,与翔鸾、栖凤两阁相接,形成一个"凹"字形的空间环抱着殿前广场。高大的殿宇,东西对峙的阁阙,左右延伸的龙尾道,以及巨大的殿前广场,形成了含元殿极其壮大恢弘的空间氛围与场面,正与西汉时萧何所说的"天子以四海为家,非壮丽无以重威"的天子之居的象征性意义相合。(图2.40~图2.43)

含元殿台基东西宽75.9米,南北长41.3米,大致面阔11间,进深4间,四周有副阶围廊。台基下周砌散水砖,台基前设长约75余米、向南延伸的三条平行阶道,阶道坡度缓和而有节奏,远远看去像是长长的龙的尾巴,所以称为龙尾道。

图2.43 含元殿复原图

三、宣政殿、紫宸殿

含元殿前两侧，东有通乾门，西有观象门。含元殿后是宣政门，门内是宣政殿，是皇帝朔、望听政的正殿，功用和太极宫中的太极殿相同，为中朝。宣政殿后是紫宸门，门内是紫宸殿，为内朝之地。宣政殿东西两侧有门下省、弘文馆、史馆、少阳院、中书省等宫内官署区域，与太极殿两侧的官署性质一样。所以，大明宫仍然沿用了太极宫所采用的殿院相接的三朝之制。每一朝会之所都有独立设置的门殿，门两侧有廊，连成院落，殿前因需百官立班，殿庭颇大。

四、寝区

宣政殿之后有一条东西向横街，横街北为皇帝的寝区。寝区正殿为紫宸殿，即内朝，逢单日在此见群臣，相当于太极宫中的两仪殿。殿前有矩形殿庭，四周廊庑环绕，殿庭前端有紫宸门与紫宸殿对望。紫宸殿之西有延英殿建筑群，是在日朝、常朝以外临时有事召见大臣之处。紫宸殿之东有浴堂殿、温室殿，也是皇帝日常起居活动的重要殿宇。紫宸殿之北有一条横街（即永巷），永巷南为帝寝，永巷北为后寝。

图2.44 宫廷生活图之一

图2.45 宫廷生活图之二

后寝的主殿是蓬莱殿，殿北有含凉殿，武则天就是在含凉殿生的唐睿宗。蓬莱殿之东有绫绮殿、珠镜殿、宣徽殿等，蓬莱殿之西有承欢殿、还周殿、金銮殿、长安殿、仙居殿等。大明宫的整个寝区，以门墙维护形起一个封闭的皇家内部生活区域，称"禁庭"。（图2.44～图2.45）

五、太液池

寝区之北为后苑，宫中的园林区。后苑南部挖有太液池，池中有岛，岛上建亭。沿池之东、西、北三面建有若干殿宇及院落，池南岸有廊400余间。池西的高岗上有麟德殿，麟德殿北为大福殿，遗址较麟德殿更大，或为更壮丽的建筑群。据《两京新记》载，其殿"重楼连阁绵亘，西殿有走马楼，南北长百余步"。太液池东，有太和殿和清思殿二所宫院，是皇帝游玩之所，敬宗时（825年）曾以清思殿殿庭为毬场。池北岸自东至西有大角观、玄元皇帝庙、拾翠殿、三清殿等。其中麟德殿是供帝王与群臣宴会和非正式接见的便殿，是太液池周边最重要的殿宇之一。

六、麟德殿

麟德殿的兴建略迟于含元殿，其遗址位于太液池西隆起的高地上，西距宫城西墙仅90米。夯土台基为两层重台，高出地面1.4米，东西两侧各向内收6.2米，南侧收8米（北侧不详），然后再起第二重台，高1.1米，东西宽65.15米。台基南北长130.41米，东西宽77.55米，分上下两层，共高5.7米，台基周围砌砖壁，其下绕铺散水砖。由遗址推测的面积，麟德殿的规模，约相当于明清北京故宫太和殿面积的三倍。（图2.46～图2.47）

台基上当有三座殿前后毗连，所以又称"三殿"。[①] 三殿中的前殿面阔11间，长58米，进深4间。平面为金箱斗底槽大殿结构，其前有副阶一间，副阶前有

---

① 旧唐书．卷十七（上）：宝历元年（825年）三月，"宴群臣于三殿。"又卷二十八：乾元元年三月，"召太常乐工，上临三殿亲观考击，皆合五音，送太常。"唐两京城坊考．卷1："殿有三面，南有阁，东西有楼，故曰三殿。"又备一说。

图2.46 麟德殿复原总体鸟瞰图

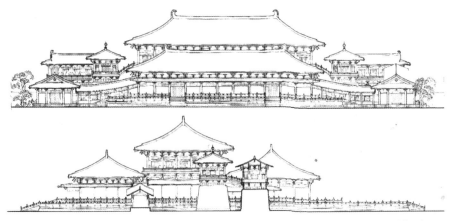

图2.47 唐长安大明宫麟德殿复原图

东西两条阶道。前殿后有一条宽约6.2米的过道,其北与中殿相接。

中殿面阔与前殿相同,进深为五间,以隔墙将内部分为中、左、右三室。前、中两殿和其间的过道地面,原铺有对缝严密的磨光矩形石块。后殿的面阔与中殿同,进深三间。后殿之后另附有一座面阔九间,进深三间的建筑物,这座附属建筑,没有两侧山墙的遗迹,很可能是所谓的"障日阁"[①]。后殿与所附建筑的地面原铺有方砖,建筑物的南北总长度为85米。(图2.48)

在后殿的东西两侧是两座长方形的楼,东为郁仪楼,西为结邻楼。② 楼的外端与东西廊相接。在两楼的前面,有两座东西对称的亭子,即东西亭,其遗址的南北宽约10.15米,东西长约11.5米。从遗址来看,不计两廊与前廊副阶柱,共有柱子164根,而若加上两廊及副阶,则大殿柱子的总数有204根之多。大殿四周的廊院面积宽广,据记载唐玄宗"尝三殿打球,荣王堕马闷绝"③。可以在院落之中骑马击鞠,其空间还是相当宽阔的。(图2.49~图2.51)

图2.48 电影《大明宫》中麟德殿复原形象

图2.49 唐麟德殿遗址一

① [清]徐松. 唐两京城坊考. 卷一:"殿东即寝殿之北相连,各有障日阁,凡内宴所于此。"
② [清]徐松. 唐两京城坊考. 卷一:"东楼曰郁仪,即《裴度传》之东廊。西楼曰结邻,亦曰西廊。"
③ [宋]王谠. 唐语林. 卷五. 补遗一.

麟德殿的布局和建筑造型严谨规整，各部分均为对称布置，如东西亭，东西两楼，东西廊，及相对的院门等。因而造成了主次分明，主殿突出的建筑艺术格局。这座大殿是一处宴乐之所，大历三年（768年）五月，"宴剑南陈郑神策军将士三千五百人于三殿，赐物有差"[①]。可以赐宴3000余人，足见麟德殿的规模之大。这样大规模的宴席，其应当分布于殿内、前院与两廊的空间。

概而言之，与太极宫相比较，大明宫的朝、寝在保持了三纵、三横大致格局的基础上，强化了沿丹凤门、含元殿、宣政门、宣政殿、紫宸门、紫宸殿，直至玄武门的宫殿中轴线的空间，而将两侧对应的纵轴线及横轴线加以弱化。这使大明宫沿纵深方向的空间序列感更为强烈。

在地形上，大明宫内南端为平地，中部为高地，宫内主要的朝、寝建筑如含元殿、宣政殿、紫宸殿（又称三殿）就建在高地上。南面陡坡，北面缓坡。坡北较低处挖太液池，池西高岗建有麟德殿等，池之东、北为平地，非常合理地运用地形布置景观，利用地形烘托出宫殿的隆重庄严。

图2.50 唐麟德殿遗址二

图2.51 唐大明宫麟德殿柱础遗址

隋唐长安、洛阳诸宫中，只有大明宫保存条件较好，含元殿、翔鸾栖凤二阁、朝堂、麟德殿、三清殿、玄武门、重玄门、银汉门、含耀门等多座门址、殿基已被考古发掘，目前大明宫遗址已经被整理为遗址公园，向大众开放。（图2.52～图2.54）

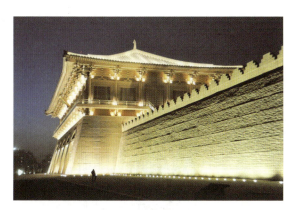
图2.52 大明宫国家遗址公园照片一

图2.53 大明宫国家遗址公园照片二

图2.54 大明宫国家遗址公园照片三

---

① 册府元龟. 卷一百一十.

第九节

唐兴庆宫（南内）

兴庆宫在唐长安东部兴庆坊，曾是李隆基与诸兄弟的府邸，称五王宅。也是他与爱妃杨玉环长期居住的地方，号称"南内"，为唐代长安"三内"之一。宫内原有兴庆殿、南薰殿、大同殿、勤政务本楼，花萼相辉楼和沉香亭等建筑物。（图2.55）

开元二年（714年），玄宗以此潜邸为基础建造离宫，开元十四年（726年）扩建，在内置朝堂，开元十六年（728年）工竣，玄宗移仗听政于此，兴庆宫成为正式宫殿。天宝十二年（753年），又"雇华阴、扶风、凤翔三郡丁匠，及京城人夫一万三千五百人，筑兴庆宫城，并起楼"①。按当时的习惯称呼，按隋初所建的太极宫为"西内"，唐初新建的大明宫为"东内"，而以盛唐时所建的兴庆宫

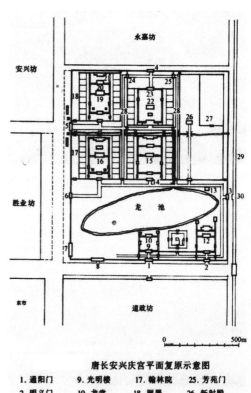

1. 通阳门	9. 光明门	17. 翰林院	25. 芳苑门
2. 明义门	10. 龙堂	18. 廊署	26. 新射殿
3. 初阳门	11. 五龙坛	19. 兴庆殿	27. 金花落
4. 跃龙门	12. 长庆殿	20. 交泰殿	28. 巷道
5. 兴庆门	13. 沉香亭	21. 龙池殿	29. 夹城
6. 金明门	14. 瀛洲门	22. 跃龙殿	30. 夹城门
7. 花萼相辉楼	15. 南薰殿	23. 跃龙殿门	
8. 勤政务本楼	16. 大同殿	24. 丽苑门	

图2.55 唐长安兴庆宫平面复原示意图

为"南内"。白居易《登乐游原望诗》"'东北何霭霭，宫阙入烟云'，盖言南内之宫阙也"。② 而乐游原恰是位于兴庆宫西南升平坊中的一片高地，其地"四望宽敞，京城之内，俯视指掌。每正月晦日，三月三日，九月九日，京城士女，咸就此登赏祓禊"③。也是唐代西京的一大景观。

兴庆宫的遗址近年已经探明，宫平面为纵长矩形，南北长1250米，东西宽1075米，面积约有135公顷。宫城城墙宽5～6米，其南壁20米外还筑有宽3.5米的复城。宫城四面设有六门。西面二门，北为宫殿正门兴庆门，南为金明门；南面二门，西为通阳门，东为明义门；北面一门，为跃龙门；东面一门，为初阳门。（图2.56～图2.57）

宫城内以墙将内部分割为南北两个部分。北部为宫殿区，南部为园林区。北部宫殿

图2.56 宋刻唐兴庆宫图（拓本）

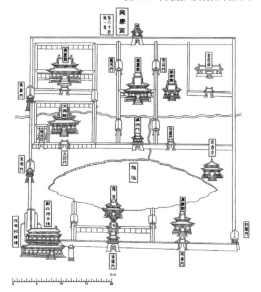

图2.57 吕大防唐长安兴庆宫平面线描图

---

① [宋]王溥. 唐会要. 卷八十六. "城郭".
② [清]徐松. 唐两京城坊考. 卷三.
③ [清]徐松. 唐两京城坊考. 卷三.

区分为三列,其西一列为全宫主殿兴庆殿组群,兴庆门、兴庆殿、交泰殿、龙池殿等,兴庆殿组群南有大同殿组群,东有南薰殿组群、跃龙殿组群等,每组殿周由殿门、廊庑等组成庭院,众多庭院构成一组巨大的宫院。兴庆宫在布局上也没有将主殿布置在宫城的中轴线上,而是偏于西侧。(图2.58~图2.60)

南区以园林为主体,是兴庆宫的内苑。内苑以椭圆形龙池为中心,东西长915米,南北宽214米。龙池周围堆山建亭,遍种各色牡丹,建筑平面多样化,著名的沉香亭在龙池北岸东端,亭北遍植牡丹,花开满园飘香,堪称长安胜景。龙池周边还有龙堂、长庆殿等宫院组群。唐开元、天宝年间国力强盛、四海升平,唐玄宗、杨贵妃常在兴庆宫内举行大型国务活动、文艺演出,因而在唐诗中留下无数佳作名句,李白那首脍炙人口的《清平调》便是起源于兴庆宫的沉香亭。此外,在宫内还有一些方形与圆形的建筑遗址,可能是亭、阁之类园林建筑的遗存。兴庆宫出土的建筑装饰瓦件较为丰富,如已发现的莲花瓦当有73种之多,还发现了黄、绿两色的琉璃滴水,说明盛唐时所建的兴庆宫较之初唐所建的大明宫更偏奢华富丽。

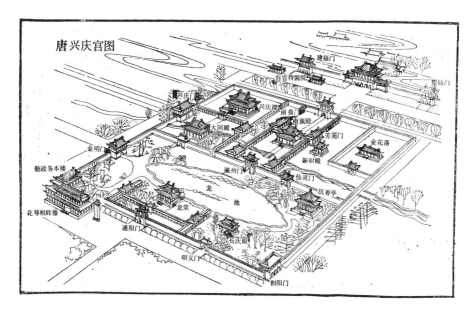

图2.58 唐兴庆宫建筑分布图

图2.59 唐长安城兴庆宫复原模型图

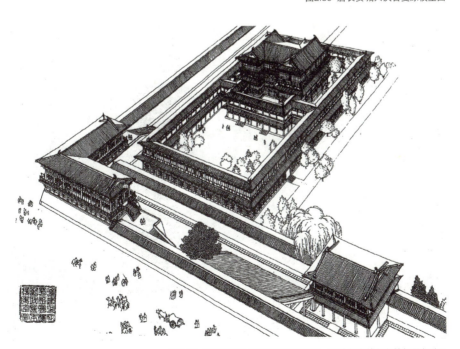

图2.60 唐兴庆宫遗址新建花萼相辉楼、勤政务本楼与角楼复原鸟瞰图

龙池西南隅有两座楼，一是花萼相辉楼，一是勤政务本楼。勤政楼实际上是一座宴饮用的建筑，史载每年玄宗生日在此受贺，正月十五日夜观乐舞、大酺等都在此举行。有时还饯送大臣，安禄山反后，即曾先后在此饯送高仙芝及哥舒翰出征。[①]楼的平面呈曲尺形，楼北有东西宽63米，南北长92米的迴廊院。院内北部为一座30米×20米的建筑遗址。建筑两侧有短廊与东西迴廊相接。迴廊内的南部有长宽各20余米的庭院。（图2.61）

花萼相辉楼朝西，也是一座巨大的楼阁，是玄宗为纪念兄弟情谊特意建造之楼，并取《诗·棠棣》之义，故名之"花萼相辉楼"。玄宗曾召诸王在此楼欢宴，也曾在此楼受百官贺诞辰，并在楼下（前）宴百官。

综观兴庆宫的布局，远不如太极宫、大明宫严整有序。一方面，由于改建自坊而受到一定的规模限制和原有布局的影响，未以宫城中央轴线排列朝、寝主

图2.61 兴庆宫勤政务本楼遗址照片

殿，而将主要朝寝空间置于西侧；另一方面，宫城内以龙池园林为主，内苑面积的比例远大于唐长安另外二宫。所以，兴庆宫在某种程度上仍然只是"离宫"，虽号称"南内"，在建造格局和行使的职能方面实不能和"西内"、"东内"比肩。它是唐玄宗为自己制造祥瑞而建的，玄宗死后，诸帝基本上不再来此。（唐）杜牧诗《过勤政楼》，有"千秋佳节名空在，承露丝囊世已无，唯有紫苔偏称意，年年因雨上金铺"之句，形容此宫之荒凉寂寞。

兴庆宫毁于唐末战火。今其址上已修建兴庆公园，尚有部分殿基遗存。（图2.62～图2.64）

图2.62 兴庆公园现状一

图2.63 兴庆公园现状二

图2.64 兴庆公园现状三

---

① 玉海．卷一百六十四．"唐勤政楼、花萼楼"条．引：唐书．"高仙芝传及哥舒翰传"．

第叁章

仙山琼阁皇家苑
——汉唐长安的离宫苑囿

大唐芙蓉苑复建图

在中国古代历史上，但凡朝政稳定经济繁荣之际，帝王贵族都有建造离宫别苑提高生活质量的倾向。

离宫台馆与御苑猎田的建置，在周代已很盛行。秦汉统一中国后，都城附近更加兴筑此类专供帝王游息狩猎的苑囿。这些苑囿同时也种植林木果蔬、畜养禽兽，为皇家提供生活用品，兼游赏、狩猎和农业、养殖业于一体。此外，为了确保帝王的安全，维护其政权统治，禁苑、内苑还有屯驻禁军的特殊功能。汉代离宫苑囿在武帝之时修建最盛。《三辅黄图》载："汉畿内千里，并京兆治之内外，宫馆一百四十五所。秦离宫二百，汉武帝往往修造之。"汉长安的离宫很多，主要集中在皇家苑囿上林苑。个别离宫建在远离宫城的郊外，在所有汉代京畿离宫之中，以建章宫和甘泉宫最为重要，因为这两处离宫曾作为汉代皇帝的皇宫使用，其宫城的管理、官吏的设置、城内的布局均与未央宫相近。

隋唐帝王的苑囿形式更加丰富，基本可见四大类。一是离宫苑，隋唐长安附近建有很多离宫，最著名的有隋仁寿宫（唐九成宫）、隋汾阳宫、唐太和宫（后改为翠微宫）、唐玉华宫，以及唐华清宫，等等。宫旁都附有苑囿，宫内也有园林，以供帝王出行居住与游乐。这些离宫仍然是为帝王服务的宫城，只是朝堂面积大大缩小，宫内园林比例增加并且布局更加自由，如以温泉浴池闻名的华清池，殿宇、绿化交织在一起，虽然仍是帝王享乐的延续，但对环境更雕琢。同时，离宫苑虽是专供避暑洗沐和游憩之用，其中也附有部分园圃。如隋仁寿宫——唐九成宫观园圃要供应药材，华清宫要利用温泉地暖而供应早熟的时新蔬果①。二是宫城外巨大的禁苑，如汉上林苑、隋唐长安禁苑，包裹在皇宫的外侧起到保护作用。禁苑面积超过都城数倍，苑中建有大量宫殿，也有供游猎的猎场和养殖、农垦用的大量生产用地。三是宫城旁边附有比较独立的内苑，面积小于宫城，如长安之西内苑、东内苑，主要是供皇帝游幸并屯驻禁军和设御用马厩等之用。四是在各宫之内还建有园林（这一部分在下一章园林中细述）。

由于皇帝游园往往要有数百人随从，在苑囿中宴请群臣时更在千人以上，所以汉唐长安的皇家苑囿均有巨大与豪华、自然景观与人工造景相结合的特点，境界开阔，大山大水，楼阁对耸，摹拟仙山琼阁，追求富丽气派的风格。

---

① 唐六典．卷十九．司农寺．京郡苑四面监．"九成宫总监"及"温泉汤"条．

第一节

上林苑

上林苑是秦汉时一座巨型皇家禁苑,位于汉长安城西南,主要是供皇帝游乐、休闲、狩猎所用,因其规模巨大、地位重要,在西汉时期可以说是全国最重要的一座皇家园林。(图3.1)

图3.1 上林苑范围示意图

上林苑始建于战国时期的秦国，位于渭南，当时并无清晰的围墙边界，虽然后来秦始皇的新宫朝宫也建于上林苑中，但其规模仍远不及汉武帝的上林苑。入汉，上林苑的边界一开始也不甚清楚，因位于京城之西又被称为西郊苑。汉武帝建元三年（公元前138年）开始对上林苑进行扩建，扩建后的园林，东起灞浐，南傍终南山，西至鄠厔县长杨、五柞，北跨渭水包含黄山宫，然后沿渭水向东，周回300余里，绕苑还修筑了苑墙、苑门。考古勘探显示，汉上林苑的范围东以灞河为界，西到周至终南镇的田溪河，南到终南山北麓，北到渭河（仅个别宫观建于渭河北岸，如黄山宫），与《汉书》、《汉宫殿疏》及《汉旧仪》等文献所载相符，其平面颇似一个打开的折扇，扇轴为汉长安城，折扇左右顶端分别为鼎湖延寿宫和长杨宫。

汉武帝扩建后的上林苑完全成了皇家专用之地。苑区用地范围广大，大量的农田，大片的草地，不仅种植着漫无边际的林木，还造有众多水池，建有大量的宫观别馆，种植有无数从各地移植来的奇花异草，豢养着许多珍禽异兽，甚至还安排有重要的铸币官署和手工作坊，为皇家提供给养，成为一个于林木山水中点缀着一些瑰丽的建筑并集游猎、玩乐、练兵和生产等功能于一体的巨型皇家苑囿。

一、苑中之苑

上林苑的主体景观首先是茂密的森林草原。在广袤的森林草原中有一些苑中之苑，主要有宜春下苑、思贤苑、乐游苑、博望苑、御宿苑等。宜春下苑即曲池，建于汉武帝时，位于城东南，内有曲江池，因其水曲折而得名。思贤苑是汉文帝为太子所立，取招才纳贤之意，据说苑中有堂室六所，客馆均高大宽敞，室内陈设豪华壮丽。乐游苑位于杜陵西北，即今西安市东南的乐游原上，建于宣帝神爵三年（公元前59年）。博望苑位于今西安市玉祥门西任家庄一带，是武帝为太子刘据所立，也是取广识贤才之意。御宿苑也是建于汉武帝时，位于长安城南的御宿川，即今西安市长安区王曲川中，因皇帝在上林苑游玩时经常在此住宿而得名。

二、离宫别馆

离宫别馆是指除了帝后妃子们的正式宫殿之外的建在都城郊区或外地的分散的规模较小的宫殿建筑组群。上林苑中的离宫别馆数量众多,这一个个的建筑组团形式各异,大小不一,依照具体的地理形势点缀在广袤的湖光山色之中,或环池分布,或散落在山林中,形成与自然景观交相辉映的人文景观。

据班固《西都赋》记载,上林苑有离宫别馆三十六所,章怀注引《三辅黄图》也说上林苑有11座离宫、25座别馆共36所。今本《三辅黄图》和《玉海》引《汉旧仪》中说上林苑有离宫70所,或因某些宫观名字重复之故,如射熊观实际上即长杨宫之门名,益延寿观实际上是甘泉宫之观名,豫章观与昆明观实际上为同一观,而白鹿观与众鹿观、观象观与象观、远望观与博望观、大台观与犬台宫等也可能是异名或误写的同一座观。观是指建筑体量比较高大的游览建筑。综合统计现有的史籍记载和今人的研究,涉及上林苑的宫观名共达81处(宫25,观56),包括著名的长门宫、鼎湖宫、建章宫、葡萄宫、长杨宫、神光宫、甘泉宫,以及射熊观、青梧观、白鹿观、豫章观、益延寿观、昆明观、博望观、明光观,等等。这些宫观有的承之于秦,有的新建于西汉,其命名或以美意,或以位置,或以功能,或以宫中重要事物,不一而足。每座宫观都是一段历史,都有一段令人神往的故事。

上林苑西部有较多的宫殿建筑群,以供皇家狩猎时休憩居住。目前考古勘探出的宫观有今周至县境内的长杨宫、五柞宫、黄山宫等,这几组建筑群规模庞大、等级高贵,绝非一般建筑可比。长杨宫是上林苑中著名的游猎之地,因宫中有垂杨数亩而得名,秦昭王时建,汉初整修。长杨宫门即射熊观,武帝、元帝、成帝等常来此登观射熊。五柞宫与长杨宫毗邻,因宫中有五柞树(即冬青树)而得名。据《西京杂记》记载,五柞宫中的五柞树十分罕见,树身皆连三抱,上枝荫盖数十亩。武帝在世时常来长杨、五柞一带,后元二年(公元前87年)最后一次行幸五柞宫时死于五柞宫。长杨、五柞附近还有葡萄、青梧等诸宫观。

上林苑东部的宫观比较稀疏,东南隅(即今西安市雁塔区曲江附近)相对多一点,其中最有名的是宜春宫(在今曲江池南),原为秦时离宫,武帝时扩修建为宜春下苑，多次游幸于此。据司马相如《哀秦二世赋》的描写，宜春宫是一座位于高地上的多层宫殿，通过一条漫长的坡道才能登临其上，从宫殿向北可以俯视曲折萦绕的曲江隄州，向南可以遥望绵延的南山，景观十分优美。

此外，在文献记载的上林苑范围之内，还发掘有不少大型宫观建筑遗址，如建章宫北的平乐观，平乐观西的当路观，建章宫西部的储元宫、包阳宫，长安城西南部的虎圈观，以及负阳宫、犬台宫、昭台宫、太乙宫遗址等。

三、昆明池

上林苑中多造水池，如昆明池、初池、糜池、牛首池、蒯池、积草池、西陂池、当路池、太一池、郎池、百子池等，众多水池与宫观建筑穿插成趣。其中以位于汉长安城西南方的昆明池规模最大，景观最为繁华。（图3.2）

昆明池开凿于武帝元狩三年（公元前120年），起初目的是操练水军，因汉武帝讨伐南方诸国时被昆明国所阻，所以仿昆明国之滇池开凿昆明池以练水军。据《三辅黄图》和《三辅旧事》等记载，昆明池周围40里，占地332顷，湖中有戈船数十艘，上建戈矛，有楼船百艘，船四角置旗杆，船上伞盖用五彩羽毛装饰，这些都是操练水军的设置。

昆明池凿成之后，武帝于池中建岛，岛上建豫章台（文献中亦称豫章馆、豫章观或昆明观、昆明台），台上筑有大型宫室。这类池中筑台的做法，与未央宫沧池之渐仓、建章宫太液池之蓬莱山意义相同，皆喻神山仙境。昆明池遗址在今沣河东岸的斗门镇一带，遗址面积约10平方公里[①]，池内东半部考古发现有岛，面积约1万多平方米，岛上仍有汉代大型建筑遗迹，应为文献中的豫章台。

图3.2 上林苑昆明池范围示意图

[①] 胡谦盈. 汉昆明池及其有关遗存踏察记. 考古与文物，1980年创刊号.

武帝还在池中造龙首大船，经常让宫女在池中泛舟，"张凤盖，建华旗，作棹歌，杂以鼓吹"，他坐在豫章观上欣赏，使得昆明池成为皇室重要的游乐场所。为了方便皇帝来此游玩，环绕昆明池修建有许多宫观建筑，如池西的宣曲宫，池东的白杨观，池南的细柳观，等等。其中宣曲宫因"宣帝晓音律，常于此度曲"（《三辅黄图》）而得名，它不仅是皇帝游玩的场所，也是都城外屯驻骑兵的地方。①

昆明池北部有西周镐池，汉代有河连通两池。武帝时借用牛郎织女的传说造了两个石人立在河两边以象征天河，石婆（即织女）像放在河西石爷庙内，石爷（即牛郎）像放在河东石婆庙内。"立牵牛、织女于池之东西，以象天河。"② "昆明灵沼，黑水玄阯，牵牛立其左，织女处其右。"③ 这两尊石像至今仍存④，是迄今所知我国古代较早的大型石雕作品之一。石爷像高约230公分，五官清晰，短发挺立，前额宽阔，眉弓刚健，双目有神，嘴唇紧闭，下额硕壮；身着交襟衣，腰束带；右手曲肘上举作持鞭状，左手紧贴腹前作握绳状，充分显示出男性的脸型特征和装束及动作形态。石婆像高约190公分，发辫后垂，脸庞圆润，眉头微蹙，嘴角下撇，神情苦楚；身着右衽交襟长衣，双手环垂于腹前，整体作踞坐状，完全表现出女性特征，其姿态和南阳画像石刻中的织女十分相似⑤。

据《三辅黄图》记载，昆明池岸还"刻石为鲸鱼，长三丈"。今池西岸出土的汉代石鲸大概就是此物，鲸体浑圆，长1.6米，径约1米，头部雕出鲸眼，尾部弯曲，鲸体鳞纹仍依稀可辨，造型颇具汉代特点，刀法简捷，风格粗犷。

此外，昆明池兼有水产养殖的功能。《西京杂记》载："武帝作昆明池，欲伐昆夷吾，教习水战。因而于上游戏养鱼，鱼给诸陵庙祭祀，余付长安市卖之。"《汉旧仪》也说："上林苑中昆明池、镐池、牟首诸池，取鱼鳖给祠祀，用鱼鳖千枚以上，余给太官。"即昆明池和镐池等上林苑中诸池都兼有水产养殖的功能，其所养鱼鳖除了主要供陵庙祭祀之用，余下的还可以给太官供皇帝饮食宴会之用。

昆明池实际上还成了汉长安城西南的总蓄水库。据《水经注》等历史文献的记载，昆明池周围共有5条人工渠道，即池南的交水渠、池西的丰水渠、池北的镐水、池东北的揭水陂水和池东的昆明故渠，这5条人工渠道将南山北麓、长安城南诸天然河流联结为一个整体，有效地解决了汉长安城的给排水问题。⑥

四、林地和兽圈

上林苑中有丰富的植被景观，林木种类有枣、梅、桐、白银树、槐、枫、长生树、扶老木、金明树、摇风树、鸣风树、漆树等不下三千多种，其中仅梨树就有十种，李树有十五种。这些多样的林木，使上林苑成为京郊附近一座巨大的植物园。汉武帝扩建上林苑时，还从各地引种了名贵果木、奇花异草，如呼伦湖和贝尔湖一带耐寒而不枯的瀚海梨、昆仑山附近的王母枣、西域的胡桃和羌李、南方的蛮李等。有一种蓬莱杏是东海都尉于吉所献，相传一株花杂五色，六出，被视为仙人所食之品。这些从各地引种的奇花异果主要种植在宫观建筑附近，有的宫观名称就取自宫中美好的植物，如蒲陶宫（即葡萄宫）、扶荔宫等。

上林苑西部多为皇帝狩猎之处，有大面积的猎场和众多宫观建筑。皇帝每年秋冬都要带领文武大臣到上林苑狩猎，在游乐聚会的同时也藉此训练军队的作战能力。届时上林尉会把豢养的禽兽如马、鹿、虎、熊等放入猎场，供皇帝和诸将射猎，整个狩猎场面十分壮观，司马相如的《游猎赋》、扬雄的《校猎赋》中对此皇家狩猎的盛况都曾有过渲染和描述。此外，上林苑中还精心豢养着许多珍禽猛兽，如熊猫等珍奇动物以及来自异域的狮子、鸵鸟和犀牛等，以供皇家观赏嬉戏。甚至在西汉皇帝厚葬时，还会将一些珍禽异兽陪葬入墓。

上林苑中的动物按照分类豢养在不同的地方，有些建筑即以其中豢养的动物而命名，如白鹿观、走马观、虎圈、射熊观、鱼鸟观、观象观、犬台、狮子圈和

---

① 汉书．卷十九上．《百官公卿表》载："长水校尉，掌长水宣曲胡骑。"颜师古注云："长水，胡名；宣曲，观名，胡骑之屯于宣曲者。"
② 三辅黄图．卷四．池沼．汉昆明池．引：关辅古语．
③ 三辅黄图．卷四．池沼．汉昆明池．引：张衡．西京赋．
④ 顾铁符．西安附近所见的西汉石雕艺术．文物．1955 (11)．
⑤ 汤池．西汉石雕牵牛织女辨．文物．1979 (2)．
⑥ [北魏]郦道元．水经注．卷十九．渭水下．

彘圈，等等。这些建筑既为豢养，也为观赏，其观赏活动的性质有点类似罗马斗兽场，就是将两只或多只凶猛的动物圈到一起，观看它们的搏斗作为娱乐的场所。不仅猛虎之间，还有与恶熊、野猪相搏，甚至人兽相搏。汉成帝曾亲往长杨宫射熊观观看胡人徒手与熊罴禽兽等搏斗，汉景帝之母窦太后也曾将言辞得罪她的辕固放入彘圈和野猪搏击，幸亏景帝给了辕固一件武器才得以逃生。

为便于观看斗兽活动，有的兽圈建筑也建造得比较高大、宏伟。与罗马斗兽场不同的是，兽圈不仅是观看斗兽的场所，也是各种动物的养殖场。

五、农田和作坊

除了游玩以外，上林苑还是一个巨大的皇家生产基地。除供皇室使用的宫观、池沼、苑囿、猎场之外，上林苑中还有大量沃野良田。这些属于皇室的公田，或为耕地，或为牧场，为皇家提供粮食、蔬果、肉类等食品以及各种原材料。

苑中还有中央政府控制的铸币场和皇室主要手工业作坊，有属于中央政府管辖的生产建筑材料的制陶业作坊，规模庞大，种类丰富。上林苑西南部，发掘有一些重要的官署或大型手工业作坊遗址，这与文献中所载"武帝时居杜陵南山下，有砖瓦窑数千处，引凉州木东下以作宫室"[①]颇为吻合。上林苑遗址内还发现有上林三官之一的钟官遗址，是目前所知规模最大、遗物丰富的一处汉代铸币遗址。

六、上林苑的管理

为有效管理如此巨大的皇家苑囿，都城中专门设有管理上林苑的机构。西汉初年，包括上林苑在内的皇家宫观范围皆由专掌天子给养的少府管辖[②]。汉武帝时国力强大，皇家奢侈之风也日益盛行，为皇家提供游玩场所和日用品生产的上林苑范围扩大，大部分管理事务改由水衡都尉主管，属官中有"上林"，负责园林的整体维护；"均输"，负责上林苑财物的输纳和买卖；"御羞"，负责安排皇帝在上林苑中游玩期间的食宿;"辑濯",即船官,负责上林苑中各种船只的修造;"钟官、技巧、辨铜"三令丞则是专门负责铸钱;属官中的"六厩令丞",主要负责皇家和京师卫戍部队马匹的饲养和供给;"衡官"可能是负责皇室的财政预算,"水司空"负责上林苑的水利建设,"都水"负责治水,"农官"负责苑中农业耕作,"仓官"负责苑中的仓储,等等。

但并不是上林苑的所有事务都归水衡都尉掌管,如上林苑的安全保卫和苑门的守卫,是由步兵校尉负责。西汉初年,秦上林苑中的一些宫观建筑还保存完好,但已不是禁地,不仅苑周没有围墙,苑中还有大量的民居和农田,普通百姓可以自由出入。这样,就给皇帝的游幸带来了诸多不便甚至是危险。据《汉书·东方朔传》记载,有一次武帝到长安城南终南山下微服游猎,"驰射鹿豕狐兔",使老百姓的庄稼多被践踏,老百姓"号呼骂詈",跑到县令那里去告状,鄠杜县令拘留了武帝的几个随从猎手。又有一次武帝在南郊微行出游,太晚了投宿旅店,不仅遭到店主人的冷遇,还差点儿被当成盗贼。所以武帝倍感"道远劳苦,又为百姓所患",终于把它扩建成了一个包含建章宫的封闭的皇家禁苑,周围环绕有高大的围墙,巨大的苑囿仅开有12个苑门并派禁兵守卫,[③] 从此不仅普通老百姓不得入内,一般官员未得许可也不可擅自出入。武帝时期,右扶风长官咸宣为追捕躲进上林苑的罪犯,派鄠县令率领吏卒到上林苑蚕室门追杀,不料射中苑门,咸宣竟然因此论罪当诛。[④] 可见禁苑禁令之森严堪比皇宫。

因为上林苑占地广阔,汉代多有大臣曾进谏皇帝将其中部分用地分给附近贫民耕种。汉初,萧何曾为解决长安耕地紧张的问题建议将秦上林苑中的空地划给百姓耕种,遭到刘邦的极力反对。汉武帝扩建上林苑时东方朔曾极力谏止,指出广开林苑将会产生两个方面的危害,其一"绝陂池水泽之利,而取民膏腴之地,上乏国家之用,下夺农桑之业,弃成功,就败事,损耗五谷";其二"盛荆棘之

---

① 《三国志·魏书·董卓传》注引华峤《汉书》.
② 汉书. 卷十九上. 百官公卿表上.
③ 汉书. 卷十九上. 百官公卿表上.
④ 汉书. 卷九十. 酷吏传.

林，而长养麋鹿，广狐兔之苑，大虎狼之虚，又坏人冢墓，发人室庐，令幼弱怀土而思，耆老泣涕而悲"，① 武帝显然并未采纳。元帝初年，谏大夫贡禹建议"独舍长安城南苑地以为田猎之囿，自城西南至山，西至鄠皆复其田，以与贫民。"② 也被驳回。

从内部看，上林苑既像是一座大型皇家公园，又像是皇家的大型庄园，它是一座集居住、生产、休闲娱乐为一体的皇家园囿。与长安城结合起来看，它的作用还不止于此。作为包裹在长安城西南的皇家禁苑，上林苑的设置加强了长安城尤其是皇宫未央宫的安全。它像是未央宫的"后花园"，使一般人很难接近未央宫西南两侧。而未央宫的另外两面又有桂宫、"北阙甲第"、北宫和长乐宫为屏障，真是防卫森严。上林苑的扩建不仅为长安宫室提供了便利的郊游休闲之离宫，还能为都城中的宫室和中央官署提供一些补充功能。皇室和中央政府的不少重要活动安排在上林苑，如汉宣帝在平乐观接待匈奴及其他外国使节，匈奴单于朝见时曾住在蒲陶宫，而上林苑广袤而安全的用地更是为铸币场等官署机构提供了合适的空间。此外非常值得一提的是上林苑昆明池的造设，既完善了皇家禁苑的水景需求，又调节了宫城的水源供应，为解决从关东漕运粮食到京提供了必要条件。因此，上林苑不仅供皇帝游猎休憩，还在都城安全、用水、航运以及政务性活动等方面发挥着重要作用，是与汉长安连为一体的重要组成部分。

西汉上林苑对后世都城禁苑的建设影响深远，东汉洛阳上林苑，曹魏邺城的铜爵园，石虎邺北城的华林园，隋唐长安、隋洛阳的禁苑都是将宫城的外侧包住，苑内造馆开池，池中造岛或山，山上建殿阁，有的连名称都沿袭西汉。

第二节

建章宫

汉武帝太初元年(公元前104年),在城西上林苑中营建了"度比未央"③ 的建章宫。汉武帝和汉昭帝都曾把建章宫当做皇宫使用,尤其是汉武帝太始四年(公元前93年)在建章宫"大置酒,赦天下";始元元年(公元前93年),"黄鹄下建章宫太液池中",公卿百官借此大吉大利,为天子祝寿。汉昭帝在建章宫"赐诸侯王、列侯、宗室金钱各有差"。直至元凤二年(公元前79年),汉昭帝才举行盛典,从建章宫搬回到未央宫。(图3.3)

图3.3 建章宫平面示意图

---

① 汉书. 卷六十五. 东方朔传.
② 汉书. 卷七十二. 贡禹传.
③ 《汉书·郊祀志》记载:汉武帝作建章宫,前殿"度高未央"。《长安志》卷三引《关中记》进一步指出:建章宫"制度事兼未央"。

建章宫中又划为若干小宫，其中门、阁、楼、台、殿、堂极多，故有"千门万户"之称。仿效未央宫的制度，建章宫中也以前殿为主体建筑，前殿坐北朝南，地势由南向北逐步升高，甚为高峻，可"下视未央"。宫城东宫门和北宫门筑双阙，城内开池筑台。建章宫中宫殿很多，据文献记载有骀荡、馺娑、枍诣、天梁、奇宝、鼓簧等宫。据《三辅黄图》：

骀荡宫，春时景物骀荡满宫中也。馺娑宫，馺娑，马行迅疾，一日之间遍宫中，言宫之大也。枍诣宫，枍诣，木名，宫中美木茂盛也。天梁宫，梁木至于天，言宫之高也。奇华殿，四海夷狄器服珍宝，火浣布、切玉刀、巨象、大雀、狮子、宫马充塞其中。

《汉宫阁疏》中有"鼓簧宫，周匝一百三十步，在建章宫西北"。殿堂则有"玉堂、神明、疏圃、鸣銮、奇华、铜柱、函德等二十六殿"。池沼有唐中池，在前殿以西。

考古发掘资料显示，建章宫城遗址平面呈东西宽、南北窄的长方形，东西约2130米、南北约1240米。前殿位于宫城中部偏西，基址南北320米、东西200米，地形北高南低。前殿西北450米处有太液池，遗址面积15.16万平方米。池内东北部有渐台，文献记载在太液池岸边还有各种石雕的珍禽、异兽，如长三丈、高五尺的石鲸，三个六尺长的石鳖等。

建章宫南宫门为宫城之正门，称阊阖门；由于门上的所有椽头用玉璧为饰，所以又称璧门。此门有3层，高30余丈，面阔12间。门前阶陛以汉白玉制作，顶部有铜凤凰。宫门附近有别风阙，阙楼上有辨别风向之物，又称折风阙，传世的"折风阙当"文字瓦当属此阙遗物。建章宫北宫门之外有圆阙，高25丈，形制与东宫门的凤阙相近，据载毁于西汉末年赤眉军攻占长安的战火之中。建章宫东北门为一对东西并立的阙台，称为双凤阙。古代民歌中有唱"长安城西有双阙，上有双铜雀"，指的就是这一对阙，因阙上装有铜凤凰饰物称为凤阙。双凤阙二者东西间距53米，西阙基址保存较好，现高11米、底径17米。东阙基址保存较差，现高6米、底径5米。双凤阙之间有南北大道向南折西通向建章宫前殿。据文献记载，建章宫"左凤阙、右神明"，神明台即建章宫的西北门，是非常有代表性的高台建筑，目前仍存有高约10米、底部东西52米、南北5米的巨大夯土基址。（图3.4）

除神明台外，宫中著名的楼台还有井干楼、凉风台等，《关中记》中说"宫北有井干台，高五十丈，积木为楼，言筑累万木，转相交架如井干"，《汉宫阙疏》

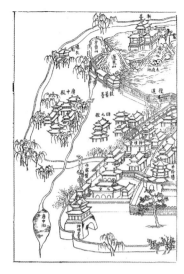

中说:"(神明)台高五十丈,上有九室,常置九天道士百人"。《庙记》则称:"神明台,武帝造,祭仙人处。上有承露盘,有铜仙人舒掌捧铜盘玉杯,以承云表之露,和玉屑服之,以求仙道"。《三辅故事》载:"建章宫承露盘高二十丈,大七围,以铜为之,上有仙人掌承露……"各楼台门阙间连以复道,以便交通往来。

图3.4 汉建章宫想象图

太液池位于建章宫北部,是人工开凿的水池。《汉书·郊祖志》记载,建章宫"北治大池,渐台高二十余丈,名泰液。池中有蓬莱、方丈、瀛洲、壶梁,象海中神山龟鱼之属"。可见,汉武帝在建章宫"治大池"有着象征东海神山仙岛之意义。汉武帝不是造池筑山的开创者,在他之前,秦始皇曾在都城咸阳东郊修建兰池以为大海,建造蓬、瀛以为蓬莱、瀛洲神山,以求长生不老之仙境,"引渭水为池,筑为蓬、瀛,刻石为鲸,长二百丈"[①]。始皇此举对汉武帝的影响不言而喻。但汉武帝也可谓在皇家园林中造池筑山的先驱,建章宫太液池中筑蓬莱、方丈、瀛洲神山的形式,成为后世皇家园囿反复仿效的一个模式,如唐长安城大明宫中亦开太液池,池中有蓬莱岛;又如元大都在宫城西侧、皇城之内开太液池,池中筑瀛洲、琼华二岛等,可谓影响深远。

值得注意的是,在宫城用水问题上,太液池还发挥着储积和调节宫城用水的重要作用,在风光迤逦的外表下,它实际上是建章宫的"水库"。

武帝在位时正值汉朝国力隆盛之际,当时的未央宫虽仍是大朝所在,但受到各种限制不能作大规模的改建和扩展,因此就在城外新建具有更多内容的新宫,作为起居游息之所。据记载,建章宫与未央宫之间,还建有超越长安西城垣之阁道。

---

① 史记.秦始皇本纪.

第三节

甘泉苑

汉长安附近还有另一处规模宏大的皇家苑囿——甘泉苑，或称甘泉上林苑，是汉武帝时在秦林光宫的基础上扩建而成。据文献记载，西汉甘泉苑的范围广阔，周回540里，比上林苑的范围还大，但具体位置语焉不详，只知其以云阳县（今淳化县）的甘泉山为中心，地跨左冯翊和右扶风。

"甘泉苑，武帝置。缘山谷行，至云阳三百八十一里，西入扶风，凡周回五百四十里。苑中起宫殿台阁百余所，有仙人观、石阙观、封峦观、鳷鹊观。"①

除主体建筑甘泉宫外，汉武帝时期的甘泉苑中还建有许多其他宫观，见诸文献的有竹宫、北宫、寿宫、高光宫、林光宫、长定宫、洪崖宫、弩陆宫、棠梨宫、师得宫、增城宫、通天宫等宫，以及迎风、储胥、露寒、石关、仙人、封峦、鳷鹊等观。这些宫观多位于山林之中，建筑"屈奇瑰玮，非木摩而不朋，墙涂而不画……"②此外，苑内还有候神台、望仙台、通灵台、通天台、圜丘、五帝坛、群神坛等许多祭拜和祭祀的建筑。

甘泉苑的主体是建于甘泉山上的甘泉宫，距京师长安有380多里的路程（直线距离约300里）。"云阳宫，即秦之林光宫，汉之甘泉宫，在云阳县西北八十里甘泉山上，周回十余里，去长安三百里。"③甘泉宫始建于秦，所建之地（今陕西淳化铁王乡梁武帝村、城前头村和董家村一带）传说是黄帝以来祭天的圣地，战国时曾被匈奴人占领，秦军入主后将以往神祠迁到甘泉山下，在此建云阳宫，秦二世时又建林光宫，其目的都是方便帝王们来此举行祭祀活动。入汉改名甘泉宫，汉武帝时对其进行了大规模的扩建，仍然作为郊祀祭天等系列活动的主要场所。从汉武帝元鼎五年（公元前112年）在甘泉兴建泰畤开始，武帝、宣帝、元帝、成帝都曾在甘泉宫郊祀祭天，拜太一神，直到汉平帝确立都城南郊祭天制度为止。

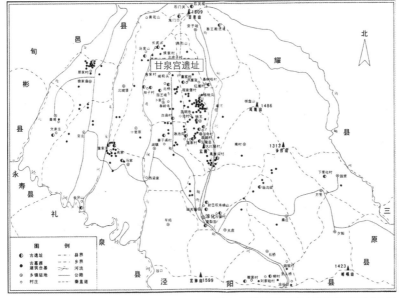

图3.5 汉甘泉宫遗址及其附近秦汉遗迹分布图

根据历史文献记载,武帝时两次大规模地扩建甘泉宫。一次是在建元年间(公元前140—公元前135年),因方士所言"上即欲与神通,宫室被服不象神,神物不至"。武帝开始命人"作甘泉宫,中为台室,画天、地、泰一诸神,而置祭具以致天神。"④ 并使甘泉宫规模从原来的周回10余里扩大到周回19里:"林光宫,一曰甘泉宫,秦所造,在今池阳县西,故甘泉山,宫以山为名。宫周匝十余里。汉武帝建元中增广之,周十九里。"⑤ 另一次是元封元年(公元前110年),又因方士说:"仙人可见,而上往常遽,以故不见。今陛下可为观,如缑氏城,置脯枣,神人宜可致。且仙人好楼居。"于是武帝又增建甘泉前殿:"甘泉则作益延寿观,使卿持节设具而候神人,乃作通天台,置祠具其下,将招来神仙之属。于是甘泉更置前殿,始广诸宫室。"⑥

甘泉宫周围有宫墙环绕,宫城中有宫殿十二座,楼台一座⑦。甘泉宫的主体宫殿是位于宫城中心的前殿,亦称甘泉殿,或称紫殿(紫殿得名于紫微星,位于天上群星中央)。扬雄《甘泉赋》中如此描述其高大雄伟:"前殿崔巍兮,和氏玲珑。炕浮柱之飞榱兮,神莫莫而扶倾。闶阆阆其寥廓兮,似紫宫之峥嵘。"此外,甘泉宫中见诸

---

① 三辅黄图. 卷四. 苑囿. 甘泉苑.
② 汉书. 卷八十七上. 扬雄传上.
③ [唐]李吉甫. 元和郡县图志. 卷一. 关内道一.
④ 史记. 卷十二. 孝武本纪.
⑤ 三辅黄图. 卷二. 汉宫. 甘泉宫. 引《关辅记》.
⑥ 史记. 卷十二. 孝武本纪.
⑦ 长安志. 卷四"甘泉宫".

文献的还有竹宫、长定宫、通灵台、高光宫、七里宫和增成宫等建筑。其中竹宫是皇帝的寝宫，长定宫是皇后的寝宫。每逢圜丘祭天，皇帝在竹宫望祭坛而拜。（图3.5）

甘泉宫遗址在今陕西淳化县北，武家山沟和米家沟之间，宫城遗址平面近长方形，东西880～890米、南北1500～1950米，面积约148.6公顷。宫墙夯筑，墙宽7～8米、高1～5米。宫城四面各有一座宫门，南、北、西宫门均位于宫墙中部。南宫门外100米尚存有一对圆形门阙的遗址，东西相距约50米。门阙基址夯筑，底平面为圆形，周长80～90米，残高5米。宫城的西南、西北角楼基址尚存，基址底平面也为圆形，径约7米，现存基址残高2～4米。①

在甘泉宫内东北部有两座东西并列的大型高台建筑基址，现存的两座夯土台相距约70米，底平面均为圆形，底径200～220米，顶径30～40米，高约15～16米。两大台基雄峻壮观，考古学者推测其为武帝元封二年（公元前109年）所建的通天台遗址。按文献所说，通天台"去地百余丈，望云雨悉在其下，望见长安城"，"上有承露盘，仙人掌擎玉杯以承云表之露"②。据说武帝祭太乙时，上通天台，让八岁童女300人翩翩起舞，祀招神仙。通天台西还有一个高6米底径60余米的圆锥形台基，研究者推测其可能是益延寿观遗址。③ 其他一些建筑的位置尚无法肯定。④

除了重要的祭祀功能外，甘泉宫还可以说是中国古代都城附近最早为皇帝避暑办公而专门修建的宫城，即后世所谓离宫。西汉王朝的皇帝，尤其是汉武帝，每年五月到八月都要到甘泉宫避暑，期间将甘泉宫用做朝政起居之所，在此处理一些重大政务。武帝曾在这里送张骞出使西域，接待诸侯王，宴飨外国宾客，宣帝还曾在这里接受匈奴呼韩邪单于的朝拜，等等。实际上甘泉宫已经成为西汉的夏都，与未央、长乐、建章并称西汉四大宫，而且在宫城布局建筑形制上，甘泉宫也都仿照未央宫。它以前殿为大朝正殿，还在宫城四面设公车司马门。公车是一个负责保卫皇宫安全的衙署，设有公车司马令、丞等卫尉官员，因为公车署设在宫门附近，所以宫门又名公车司马门。西汉一代，设有卫尉的只有未央、长乐、建章、甘泉四座宫城，也只有这四座宫城的宫门才称为公车司马门，简称司马门。此外，甘泉宫还设有与太仓平级的甘泉仓、供诸侯朝觐时居住的诸侯邸、徒人所住的甘泉居室等，甚至还仿照上林苑在甘泉宫南辟有昆明池。诸多制度依照未央宫，由此可见甘泉宫地位多么重要。

第四节

隋大兴苑——唐长安禁苑

唐长安禁苑，即隋之大兴苑，在隋唐长安之北，与隋大兴城同建，唐代因之。其东至浐水，西包汉长安城故城址，北至渭水，南到长安城北墙，东西27里，南北33里，周回120里，面积621平方唐里，合今254平方公里，比汉上林苑略小，是长安城面积的2.1倍。（图3.6）

禁苑南面三门，即长安城北墙西段的芳林门、景耀门、光化门；西面二门，南为延秋门，北为玄武门；北面三门，自西向东依次为永泰门、启运门、饮马门；东面二门，南为光泰门，北为昭运门。史载禁苑内有宫亭24所，如九曲宫、鱼藻宫、元沼宫、咸宜宫、未央宫，还有十七亭如诏芳亭、凝思亭等。其中有些亭可能不是孤立的亭而是以亭为主体的一组建筑，兼有古代行政单位"亭"的某些遗制，如望春亭又称望春宫。

禁苑西部包括汉长安故城于内，唐武宗会昌元年（841年）游至未央宫旧址，尚有殿舍249间，于是下令修葺以作为游览休憩之所。咸宜、未央二宫就是在汉宫旧址上重建起来的。新建的宫中，鱼藻宫建在大明宫之北的池中山上，是唐帝观竞渡、水戏之所。九曲宫在鱼藻宫的东北，宫中有殿舍山池。望春宫始建于隋文帝时，原名望春亭，在禁苑东北的高原上，东临浐水，宫内有升阳殿、放鸭亭等建筑。

禁苑中的建筑布置十分稀疏，二十四宫亭只是点缀其中的休憩之所，苑中的大部分场地实际上是皇帝的庄园和猎场。苑中四面设有监官分掌宫中农林植种及

---

① 姚生民. 汉甘泉宫遗址勘查记. 考古与文物，1981（I）．
② 三辅黄图. 卷五. 台榭. 通天台.
③ 姚生民. 甘泉宫志. 第二章. 西安：三秦出版社，2003；姚生民. 甘泉上林苑考略. 咸阳师范学院学报，2004，19（3）．
④ 姚生民. 甘泉上林苑考略. 咸阳师范学院学报. 2004，19（3）．

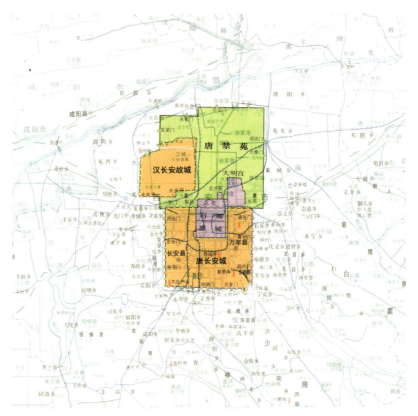

图3.6 唐禁苑位置示意图

修葺园苑等事。据《唐六典·司农寺》载,"上林署令掌苑囿园池之事……凡植果树蔬菜,以供朝会、祭祀;其尚食进御及诸司常料亦有差",可知唐长安的大型苑囿不仅供皇帝游赏,还有园艺养殖的主要功能。

禁苑中有梨园、葡萄园等园林区,其中梨园曾作为培养歌舞人才的地方,唐明皇时在这里设立了专门机构,故后世称戏曲演员为"梨园弟子"。这里堪称是中国最早的艺术学院。(图3.7)

禁苑中有鱼藻池、凝碧池等水面，鱼藻池是龙舟竞渡之所，凝碧池有皇帝观鱼的记载，或为养鱼池。水面附近有不少桥梁建筑，如青城桥、龙鳞桥等。苑中还有虎圈之类圈养动物的地方，应可狩猎。

禁苑仍然沿袭了秦汉上林苑的围猎园林的特点，这种园林占地大，真山真水中散置离宫别馆，并圈养与种植一些奇禽异兽与珍贵花草可为观赏，是带有集锦猎奇性质的游赏性园林。其基本特点是自然主义的，却着意设置了一些景区，修复了一些古迹，以作为游赏的内容，将其融入宫廷生活内容，甚至还驻扎大批禁军，超越了纯粹的自然主义园林。

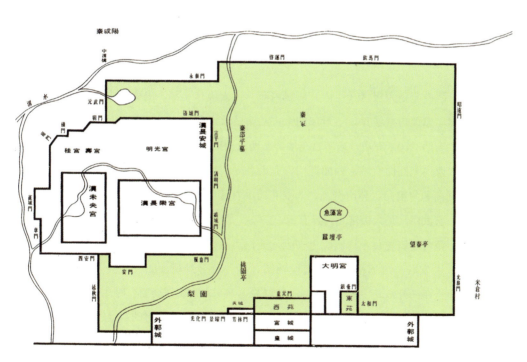

图3.7 《长安志图》中的唐长安禁苑图

第五节

唐长安内苑

隋唐时，紧附在宫城之外还建有苑囿，称为内苑。带有宫廷后花园性质，类似北京故宫的御花园，并兼有一些体育及娱乐功能。与故宫后花园不同的是，隋唐时在宫北设置广大的禁苑、内苑还有屯驻禁军的重要作用，作为大唐政权的强大保障。

一、唐太极宫内苑

西内苑是太极宫（西内）所属内苑，在太极宫北部，史称西内苑，南北约一里宽，东西与宫城齐。① 近年的考古勘探显示其南北590米左右，比史载深度大一倍；东西2270米左右，东与宫东墙齐，西只到掖庭宽的1/3。②

西内苑四面有墙，四面开门，东西各一，称日营门、月营门，北面有二，为玄武门和鱼粮门。苑南有三，为安礼门、玄武门和至德门，向南通向太极宫和东宫。玄武门又是太极宫北门，有阙。

苑内建筑史载不详。综考文献，苑内可见一些建筑如观德殿、临湖殿、飞霜殿、大安殿、广远楼等，还有樱桃园、冰井台等景观。如《唐会要》载，贞观"十六年三月三日，赐百僚大射于观德殿"。《玉海》引《会要》时注云："太极宫曰西内，其玄武门之外有殿曰观德。"可知内苑中有举行大射的观德殿。

《资治通鉴》中说，唐武德九年（626年）李世民发动"玄武门之变"的时候，在玄武门设伏兵弑兄，太子建成受诏从东宫北门出发经内苑赴玄武门见唐高祖，到临湖殿时发现不妙欲归东宫，为世民等所杀，世民的马还逸入林下。可知内苑南玄武门之东有临湖殿，可能靠近湖，湖边林木颇多。

《册府元龟》中提到太宗曾"宴五品以上于飞霜殿，其殿在玄武门北，因地形高敞，层阁三成。轩槛相注。又引水为洁渌池，树白杨槐柳。与阴相接，以滁烦暑"。其中飞霜殿高达三层，空间很大可以宴五品以上官员。

在元代李好文的《长安志图》中，西内苑附在禁苑图中，苑内画有殿宇多所。在玄武门东有观德殿、含光殿、看花殿、拾翠殿等，玄武门西有广远楼、永庆殿、通过楼、祥云楼等。

二、唐大明宫东内苑

东内苑是大明宫（东内）所属内苑，在大明宫东南隅，其遗址已探明，东西宽304米，南北约1000米，平面呈纵长矩形。东内苑的南门即大明宫东南隅之延政门，东内苑的北面偏东还有一门与禁苑相通。东内苑中有一道横墙，将苑分为南北二部。

苑内先后曾有龙首池、龙首殿、承晖殿、灵符应圣院等，唐文宗太和九年(835年)填龙首池为鞠场，使其带有较强的体育场地性质。

东内苑因靠近左神策军驻地，在中晚唐成为较重要地区，左军宦官在此进行种种建设。吸引皇帝来游。但由于东内苑屡屡改建，场地和建筑变化甚大，已很难考查。

此外，整个内苑、禁苑同时还是屯兵据点。唐在都城的驻军有两类，一类是保卫都城的十六卫，由政府统辖；另一类是保卫宫城的六军，由皇帝亲信统辖，直接对皇帝负责。十六卫屯驻在宫南，皇帝朝会或出行时布置在殿下广庭及行旅外围；六军在宫北，又称北衙六军，负责皇帝朝会、出行的内层警卫，是皇帝的禁军。能否掌握禁军是能否得帝位或称帝后能否稳定的关键。唐太宗、玄宗、代宗发动宫廷政变得帝位，最直接原因是得到玄武门北衙禁军的支持拥护。"安史之乱"时唐玄宗出逃，"泾原兵变"时德宗出逃，都是在禁军护卫下北出禁苑西门到远郊再西逃的。隋时把宫城建在北面靠都城北墙，北面设广大的禁苑，屯驻禁军，唐代沿袭不改，是根据历史经验和当时形势，有意使南衙十六卫和北衙六军互为制约，并保留一条不必经由城内的撤退之路。

---

① 长安志. 卷六. 唐上. "禁苑"条.
② 中国科学院考古研究所西安唐城发掘队. 唐代长安城考古纪略. 考古. 1963 (11).

第六节

曲江芙蓉苑——郊野御苑

芙蓉苑本是长安的游览胜地,在长安外部东南角的凸出地带,此地山丘起伏,河水回环,自然景色优美。隋文帝厌其曲,认为不吉利,建大兴城时,隔曲江南部挖池建芙蓉苑供皇帝游赏,入唐后仍为御苑,而北部即公共游赏地——曲江池。(图3.8~图3.9)

唐玄宗时多次到芙蓉苑游赏,为避免被外人所见或被谏官谏阻,特在长安外郭东墙外增修夹城,把原前往兴庆宫时经行的夹城向南延伸至芙蓉苑,玄宗可以从大明宫或兴庆宫经夹城直奔芙蓉苑游玩。玄宗时是芙蓉苑的最盛时期,沿苑

图3.8 大唐芙蓉苑复建图一

北墙面向曲江一面堤上宫殿楼阁连绵不断，杜甫《哀江头》诗中"江头宫殿锁千门，细柳新蒲为谁绿"所述就是安史之乱初期芙蓉苑虽已荒凉关闭但尚未被破坏的景色。

唐文宗读了杜甫的《哀江头》诗想要恢复芙蓉苑，并鼓励各政府机构在曲江建亭阁，但因国力渐衰未能如愿。唐文宗也只能借重建右银台门的机会，把拆下的旧右银台门移建到芙蓉苑作为北门，号称紫云楼。① 芙蓉苑毁于唐末，目前只能从唐人诗文中略知其景观特色，如《春日芙蓉苑侍宴应制》诗：

"芙蓉秦地沼，卢橘汉家园。谷转斜盘径，川回曲抱原。"（唐·宋之问）

"绕花开水殿，架竹起山楼。荷芰轻薰幄，鱼龙出负舟。"（唐·苏颋）

以及描写皇帝游幸的《驾幸芙蓉苑赋》："北极仪凤之楼，南邻隐豹之嵝。入红园而移步辇、俯绿池而卷行幕……留连帐殿，弥望帷宫……日落前溪，云垂后殿……群公既奏柏梁文，万乘方回瑶池宴。"

综合近人学者研究大概可知，芙蓉苑南倚丘陵，北临湖泊河曲。苑内绿地临水处以柳为主，水边有芙蓉等花卉，丘陵及平地种杏和卢橘，最有特色的是弥漫

图3.9 大唐芙蓉苑复建图二

---

① 唐会要．卷三十．"诸宫"．太和九年七月条．《丛书集成》本：563．

山丘润谷和水边的丛竹。苑中建有主殿和后殿,供宴享之用,皇帝临幸时,临时还要张设帐殿、御幄、步障等。苑墙应为红色,苑内可以行驶龙舟,可以宴请群臣。苑中临水处建有水殿等多处楼殿,河渠上架设画桥,利用丘陵地建山楼、青阁、竹楼等大量建筑物,形成一所楼阁起伏隐现、富丽华贵的皇家苑囿。(图3.10～图3.12)

芙蓉苑北部的公共游赏地,入唐后发展为具有城市公共游赏区性质的郊野园林,不仅可以容许一般人游览,还容许皇室以外的人在这里建造房屋亭阁,"如有力要创置亭馆者,宜给与闲地任营建。"① 在中国园林发展史上,这是一个重

图3.10 大唐芙蓉苑复建图三

图3.11 大唐芙蓉苑复建图四

要的新事物。此外，还有升平坊的乐游原，乐游原汉代已有，其地势较高，武后长安年间（701—704年）因"太平公主于原上置亭游赏……其地居京城之最高，四望宽敞，京城之内，俯视指掌。每正月晦日、三月三日、九月九日，京城士女咸就此登赏祓禊"[2]。也成为长安城中的公共园林景区。可以说，曲江芙蓉苑北与乐游原是后世兴起的城市公共游赏区之滥觞。（图3.13）

图3.12 大唐芙蓉苑复建图五

图3.13 大雁塔上俯瞰芙蓉苑

---

① [清] 徐松. 唐两京城坊考. 卷三.
② [清] 徐松. 唐两京城坊考. 卷三.

第七节

隋仁寿宫——唐九成宫——唐万年宫

仁寿宫位于今陕西麟游县，始建于隋文帝开皇十三年(593年)，由重臣杨素监修，主要设计和施工负责人是著名的将作大匠宇文恺。不到两年仁寿宫建成，成为隋的主要离宫，此后文帝每年二月至九月间常住于此，仁寿四年(604年)文帝驾崩于此。炀帝即位后不再去仁寿宫。唐贞观五年(631年)仁寿宫得以重修，改名为九成宫，唐高宗永徽二年(651年)再改名为万年宫，成为太宗、高宗时长安附近最主要的避暑离宫。高宗以后再次闲置，到晚唐时已颓坏。（图3.14～图3.15）

九成宫四周建有宫城，《新唐书·地理志》中说其宫墙周长有1800步，宫内设置了禁苑、府库和官寺等机构。城周六里，相当于唐代一个县的规模，并配有廨署。具体宫城规制史载不详，综括史籍所载，它的正门为永光门，门外有双阙，北门为玄武门，正殿名丹霄殿。魏征《九成宫醴泉铭》中描写九成宫"冠山

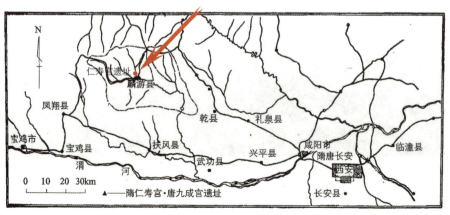

图3.14　陕西麟游隋仁寿宫遗址地理位置图

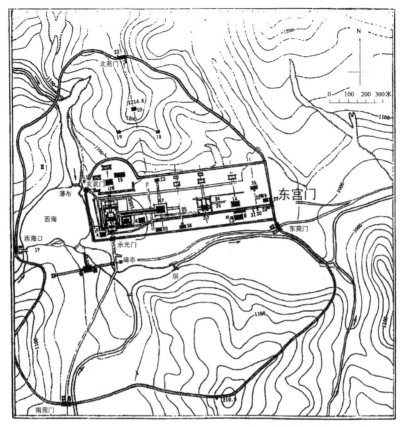

图3.15 隋仁寿宫（唐九成宫）复原总平面图

抗殿，绝壑为池，跨水架楹，分岩竦阙。高阁周建，长廊四起，栋宇胶葛，台榭参差"①。推想应是利用地形而建的壮丽宫殿。文中又说太宗重修时，"斫雕为朴，损之又损，去其泰甚，葺其颓坏。杂丹墀以沙砾，间粉壁以涂泥；玉砌接于土阶，茅茨续于琼室。仰观壮丽，可作鉴于既往，俯察卑俭，足垂训于后昆"。是典型的卑躬式姿态，夸赞太宗在修建时去掉了一些过于奢侈之处，使其趋于简朴。（图3.16～图3.19）

乾封三年(668年)唐高宗命阎立德造新殿。②咸亨四年(673年)在万年宫为太子建新宫。③高宗最后一次到万年宫是仪凤三年(678年)，此后没有再去。从593年始建，到678年，此宫断续使用了85年。

---

① 唐会要．卷三十．九成宫．
② 唐会要．卷三十．九成宫．
③ 旧唐书．卷五．(本纪)五．高宗下："(咸亨四年673年)秋七月庚午，九成宫太子新宫成，上召五品以上诸亲宴太子宫，极欢而罢。"

图3.16 唐仁寿宫纨扇图摹本

图3.17 九成宫殿图（木刻）——赵人洁作

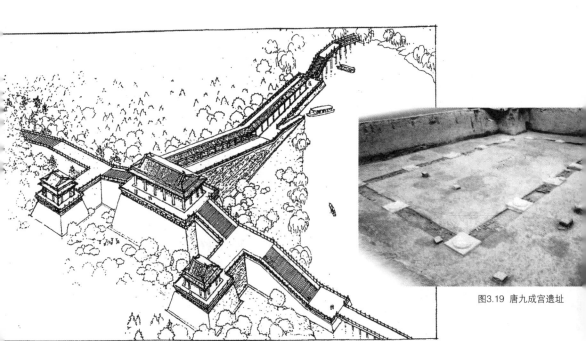

图3.18 九成宫殿水榭复原示意图

图3.19 唐九成宫遗址

第八节

唐太和宫——翠微宫

太和宫位于风景秀丽的终南山太和谷,系唐高祖武德八年(625年)为避暑而建。四月始建,六月高祖即往居住,建造时间不足两月,规模应不会很大。贞观初废太和宫为龙田寺,贞观二十一年(647年),因为天太热,公卿们奏请太宗为避暑重修旧太和宫,建成后改名为翠微宫。

武德八年(625年)四月二十一日,造太和宫于终南山。贞观十年(636年)废。至二十一年(647年)四月九日,上不豫。公卿上言:"请修废太和宫。厥地清凉,可以清暑。臣等请彻俸禄,率子弟微加功力,不日而就。"手诏曰:"比者风虚颇积,为弊至深。况复炎景蒸时,温风铄节,沈痼属此,理所不堪。久欲追凉,恐成劳扰。今卿等有请,即相机行。"于是遣将作大匠阎立德于顺阳王(即太宗之子魏王李泰)第取材瓦以建之。包山为苑,自裁木至于设幄,九日而毕功。因改为翠微宫,正门北开,谓之云霞门,视朝殿名翠微殿,寝名含风殿。并为皇太子构别宫,正门西开。名金华门,殿名喜安殿。①

可知翠微宫周围设苑,正宫门云霞门面朝北开,正殿为翠微殿,寝殿为含风殿;太子东宫位于离宫之东,正门金华门面向西开,正殿为喜安殿。因为只需在旧离宫的基础上稍加修缮,栽树整理一下环境,重新布置室内设置幄帷等,所以九天即完工。

宫中或还有寺,《贞元新定释教目录》卷十一中说:"贞观初,文帝舍终南山大和旧宫置龙田寺〔龙田寺是大和宫之于大(太子)院,今在翠微之南宫正

---

① 唐会要.卷三十.太和宫.

院，为大和寺，今并合入翠微寺焉〕。"可知旧太和宫太子院废为龙田寺，贞观建翠微宫后更名为大和寺。

但翠微宫地势窄而险，所以不久太宗又以"翠微宫险隘，不能容百官"，下令"更营玉华宫于宜君县之凤凰谷"。因翠微宫距离长安最近，当天可以往返，所以贞观二十三年(649年)四月，太宗病重不能远行时，仍到翠微宫避暑，同年五月于此离世。此后即无唐帝再至的记载。之后翠微宫的命运不详，《代宗朝赠司空大辨正广智三藏和上表制集》卷一中提到唐代宗时期有翠微寺僧道朗之事，不知是否翠微宫后废为寺。翠微宫遗址现尚未发现。

翠微宫可视为太宗时期离宫简朴小巧的代表，到高宗以后，离宫就向壮丽奢华方向发展了。到唐玄宗时所修华清宫，即成为有唐一代最著名的奢华离宫。

第九节

华清宫

华清宫位于唐长安东边的骊山北麓，今陕西省临潼县城南，是唐帝专为洗沐温泉而设的行宫，因著名的骊山温泉汤池而常称华清池。骊山风景苍翠秀雅，有温泉水长年不竭，秦汉以来就有洗沐温汤以"荡邪疫"的记载，北周宇文护、隋文帝杨坚都曾在骊山温泉建房开泉，唐建国后，太宗、高宗多次来此洗沐、狩猎。

唐贞观十八年（644年），太宗命姜行本、阎立德在此营建宫室和御汤，命名为汤泉宫。据文献①所载，唐玄宗从先天二年（713年）开始几乎连年来此，开始时还跟阅兵结合，后来就专为洗沐。开元十一年（723年）拓建后改名温泉宫，天宝六年（747年）再次拓建后改称华清宫，不仅在宫外建罗城，还修建了百官廨舍和邸宅，玄宗自此每年从十月到次年春常来居住，以此为冬季专用的离宫，两年后又在宫之东北建观风楼以供元旦受朝贺。由于百官羽卫和诸方朝集于此，华清宫周围形成一个繁华的城市。代宗大历二年（767年），大宦官鱼朝恩拆毁华清宫观风楼及百司廨舍，以其材木修章敬寺，华清宫的外围部分被毁。元和年间（806—820年）宫室还在，但损毁失修严重。晚唐时宫室已多坍毁，唐末战乱中华清宫全毁。五代后晋高祖天福四年（939年）废为灵泉观。（图3.20～图3.21）

综观目前研究大致可知，宫城平面大概呈东西向横长的矩形，四面各开一门，正门为津阳门，面朝北开，东、南、西三面为开阳门、昭阳门和望京门。宫

---

① 唐会要. 卷三十. 华清宫. [宋]钱易. 南部新书；长安志. 卷十五. 骊山县温汤条.

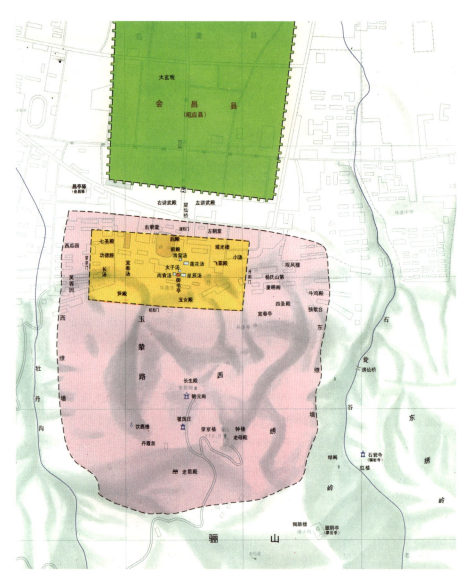

图 3.20 唐骊山华清宫位置示意图

城四隅有角楼。宫内建筑沿三条南北轴线布置，中轴线上一组为正殿，包括殿门、殿庭中的前后二殿、四面廊庑以及东西廊上的日华门、月华门；东侧轴线上为寝宫，最北为瑶光楼，楼南即寝殿飞霜殿一组，包括殿门、主殿、回廊，左右可能还附有若干院落。西侧轴线为祠庙区，北为供奉老子的七圣殿，殿中

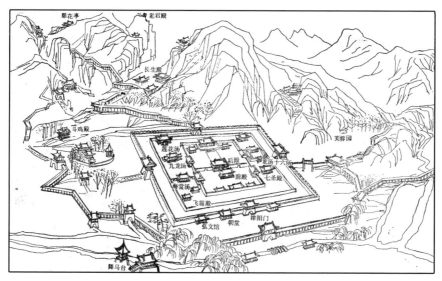

图3.21 唐华清宫示意图

还有从高祖到睿宗五代皇帝及睿宗二皇后着礼服的像侍立在周围。七圣殿南有道观功德院，内设羽帐、瑶坛。玄宗晚年崇尚道教，尊老子为始祖，所以在祖宗影堂中供老子，并集家庙道观于一体。宫的南部为温汤区，自东向西为：寝殿之南皇帝的莲花汤（御汤）和贵妃的海棠汤，在正殿区之南的太子汤（少阳汤）、尚食汤、宜春汤以及在道观之南的长汤。华清宫唐代汤池近年陆续被发现，据发掘报告[①]，各汤池池底、池壁均用青石板铺成，石板外用白灰浆砌的两层砖相衬，最外和最下为夯筑防渗水土层。各汤池上都建有殿宇。

其中遗址T2被推测为是御汤（莲花汤），汤池分两层，上层平面为四瓣的海棠瓣形，深0.8米，下层略退入少许，作八边形，深0.7米。东、西、北三面中间各有踏步下到池底。温泉进口在池南地下1.8米处，和池底石板上的双圆形进水口相通。排水道在池西北角。水道都用砖石砌成。上为九龙殿，殿内地面铺石板，有学者从残存的9个柱础位置推测其为面阔五间18.75米、进深四间14.75米的歇山

---

① 唐华清宫考古队.唐华清宫汤池遗址第一期发掘简报.文物.1990（5）// 华清宫考古队.唐华清宫汤池遗址第二期发掘简报.文物.1991（9）.

顶建筑，平面为双槽柱网，外槽进深以唐尺计为10尺，内槽深二间，各为15尺。此殿面积达276平方米，在诸汤殿中规模最大。

遗址T4被推测为杨贵妃浴池，也分上下两层。上层平面为八瓣花形，东西3.6米，南北2.9米，深0.72米；下层长3.1米，宽2.1米，深0.55米，共深1.27米。池东西侧各有踏步下到池底。进出水口都用陶水管。殿未发现柱础，专家推测它可能是一外墙承重的土木混合结构，中间架两道六架椽通梁，上为歇山屋顶的小殿。池上有殿，东西11.7米、南北9.65米，殿四面有砖墙，墙厚约92厘米。其余各汤，只"星辰汤"侧建有小殿，存10个柱础，面阔三间进深二间。其开间颇不规律，有可能是多次重复建设的结果。"星辰汤"上建筑只残存3个内柱础，但边柱不存，只余外墙残段，其构造形式已不可考。（图3.22～图3.23）

而今看着颓废的汤池遗址，除了《长恨歌》中"春寒赐浴华清池，温泉水滑洗凝脂。侍儿扶起娇无力，始是新承恩泽时"的名句，不禁令人回味《明皇杂录》中所云当年之精心雕琢：

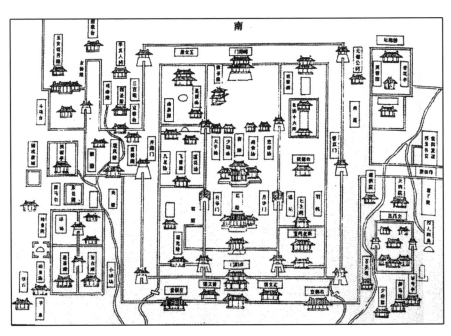

图3.22 《长安志图》唐骊山宫图

图3.23 骊山及华清宫现状照片

玄宗幸华清宫,新广汤池,制作宏丽。安禄山于范阳以白玉石为鱼龙凫雁,仍为石梁及石莲花以献。雕镌巧妙,殆非人工。上大悦,命陈于汤中,仍以石梁横亘汤上,而莲花才出于水际……其莲花今犹存。又尝于宫中置长汤屋数十间,环回甃以文石……又于汤中垒瑟瑟及丁香为山,以状瀛洲方丈。①

宫城外有罗城,罗城北门与津阳门相对,其间有横街,设有弘文馆、集贤院等。史称华清宫有夹城,有百司廨署,可能即设在罗城与宫墙之间。宫城外东北角建有观风楼,供元旦大朝会之用,从观风楼可经夹城进入宫城。在罗城外侧还有大量附属建筑。

宫城南门昭阳门之南即骊山北麓,有登山御道通到山上苑囿区,苑内建有以祀老子为主的朝元阁、老君殿、集灵台等一系列楼观殿阁和风景点,殿宇豪华壮丽。(图3.24~图3.26)

---

① [宋]宋敏求. 长安志. 卷十五. "临潼". 温汤. 引:[唐]郑处诲. 明皇杂录.

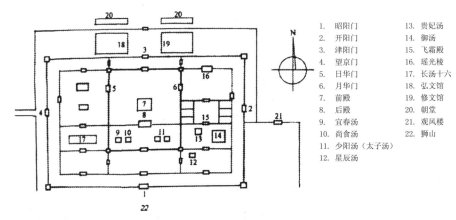

图3.24 陕西临潼唐代华清宫平面示意图

1. 昭阳门
2. 开阳门
3. 津阳门
4. 望京门
5. 日华门
6. 月华门
7. 前殿
8. 后殿
9. 宜春汤
10. 尚食汤
11. 少阳汤（太子汤）
12. 星辰汤
13. 贵妃汤
14. 御汤
15. 飞霜殿
16. 瑶光楼
17. 长汤十六
18. 弘文馆
19. 修文馆
20. 朝堂
21. 观风楼
22. 狮山

图3.25 华清池公园示意图

图3.26 华清池公园

从上述汉唐长安附近离宫的概况,大致可见一些共同的特点:

它们都位于都城附近,地属京畿之地。隋仁寿宫、唐九成宫在今陕西麟游,位于隋大兴城、唐长安城西北部。玉华宫在今陕西铜川金锁乡玉华村,地处唐长安城北部。华清宫在今陕西临潼,西距唐长安城25公里。它们无疑是清代承德避暑山庄的前驱。

皇帝避暑的离宫是皇帝处理朝政之地,实际上都各是一个小宫城,其宫城形制仿皇宫。西汉离宫中即筑有朝政的大殿,甘泉宫有前殿,九成宫有大朝殿,玉华宫有玉华殿等,隋唐时更加完备,外有宫墙环绕,宫前有官署,宫侧有东宫,宫后有苑,附近或还有随行百官、宿卫兵将的住所甚至营地,规模相当于一个小朝廷。而供应这些临时小朝廷所需供应十分繁费,皇帝不来之时,仍然要配备官员太监宫女等人员守候,还要经常耗费巨资修缮,甚至皇帝去离宫的路上还要建多处行宫。所以总会有大臣谏止皇帝建造和巡幸离宫,每当国力日衰时,这些离宫就相继废弃了。

这些离宫在"炎暑流金"之季成为皇帝及其主要官员休养、办公之处,所以汉唐至清的这些离宫均建于山区,如甘泉宫在甘泉山边,九成宫因山为城,因涧为池,玉华宫旁有玉华山,华清宫在骊山北麓。这类避暑离宫的布局形制仿造皇宫,但由于在京城之外,因地制宜而建,又多在山区,所以虽有类似皇宫的格局,但明显不如皇宫规整。

兴庆宫公园图

第肆章

繁花似锦山池园——西安历史上的园林

西安的气候和水土为园林建设提供了良好的环境，历史上曾有过众多的园林。一方面，帝王宫苑和皇室园林竞奢，西周到秦汉时期以巨大的帝王苑囿为主，圈都城近郊景色秀美之地设灵囿、上林苑等皇家苑囿，堆山开池，供皇家狩猎游乐，这在上章已有说明。隋唐国力强盛，除了宫外离宫、禁苑、内苑外，还有唐长安三内宫中的园林。

　　另一方面，官署园林和私家园林也相继发展。汉长安近郊陵邑中已有较大的私家园林出现，隋唐长安的贵族显宦则在都城大建园林，虽不能跟皇家苑囿相比，但那些占半坊、四分之一坊的巨邸宅园也极为庞大。有些在近郊还建有一些与自然山水结合的庄园别墅园林，规模不菲。而城坊内有条件的中等士、官家中，也往往建造带有园林性质的庭院。

　　此外，园林逐步走向民间，都城中的寺观园林和公共园林相继出现。随着佛教的传入，两晋南北朝时期的长安已经出现兴善寺、草堂寺等佛教园林及建筑。隋唐长安城中还出现了具有城市公共园林性质的曲江芙蓉苑，等等。

第一节

唐长安三内园林

唐代的三座宫城除在旁边附有内苑外，在宫内还有随时供皇帝游玩的园林。

如太极宫内，玄武门南的一片是宫中园林湖泊区。其东部有东海池，西有北海池、南海池，各池附近都建有殿阁亭台，如凝阴阁、成池殿、望云亭等。宫城西北角有山池院，建有薰风、就日等殿。另外，宫城东北角紫云阁南还建有山水池阁，都属于园林建筑。文献所载[①]也仅知片段，具体情况不详。

东内大明宫中的园林围绕太液池布置。[②]太液池分东西二池，西池为主池，池中岛名为蓬莱山以象征东海仙境，承袭了西汉建章宫以来形成的海岛仙山的皇家园林的模式。岛上建太液亭，史载唐帝曾在太液亭有很多活动，如听儒臣进讲，召见或宴钱大臣等。可能除亭子外，岛上还有侍臣直庐等附属建筑。唐元和十二年（817年）"造蓬莱池周廊四百间"[③]，若以一间宽3米计，廊长大约有1200米。考古实测西池周边1300米左右，这400间周廊基本可绕西池一周。太液池南是龙首原后坡，坡上宫殿密布，中轴线上最靠近池边的是含凉殿，与池中亭子遥遥相对；池西有著名的麟德殿和比麟德殿更大的大福殿；池北为三清殿、含冰殿、紫兰殿等；东面为清恩殿、太和殿等；太液池四周这些壮丽巍峨的殿阁，与环池回廊及池中岛亭相呼应，互为对景，再间以繁茂花树，形成了池边优美壮丽的水景轮廓线。

兴庆宫的园林部分以龙池为核心布置，其景色特点也应和大明宫太液池相近。（图4.1～图4.3）

---

① 长安志．卷六．唐上．西内章．唐两京城坊考．卷一．西京．"宫城"条．
② 马得志 等．唐长安大明宫．北京：科学出版社版，1959：48．
③ 唐会要．卷三十．诸宫："其年(元和十二年)闰五月，新造蓬莱池周廊四百间．"

图4.1 兴庆宫公园之一

图4.2 兴庆宫公园之二

图4.3 兴庆宫公园之三

第二节

官署园林

一、唐代的官署园林

唐代长安有不少建在官署内的园林。官署内的园林有很好的绿化，从唐人诗句中就可窥一斑。例如，杜甫的诗《题省中院壁》有"掖垣竹埤梧十寻，洞门对溜常阴阴"的诗句，又有《春宿左省》"花隐掖垣暮，啾啾栖鸟过"之句。可知大明宫内门下省鸟语花香，有很好的绿化环境。白居易有《惜牡丹花二首》，其中一首自注"一首翰林院北厅花下作"，可知大明宫西夹城内的翰林院中种有牡丹花。

另外还有由官署购地建的园林。据《长安志》记载，在长安修政坊有尚书省亭子和宗正寺亭子。永达坊有华阳池度支亭，昌明坊有家令寺园，著名的曲江亭子也是官修，中晚唐时为皇帝赐群臣宴之地。上述这些官署单独建的园亭都在长安外郭最南面四排坊中，即所谓"围外远坊"、"烟火不接"、阡陌相连的空旷地带。唐政府鼓励在这一带建官园和百官家庙，也含有不使其过分荒凉之意。各官署择地另建园亭不是为了游赏，而是作为宴会之地。《长安志》记尚书省亭子、宗正寺亭子和度支亭时都引《辇下岁时记》说"新进士牡丹宴或在于此"。唐之官署园林还有一定的公园性质，可以出赁借用。

二、民国时期的官署园林

民国期间，西安作为山西省政府和绥靖公署的所在地，修建了许多官署园林。比如，坐落在明秦王府旧址内的新城黄楼（1927年），浓荫蔽日，环境幽雅。又如杨虎城在省府大院修建了具有民族特色的官邸和花园，同时还修建了自己的公馆"止园"(图4.4)。此外,还有具有欧式风格的高桂滋公馆花园、张学良公馆等。

其中杨虎城的止园公馆位于西安市青年路止园饭店西侧,其地曾是唐代政治中枢太极殿所在,明代是明成祖朱棣之子汧阳郡王的王府,其后代舍宅为寺,命"十方院",直至民国初年还留有一些殿宇。杨虎城担任陕西省政府主席时,从官僚温君伟手中买下寺院之西半部,在此修建了传统风格的二层小楼和周边园林,1930年至1932年建成,共有两进院落,顺应着较大的地势高差,园中花圃、果园、假山、水池、楼房等设施与台地有较好的结合,具有台地园林的特色,也是民国时期陕西最大的别墅园林。竣工时曾名"紫园"以取紫气东来之意,后为避蒋介石猜忌,请书法家寇遐隶书题匾"止园",取"止戈为武"之意。现在这座别墅和园林已被辟为杨虎城将军纪念馆。

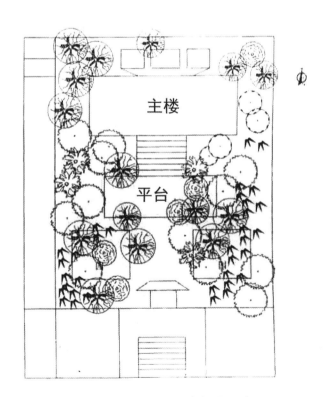

图4.4 西安止园平面示意图

第三节

私家园林

汉长安私家园林少有考察。仅《西京杂记》中对汉长安北郊茂陵富人袁广汉的私家园林有一段较详细的叙述[①]，说此园面积巨大，而且还运用了激水入园（用人工方法引水入园）、构石假山、畜养珍禽异兽以及种植奇树名花等方法，反映出当时私家园林中已经注重人工造景。

隋唐长安城中，尤以唐代为甚，私家园林颇盛。很多王子公主和贵族高官都在宅旁建有园池，甚至在他坊买园，追求绮丽富贵之风。唐初皇室贵族秉承北朝遗风，多将园林当做宴会游乐场所，喜欢热闹的气氛，所以园林往往规模宏大，有宴饮的厅堂亭轩和供歌舞的广庭，与其巨宅相称。为了举行宴会游乐活动，这些大型园林大都筑山凿池，称"山池院"，成为唐初园林的代表，规模宏大、景物富丽。

长安城中聚集着大量通过科举入仕的文官，有条件的中等士、官家中也建造带有园林性质的庭院。尤其是中晚唐以后国势日衰，文士及文士出身的官吏多倦于进取，退隐、独善其身的思想成为时尚，中等文士、官吏和富绅所建园林以秀雅和蕴涵诗意的中小型园林为主。

唐长安私家园林的遗迹迄今尚未发现，但在史籍和唐人诗文中有大量记载。

---

① 西京杂记．卷三："茂陵富人袁广汉藏镪钜万，家童八九百人。于北邙山下筑园，东西四里，南北五里。激流水注其内。构石为山，高十余丈，连延数里。养白鹦鹉、紫鸳鸯、牦牛、青兕、奇禽怪兽，委积其间。积沙为洲屿，激水为波潮，其中育江鸥、海鹤、孕雏产鷇，延漫池林，奇树异草，靡不具植。屋皆徘徊连属，重阁修廊，行之移晷，不能遍也。广汉后有罪，诛没入宫，其园鸟兽草木，皆移植于上苑中矣。"

一、隋唐王公贵族的大型山池院

唐代贵族、贵官生活奢侈，常在园林中举行宴会游乐活动，甚至中上级官员家中多有歌僮舞姬，以供宴饮时听歌观舞。所以当时的贵族园林，除了观赏风景外，更重要的功能是宴客或借给别人宴客，成为交际场所和主人社会地位的象征。

唐前期长安城中的王侯、公主和贵胄们建了很多宏大富丽的园林，有的在宅畔，有的则在城南部各坊或城外另建。如《长安志》载，长安大业坊有高祖子徐王元礼的山池，兴道坊有高宗女太平公主的山池院，崇仁坊中宗女长宁公主的宅旁也有山池；安乐公主的山池在金城坊；汾阳王郭子仪宅在永宁坊而园在大通坊，安禄山宅在亲仁坊而园在宣义坊，等等。

从唐代诗人宋之问的《太平公主山池赋》[①]中大致可见其山池院的情景：

构仙山兮既毕，侔造化之神术：其为状也，攒怪石而岑；其为异人，含清气而萧瑟：列海岸而争耸，分水亭而对出。其东则峰崖刻划，洞穴萦回，乍若凤飘雨洒兮移郁岛，又似波浪息兮见蓬莱。图万重于积石，匿千岭于天台，荆门揭起兮壁峻，少室丛生兮剑开……尔其樵溪钓浦，茅堂菌阁，秘仙洞之瑶膏，隐山家之场藿。烟岑水涯，缭绕逶迤，翠莲瑶草，的烁纷披……翳荟蒙茏，含青吐红，阳崖夺锦，阴壑生风，奇树抱石，新花灌丛……其西则翠屏崭岩，山路诘曲，高阁翔云，丹岩吐绿。惚兮恍，涉弱水兮至昆仑；杳兮冥，乘龙梁兮向巴蜀……芳园暮兮白日沈，爽气浮兮黛壑深。风泉活活兮鸣石，葛藟青青兮蔓岑，罗八方之奇兽，聚六合之珍禽。别有复道三袭。平台四注，跨渚兮交林，蒸云兮起雾。鸳鸯水兮凤凰楼，文虹桥兮彩鹢舟，山池成兮帝子游，试一望兮消人忧。

可知园子是颇有规模的山池院。院中有池，池中有仙岛，池岸边有奇石、水亭，池中有彩舟。除大面积湖景外，还有泉水、虹桥等辅景。山在园子东侧，山形陡峻，有峭壁峡谷，山间点缀有茅堂。园中主体建筑在西侧，建有翔云高阁、复道平台、凤凰楼等。

长宁公主山池别院也是大规模地筑山浚池，中宗和韦后数次来此饮宴赋诗，韦后被杀后，山池别馆改为景龙观，词人名士竞入游赏。张九龄在《送密县高赞府序》中说它："景龙东山，初主第也。始其置金榜，筑凤台，穷土木之功，极冈峦之势……何其壮哉……徒观其匠幽奇，宅爽垲，十里九坂，岂惟梁氏之作；千岩万壑，宛是吴中之事。青林修筜而垂彩，绿萝蒙笼以结阴。清流若镜，下照金沙之底；杂花如锦，傍缘石菌之崖。"② 园中筑山岩丘壑，山下有金沙铺底的清池，青林绿萝，繁花似锦，有如江南景色。

贵臣富绅也多建有园林，宋之问《奉陪武驸马宴唐卿山亭序》中说其山亭也是个有山有池的园子，有亭阁茅轩等建筑物，瀑布流泉，叠嶂奇石。"林园洞启，亭壑幽深。落霞归而叠嶂明，飞泉洒而回潭响。灵槎仙石，徘徊有造化之姿；苔阁茅轩，髣髴入神仙之境。"③ 甚至琼山县主也有山池院在长安延福坊，"宅有山池院，溪磴自然，林木葱郁，京师称之"④。

唐长安还有一些贵族官员的山池院比较独立，没有附在宅旁，如安禄山宅在亲仁坊而园在宣义坊，李晟宅在永崇坊而园在丰邑坊，马璘宅在长兴坊而园在延康坊。⑤ 这些园平日深闭，所以白居易《题王侍御池亭》诗中说道："朱门深锁春池满，岸落蔷薇水浸沙。毕竟林塘谁是主，主人来少客来多。"

在这些园池游赏时常设盛筵歌舞。上文提到的《奉陪武驸马宴唐卿山亭序》中说："芳醪既溢，妙曲新调。林园过卫尉之家，歌舞入平阳之馆"。张说《季春下旬诏宴薛王山池序》中亦言："戚里池台，就修竹而开宴；泉硐御府，味给天厨；仙倡俳乐，中贵督酒……鱼龙丸剑，曼延挥霍。鸾凤鸣，箫鼓作……抃急管于无算，醉湛思以取乐"⑥，园林宴饮成为一种风尚。不仅在自家园池宴客，还可以借他人园池宴饮游乐。这些园子也往往需要举行宴会舞乐的较大厅馆和广庭，它们仍近于大型游乐园的性质，陶冶性情的特点不明显。

从文献记载来看，这些王公贵族的大型园池几乎有着类似的布局模式，即池中大多有岛，岛上有亭，岛间有桥，各岛分别植不同花木成林，是模仿自然又具游赏性质的大型园池。

---

① 全唐文．卷二百四十．
② 全唐文．卷二百九十．张九龄．
③ 全唐文．卷二百四十．宋之问．
④ 长安志．卷十．延福坊．
⑤ 长安志．各坊条．
⑥ 全唐文．卷二百二十五．张说．季春下旬诏宴薛王山池序．

二、唐长安的中小型宅园

文人士大夫阶层的生活趣味与贵族豪门明显不同。他们往往工于诗文，把创出新境的诗情注入对园池的赏鉴中，以诗情入画，使园林出现了平淡天真、恬静幽雅、笛声琴韵与呜咽流泉相应和的具有诗意的士大夫园林，使造园艺术步入更高的境界。大园可堆石叠山、凿池筑岛，建歌台舞榭，步廊回环。小型的园林只有象征性的一勺之水，一丘之山。

唐代关于中小型宅园的记载不多，或可从修行里段成式宅中窥见一斑。据《唐两京城坊考》载，《酉阳杂俎》的作者段成式（时任刺史，四品）宅在长安修行坊：

> 段成式修行里私第大堂前有五鬣松两株……开成元年，段成式修行里私第书斋前有枯紫荆数株，伐之，余尺许。至三年秋，枯根上生一菌大如斗，下布五足……段成式修行里私第果园数亩，壬戌年有蜂如麻子，蜂胶土为巢于庭前檐。①

从文中可以看出，其宅有大堂、大堂前庭院中有两株松树；有书斋，书斋前有庭院，院中数株紫荆；有果园数亩。刘得仁有《初夏题段郎中修行里南园》诗写此宅园：

> 高人游息处，与此曲池连。
> 密树才春后，深山在目前。
> 远峰初绝雨，片石欲生烟。
> 数有僧来宿，应缘静好禅。②

顾非熊有《夏日会修行段将军宅》诗：

> 爱君书院静，莎覆藓阶浓。
> 连穗古藤暗，领雏幽鸟重。
> 樽前迎远客，林杪见晴峰。
> 谁谓朱门内，云山满座逢。③

虽然诗文或会有夸张之措辞，但若是一眼望穿的园子，亦不可能夸张至此，数亩之园的规模与诗中的意境也还匹配。从诗中可以看出，园中有池、树、山石、禅房，虽称果园，却已有小中见大塑造园林意境的造园要素，创造了清幽自然的情趣。

此外，由敦煌壁画中所绘的园池，也可窥见当时私园之一斑。如321窟初唐壁画、231窟中唐壁画中所绘小型园池：池塘边用花砖包砌护岸，岸边立木勾阑。池上架弧形木桥，平台上左右各有坐立两组伎乐，中间有人舞蹈，表现了当时贵族园池宴会时的舞乐场景。（图4.5～图4.6）

图4.5 敦煌莫高窟第338窟初唐壁画中的园林

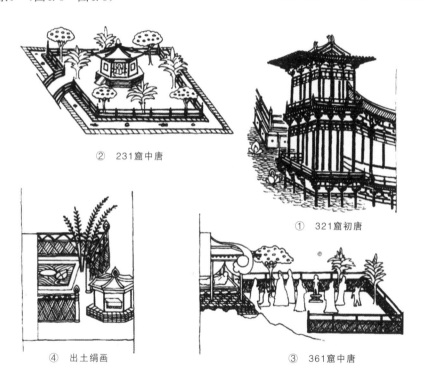

② 231窟中唐

① 321窟初唐

④ 出土绢画

③ 361窟中唐

图4.6 敦煌莫高窟唐壁画中的园池

---

① 唐两京城坊考. 卷三. 西京.
② 全唐诗. 卷五百四十四.
③ 全唐诗. 卷五百零九.

三、唐长安郊外庄园

唐长安郊外还有贵族显官建造的一些庄园,往往占据大片土地进行农林养殖,同时对其进行园林化的建设。庄园通常有自然山水作为依托,景物比较开阔,大片的果园、竹林、农田,建筑布局疏朗风格朴素,弥漫着田园气息,成为园林的又一形式。这类庄园多称山庄、别业、别墅、山居。时人如安乐公主在长安城西郊、太平公主在长安东郊、韦嗣立在骊山都建有山庄。

安乐公主的定昆庄在唐前期最为著名,庄在长安城西,占地数里,司农卿赵履温主持修缮。庄中有大水池,池中有洲,池边有重阁。池后有山,叠石陡峭如华山三峰。此外,庄园中建有凤凰楼、绿亭幽等大量楼馆,有九曲歪池、石莲花台等景观小品。《朝野佥载》说其园中"累石为山,以象华岳,引水为涧,以象天津。飞阁步檐,斜桥磴道,衣以锦绣,画以丹青,饰以金银,莹以珠玉。又为九曲流歪池,作石莲花台,泉于台中流出,穷天下壮丽"。李适诗中记其园"平阳金榜凤凰楼,沁水银河鹦鹉洲。彩仗遥寻丹壑里,仙舆暂幸绿亭幽。前池锦石莲花艳,后岭香炉桂蕊秋"①。从其文字,仍可看到大型山池院富丽豪华的身影,与另一处庄园——玄宗时王维的"辋川别业"形成了鲜明对照。

"辋川别业"曾先后为诗人宋之问、王维的庄园,位于今蓝田县西南二十公里,山岭环抱,风景优美,少人工雕饰,开始利用地形,总体上以天然风景取胜,有山、岭、岗、湖、溪、泉、濑、滩以及茂密的植被。王维的《辋川集》中记录了别业中的二十景,如松岗(华子岗)、竹林(斤竹岭)、花林(木兰柴、辛夷坞)、树林(漆园、椒园)、柳岸、白石滩等,大部以自然景观为主。《斤竹岭》中就有"檀栾映空曲,青翠漾涟漪。暗入商山路,樵人不可知"的描述。园中建筑比较疏朗质朴,除宅舍外,有"文杏馆"、"临湖亭"、"竹里馆"等,可见其淡雅恬淡的田园风格,表现了人与自然的和谐。辋川诗中平淡天真的诗境,自然渗入了山庄园林的创作之中。

在隋唐时期的士大夫园林中,诗情、哲理影响造园,将造园艺术推进了一个新的境界。完全不同于汉代园林的规模宏大和真山真水地模仿自然,唐时则有"纤波成止水之源,拳石俨干霄之状"②的说法,将小尺度的奇岩怪石,置于庭院中，间以纤波小溪，象征性地表现了名山大壑，小中见大地引发联想，带有某种浪漫主义的色彩。尤其是文人士子们为造园艺术增添的诗情画意，丰富了园林的文化内涵。

四、民国时期的私园

民国时期一些有条件的富商士绅在西安营建有一些私园，比较有名的有东关花园、柯氏半园、郭家庄园、高岳崧故居等。

以柯氏半园为例，这是一座典型的民间住宅私园，位于西安古城北门内的曹家巷内。此园建于清同治初年，民国年间为金石学者柯莘农所有，占地仅两亩多。所谓"半园"，系取"占尽风情向小园"之意。（图4.7）

全园有前院和东、西、中院共四组院落。进大门后，穿过一条三十多米长碎石铺就的林荫道，即到达前院。前院面积不大，仅有一间门房和几间厅房，通过道路与另外三院相连。北面的折墙上漏窗点点，透漏出园中景色，是比较成功的园林前导空间，建筑小品也具有很强的园林气息。

西院平面呈南北长的矩形，采用陕西传统民居形式三面为屋东面为长廊，其屋顶都单坡朝内，取四水归堂而财不外泄之意。其中北屋是主人卧室，室内装修文雅考究。院内有南、北两个方形苗圃，多植蜡梅，东廊面向苗圃开敞，蜡梅开时，把酒赏花暗香袭人，美不胜收。

中院平面也是南北长的矩形，其北有栋五开间的两层小楼，视野开阔，是主人会客的主要场所。小楼因收藏有秦权一枚而称"小权山房"，据说当时的西安政要如张学良、冯玉祥等都曾来过。中院东侧阁楼是主人的书房，名"晴雨宜"，取不论天晴天雨都要笔耕不辍之意。中院西侧依墙建有半亭，南墙曲折跌落，与山石组合在一起。假山上配种有白皮松、石楠、迎春、红李叶等，山间还有一座小亭，俯瞰全园，十分惬意。

---

① 古今图书集成•经济汇编•考工典．卷一百二十一．园林部•艺文．三．
② 王勃．九成宫东台山池赋．见：全唐文．卷一百七十七．

东院小而紧凑，有房屋五间，用做客房和储藏间等，明显是辅助性的院落。院内比较简单地配植以丁香、石榴等花木。

全园厅房亭台楼阁错落，游廊迂回环绕，秀木繁荫，山石、修竹、蜡梅点缀其间。园内环境幽雅闲适，风格大气稳重，是特征鲜明的北方私家园林。

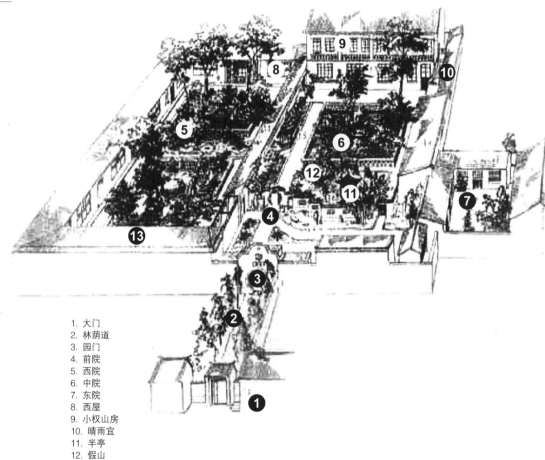

1. 大门
2. 林荫道
3. 园门
4. 前院
5. 西院
6. 中院
7. 东院
8. 西屋
9. 小权山房
10. 晴雨宜
11. 半亭
12. 假山
13. 长廊

图4.7 西安柯氏半园复原图

第四节

寺观园林和公共园林

随着南北文化的交融,士大夫文化的发展,造园风尚从皇家苑囿一步步走向官宦、寺观和民间,极大地丰富了园林的类型。两晋南北朝时期的长安已经出现兴善寺、草堂寺等佛教园林及建筑,隋唐长安城中还出现了具有城市公共园林性质的曲江芙蓉苑,等等。尤其是唐以后的长安失去都城地位后,虽然鲜见大型皇家园林的建设,皇家园林仅见于元代安西王宫、明代亲王府之中,但却不断有寺观、公共园林的修建,如文庙(碑林)、东岳庙、万寿宫、大清真寺、广仁寺等众多的寺观园林,城隍庙、杜公祠、关中书院、公输堂等祠庙园林和官署园林。

此外,在某些历史上已有的苑囿、离宫、寺观园林的基础上,后代不断有所修缮改建。如光绪年间沈家桢在华清池的故址上建造"环园",民国年间将明秦王府花园的莲花池改建为"莲湖公园"(图4.8),将清试院花圃改建为"建国公园",将故绅沈氏花圃整饬为"小小公园",等等。

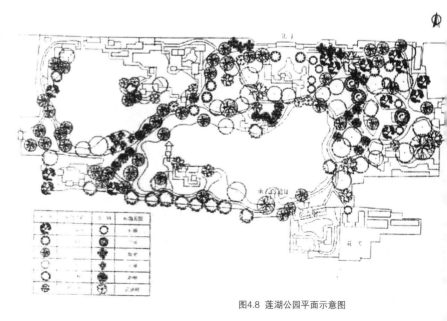

图4.8 莲湖公园平面示意图

第伍章

明堂宗庙安社稷——西安的礼制建筑

礼制建筑是古代帝王为了祭祀天帝神灵社稷祖宗先贤等而专门设置的祭祀建筑。而都城中的祭祀建筑和见载于史的祀神建筑也以帝王专设及宫苑中居多。汉唐帝王对于天帝、山川、日月等神祇的祭祀都给予了极大的重视，在都城附近建有不少礼制建筑。汉长安的礼制建筑大多集中分布在南郊，主要包括宗庙、社稷、明堂（辟雍）、灵台、大学、圆丘、地郊、天齐公祠、五帝祠和陵庙建筑等。唐长安的宗庙和社稷设置在皇城内，城外另有郊坛和众多家庙。唐以后，城中和附近仍有些祠庙建设，规模都比较小，民间祠庙居多。

第一节

汉长安明堂辟雍

所谓明堂,即"明正教之堂","正四时,出教化",是明正教之处。辟雍者,"象璧,环雍之以水,象教化流行",是宣教化之所。明堂、辟雍,是古代皇帝明正教宣教化将教化传播于天下的场所,是中国古代最高等级的皇家礼制建筑之一。汉代文献多把明堂、辟雍相提并论。明堂早在西周时期即已出现,但是这类建筑在汉以前未有实物和详细文献留存,汉武帝时济南人公玉带献"黄帝

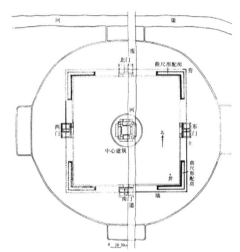

图5.1 明堂(辟雍)遗址平面图

时明堂图,图中有一殿,四面无壁,以茅盖,通水,水圜宫垣。为复道,上有楼,从西南入,名曰:'昆仑',天子从之入,以拜祀上帝焉"①,武帝诏令依图建明堂于汶上。目前中国考古发现最早的实例是西汉长安南郊的明堂辟雍遗址。(图5.1)

考古工作者1956年在西安市玉祥门西大土门村以北,发现了一组巨大的汉代礼制建筑,它由外环水沟、方形围墙、大门、曲尺形附属建筑及中央主体建筑组成。整组建筑依纵横轴线四面对称分布。总占地面积达11公顷。(图5.2)

外环水沟平面呈圆形,直径349～368米。沟宽1.8～2米,深1.8米。侧壁砌以陶砖。外环水沟的四向正面外侧又各凿一个长方形小水沟(72～90米×27米)。

---

① 汉书.郊祀志.

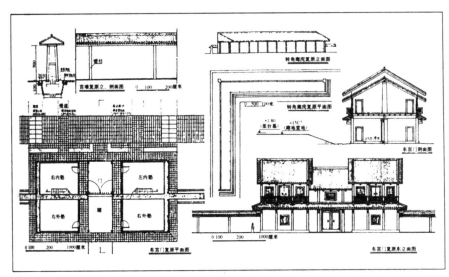

图5.2 汉长安明堂辟雍外围建筑复原图

四长方形小水沟与外环水沟之间,原架有石桥①。外环水沟的水通过北面小水沟与北河渠相通。

圆形场地内有正方形闭合围墙,每面长235米。夯土墙身宽约1米,现余残高0.15~0.3米。围墙内外侧有宽0.4米之夯筑散水,散水外有0.2米宽砖砌滴水沟,表明墙顶曾经盖瓦以防雨水,且墙头瓦顶出檐达0.5米左右。各面围墙中央均辟大门,四座门形制相同。大门总宽约27米,门中间门道称"隧",宽4.5米、长12.5米。门两侧夹屋称"塾",塾宽7.65米、长11.95米。两塾之内均以横向隔墙分隔为前、后两部,形成四间,这与《尔雅·释宫》中"一门而塾四"的记载相符。四塾均在靠院墙处开门。塾靠近门道一侧有1.2米宽铺砖地面,另三侧有宽1.6米的廊道。隧内前后居中处置门,隧门与两塾中间的隔墙在同一条连线上,宽亦1米。门址周围都施宽1.6米的方砖散水,这个距离大致为门上屋檐伸出的长度。

围墙四隅内侧各有曲尺形建筑一座,其大小、形制相同,每边长约47米(十开间),进深5米,后檐为墙,前檐为敞廊,廊外有卵石散水,散水之外为铺砖路面。从形制和尺度上推测,应为辅助性用房。围墙内是空旷的广庭,院内东南角有一水井,井口径1.38米、深5.8米,底部井壁尚有陶质井圈。

广庭中央有一个直径62米、高0.3米的圆形夯土基址，主体建筑就建造在圆形夯土基址之上，台上遗有大量汉代砖瓦残片，表明当时台上曾有覆瓦建筑。台东部已被唐代河道打破，但根据其对称布置仍可得知它的布局概况。主体建筑平面呈"亞"字形，坐北朝南，每面总长42米。建筑中央为边长16.5～17米的大夯土方台，即文献所说的"太室"或"通天屋"。方台的四面凸出面阔均为

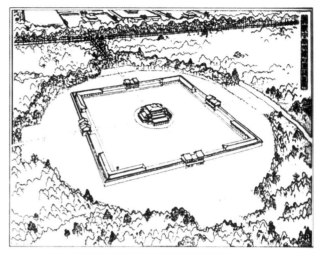

图5.3 西汉南郊礼制建筑辟雍遗址总体复原鸟瞰图

八间(23～24米)，中部均有面阔四间、进深一间半(3.4米)的前堂，其后建面阔四间的后室，前堂为方砖铺地，后室地面涂朱。每面前堂的左右均设面阔两间的"个"，前堂置二阶，左右"个"各置一阶。主体建筑四隅各置4米见方的夯土墩，绕墩外侧建曲尺形回廊。

有学者认为，所谓明堂，即指方形围墙以内的建筑和场所，包括主体建筑、圆形夯土台、方形院落以及院落四面的房屋、门和围墙。辟雍指明堂外的圆形场地和外环水沟，"如璧之圆、雍之以水"。② 一些学者根据考古发掘资料及历史文献，对明堂辟雍作了种种复原的设想，现择其中之一以供读者参考（图5.3）。

汉长安城明堂辟雍对后代有着重要而深远的影响。其一，明堂辟雍的平面大体上以方和圆为母题图形相互套合而成，颇符合我国古代的天圆地方的宇宙观，"上圆象天，下方法地"，西汉以后的明堂都采取了上圆下方的形制；其二，西汉明堂辟雍的位置在都城长安城安门以南约1.5公里处，位于未央宫中轴线向南的延长线上，与宗庙夹道东西相对，此后汉魏洛阳城和北魏平城的明堂、辟雍均建于都城之南；其三，汉长安的明堂与辟雍合为一体，北魏平城和唐洛阳城明堂均如法炮制。

---

① 唐金裕. 西安西郊汉代建筑遗址发掘报告. 考古学报. 1959 (2).
② 杨鸿勋. 从遗址看西汉长安明堂(辟雍)形制. 建筑考古学论文集. 北京: 文物出版社, 1987.

第二节

汉长安宗庙

中国古代皇帝有建宗庙的传统。先秦宗族祖庙通常立于都城之中，秦始皇曾将大朝信宫更名为极庙，使其成为举行隆重祭天活动的礼制建筑，然后用一条甬道把它和骊山陵连接起来，把信宫作为始皇之庙。① 秦始皇崩后：

> 二世下诏，增始皇寝庙牺牲及山川百祀之礼，令群臣议尊始皇庙。群臣皆顿首言曰：古者天子七庙，诸侯五。大夫三，虽万世不轶毁。今始皇为极庙，四海之内皆献贡职、增牺牲，礼咸备，毋以加。先王庙或在西雍，或在咸阳。天子仪当独奉酌祠始皇庙。自襄公以下轶毁。所置凡七庙，群臣以礼进祠。以尊始皇庙为帝者祖庙。

其中的"始皇庙"、"帝者祖庙"均指极庙。

西汉时期，长安城附近建设了较多宗庙。西汉初年，在汉长安城中修建了太上皇庙（汉高祖刘邦父亲的宗庙）、高庙（汉高祖刘邦庙）和惠帝庙。后来，又在长安城外东南部营建了汉文帝的顾成庙（汉文帝庙）。据文献记载，汉惠帝为高祖刘邦所立高庙"在长安城中西安门内东太常街南"②，另有寝庙在桂宫北，高庙"盖地六顷三十六亩四步，祠内立九旗。堂下擅千石钟十枚。声闻百里"③，可见其规模不小。汉惠帝每月将高祖衣冠自寝庙中运出，游历到高庙受祭。后来惠帝乃听从叔孙通关于子孙不应在宗庙道上行的意见，在渭北长陵旁又专立"原庙"④来祭高祖，自此确立了西汉一代的"陵旁立庙"的制度。自文帝以后，西汉皇帝不再在长安城附近筑帝王庙，均于帝陵旁立庙，因此京城附近的帝陵之旁建筑了一批帝陵陵庙，如汉文帝陵顾城庙，景帝阳陵的德阳庙、武帝茂陵的龙渊庙、昭帝平陵的徘徊庙、宣帝杜陵的乐游庙、元帝渭陵的长寿殿、成帝延陵的阳池庙等。根据《汉书·韦贤传》记载,当时"京师自高祖至宣帝,与太上皇、悼皇考,各自居陵旁立庙,并为百七十六",可见庙宇之多。

西汉末年王莽专政时,又在长安城进行大规模建庙活动,其中最重要一组就是在都城南郊建的宗庙。考古工作证实,在今西安市未央区三桥镇发掘的一组汉代建筑群,即为王莽时期建造的宗庙遗址。这组宗庙位于汉长安城南郊,在未央宫向南延伸出安门和西安门的中轴线之西,北距汉长安城南城墙1200米。这组宗庙由12座规模相仿布局相同的建筑院落组成。其中1座位于宗庙建筑群中轴线南端,另外11座被围墙围在一个更大的方形院落中,大院落的南墙与南端小院落的北墙相距10米。北面大院边长1400米,之内的11座建筑院落排成南北3排,中间一排有3座,南北两排各4座。

除南端一组院落内外垣边长为100米、280米外,北面大院之内的11座小院落内外垣边长均为55米、270~280米。每座建筑院落的形制基本相同,其平面皆呈"回"字形布局,沿纵横两条轴线的四面对称。外圈是方形夯土围墙,每面中央辟门,墙内四隅为曲尺形配房。在庭院中央是主体建筑,是平面呈"亞"形的四面对称的高台建筑,每面中间为太室,四隅凸出部分为夹室,太室和夹室象征着五行(木、火、土、金、水)。太室和夹室平面均为方形。太室边长27.5米,其面积占中心建筑的一半。夹室边长7.5米。太室的四面各有一厅堂,正对着四门通道。根据文献记载,太室东西南北四面的四个厅堂分别名为"青阳"、"总章"、"明堂"、"玄堂"。每个厅堂的两边各有一间小房子,称为左右"个"室,四厅堂之间还有绕过四夹室的廊道相连。每个厅堂的前檐下各有三个平面方形、边长2.8米的夯土台,夯土台前有铺砖道路相连,铺砖道路与中心建筑外围小院落的四门相对。考古工作者还发现,中心建筑室外四周环绕卵石铺装的散水,中心建筑室内的墙壁上刷了粉白颜色,墙基部分饰有红色壁带,地面涂有朱红色。

---

① 《史记·秦始皇本纪》中提到:"二十七年(公元前217年)始皇……作信宫渭南,已更命信宫为极庙,象天极。自庙道通骊山,作甘泉前殿。筑甬道,自咸阳属之。"
② 三辅黄图.
③ 汉旧仪·卷一.
④ 汉书.卷四十三.叔孙通传.

小院落四周院墙宽4.5米，每面院墙中央开一门，门中心点距院落中心均为135米。四门形制、大小相同，均由门道、左右塾组成。门道宽5.4、长13.6米，门道前后居中处置木门槛、装木门。门道左右为塾，左右塾大小、形制相同，长13.6、宽10.5米。二塾前后居中处有一墙，即文献所称的"墉"，将左、右塾分隔成前后两部分，形成了一间四塾，即左前塾、左后塾和右前塾、右后塾。塾外有铺砖廊道和卵石散水，门道为朱红色草泥地面。院子四门根据东西南北方位不同，分别出土有青龙、白虎、朱雀、玄武图案的瓦当，证实了文献中关于"四神分司四方"的记载 。①

对于这组宗庙建筑遗址的主人，学界也有争议。有的学者认为它是王莽"九庙"故址，即王莽为祖先所立的宗庙，有点类似于历代帝王庙。《汉书•王莽传》中记有九庙，遗址中多出的三庙可能为新庙：一庙是王莽自留，另两庙是王莽预留给子孙有功德为祖宗者 。②

九庙：一曰：黄帝太初祖庙；二曰：帝虞始祖昭庙；三曰：陈胡王统祖穆庙；四曰：齐敬王世祖昭庙；五曰：济北路王王祖穆庙，凡五庙不堕云；六曰：济南伯王尊祢昭庙；七曰：元城孺王尊祢穆庙；八曰：阳平顷王戚祢昭庙；九曰：新都显王戚祢穆庙。殿皆重屋。太初祖庙东西南北各四十丈。高十七丈，余庙半之。为铜薄栌，饰以金银琱雕文，穷极百工之七巧。③

也有学者从其"基址数目、排列组合关系、建筑规模、年代、地理方位等"分析，认为这组宗庙是王莽在篡汉前为汉室兴建的"祧庙"，即汉室十二帝的祖庙：南边最大的建筑为高祖庙，其北大院中的十一座庙，南排四座庙由西向东依次为惠帝庙、吕后庙、文帝庙和景帝庙，中排三座庙由西向东依次为武帝庙、昭帝庙和宣帝庙，北排四座庙由西向东依次为元帝庙、成帝庙、哀帝庙和平帝庙④ 。

从现有资料看，汉长安城及其附近的汉代宗庙拥有以下几个基本形制特点：

第一，宗庙的院落平面均呈方形，边长约两百多米。已发掘的十二座宗庙遗址，从主体建筑到各自院子围墙，其平面均呈方形，北面大院子和南面小院子的平面亦为方形。

第二，宗庙的主体建筑平面亦呈方形，最大的边长在百米左右，其他大多边长在50～60米左右。汉宣帝杜陵陵园东北的陵庙遗址经勘探，主体建筑基址东西63米、南北66米。汉昭帝平陵东南孝昭庙遗址，其主体建筑基址东西56米、南北60米。汉长安南郊宗庙的主体建筑的边长大多也在50～60米左右，与椒房殿正殿、孝宣王皇后陵寝殿和桂宫二号建筑的主殿尺度相近。

第三，汉代皇家建筑通常围绕主体建筑，将主体建筑围合保护在院落中央。宗庙四周筑有围墙，形成墙殿式的院落格局，其布局与宫城和陵园十分相似，四面各辟一门，门的形制及大小与陵园的门亦如出一辙。

---

① 中国科学院考古研究所汉城发掘队. 汉长安城南郊礼制建筑遗址发掘简报. 考古, 1960 (7).
② 黄展岳. 汉长安城南郊礼制址筑的位置及其有关问题. 考古, 1960 (9) // 黄展岳. 关于王莽九庙的问题. 载于: 考古, 1989 (3).
③ 汉书. 卷九十九. 下. 王莽传.
④ 王恩田. "王莽九庙"再议. 考古与文物. 1992 (4).

第三节

汉长安社稷坛

社稷是对"地母""土地""国土"的崇拜。社稷实际就是"社",因为周人以其祖先后稷配社,所以有了社稷之称。

西汉初年,约公元前205年,长安城营建伊始,高祖刘邦下令"令民除秦社稷,立汉社稷"①,在长安南郊立官社,位于宗庙之西。未央宫宫城有条南北轴线,轴线向南延伸,穿过西安门出城一直伸向南郊,这应是汉长安城中最重要的轴线。汉社稷与宗庙即对称分布于在汉长安城西安门南处的南北轴线大道的东西两侧。

到西汉中期平帝元始五年(公元5年),采用王莽的建议在官社南边新筑了官稷,"于官社后立官稷,以夏禹配食官社,后稷配食官稷。稷种谷树。徐州牧岁贡五色土各一斗"②。

从考古发掘资料来看,官社由建于大夯土台基上的主体建筑和四周廊庑建筑组成。夯土台基现存残高4.3米,东西残长240米,南北宽70米,平面为东西窄长方形。主体建筑已遭平毁,仅存庑廊遗迹。依发掘知该建筑始建于西汉初,中期重修,废弃于西汉之末。

王莽官稷的遗址在官社的西南边,其平面呈"回"字形院落形式,内外两重垣平面皆为方形,边长分别为273米与600米。内外圈四面墙中央各辟一门,门的形制与宗庙和明堂辟雍的方形院子四门相同③。官稷中央未发现建筑遗迹,有学者推测是未及修建而王莽政权既已覆灭之故,也有学者推测是因为中国古代社稷有以"树"为祭祀对象的习俗,所以官稷之中没有房屋建筑,而是在中央种植"谷树"(即楮树),作为对稷神的祭祀,这与东汉洛阳社稷的"在宗庙之右,皆方坛……无屋,有墙门而之"④形制相同。其实从汉代一些地方坛社图像中,也可以看到社坛中种树的迹象。比如，河南郑州汉代墓砖，图案有以篱垣包围土丘的形象，丘上植一高大社树，树上双凤并栖，树下两侧立华盖。内蒙古和林格尔东汉壁画墓后室之棺床附近，绘有一座环以垣墙的方形平面庭院，其前墙中央敞开。左、右各立三重檐的阙楼，前垣两角建角台。庭院正中种了一棵枝叶繁茂的大树，其旁注以墨书："立官桂□"（□应为"树"）。估计也是一处以大树为神主的社祭建筑。辽宁辽阳市徐往子及陕西勉县老道寺所出土的汉代陶明器中，有四周围绕卧棂勾阑的方台形象，前者台面平坦，中央辟一大圆孔，孔旁的台面满刻长方形纹格，像是地面铺砖；后者台面被一平顶圆锥体全部占据，似为社垣中央的土丘形象，土丘上部平顶中央亦置一圆孔，疑为社树的树洞。这些疑似社坛的图像中，坛内除了围墙围栏、方台土丘及植于中央的社树（表社神主）外，没有其他建筑物，由此亦可见其奉祀仪式乃以露祭为主。

因为社稷是国土之象征，所以古代往往立国先立社稷，使社稷与宗庙并列为"国之所重"。改朝换代的时候，社稷则成为主要的被破坏对象，往往国亡则社稷废，因此极少有社稷遗址保存至今，西汉长安城社稷遗址是目前考古发现的中国古代唯一的社稷遗址。

---

① 汉书. 卷一. 高帝纪. 上.
② 汉书. 卷二十五. 下. 郊祀志.
③ 雒忠如. 西安西郊发现汉代建筑遗址. 考古通讯, 1957 (6).
④ 后汉书·光武帝纪. 注引: 续汉志.

第四节

汉长安其他礼制建筑

据文献记载，作为都城的礼制建筑，汉长安城附近除上述明堂辟雍、宗庙、社稷外，还有南北郊（即天郊、地郊）、灵台、太学、五帝庙、天齐公祠等。

一、天郊和地郊

天郊，即祭天的场所。汉初祭祀天帝于雍五畤。汉成帝时，儒学逐渐取得了正统地位，开始对郊礼禅坛采取了一系列变革措施，废除汉初祭天帝的雍五畤，将武帝时立的甘泉泰畤（天郊）和汾阴后土祠（地郊）徙置于长安，在都城南郊祭天，北郊祭地，等等。虽然后来变革受到挫折，但到汉平帝时，终于确立了南郊祭天、北郊祭地的制度。

建始元年（公元前32年），汉成帝根据匡衡建议将原来武帝时立的甘泉泰畤迁到都城长安南郊，于长安城南郊建圆丘。古人认为天是圆的，所以祭天的场所被称为"圆丘"或"圜丘"，而且选择圆形的土丘。《三辅黄图》记载，汉代圆丘"高二丈，周回二十步"。

地郊，即祭地的场所。元鼎四年（公元前113年），汉武帝立后土于汾阴（今山西万荣西南）。建始元年与天郊同时迁到长安，地郊后土被迁到长安城北郊。

一般来说，天郊、地郊分别于都城南、北进行祭祀。天郊和地郊主体建筑形制不同，前者为圆丘形，后者为方丘形。直到王莽当政时期对郊礼制度进行了进一步的改革，将天、地合祭于都城长安之南郊，此制为后世沿用至明代。

二、灵台

灵台是皇家观测天文天象之所在，与礼制活动密切相关，是历朝皇家坛台祠庙的重要组成之一。据《三辅黄图》载："(西汉)灵台在长安西北八里。始曰：清台，本为候者观阴阳天文之变。(后)更名曰：灵台。"可知汉代灵台初称清台，后更名为灵台，位于汉长安西北八里。西汉长安灵台遗址还未发现，其具体建筑形制尚不清楚，但从不久后修建的东汉洛阳灵台或可窥见一二。

汉魏洛阳城灵台遗址位于都城南郊，占地面积4400平方米(南北220米×东西200米)。院落平面近方形，沿院落周边建围墙，院子中心为主体建筑，建筑中央是一个夯土高台，台基平面方形，边长50米、残高约8米。有学者根据考古资料推测，主体建筑方面亦为方形，中央构筑三级阶形夯土方台，殿堂廊屋环绕夯土阶台而建，与西汉长安辟雍及王莽宗庙基本同一风貌。

三、太学

据《两京新记》记载，汉长安城的太学在明堂辟雍西边。有的学者认为先秦时期的辟雍就是教育场所，到汉代增设太学作为国家最高学府、专门的教育机构，与明堂辟雍一起被视为礼制建筑，所以与辟雍一起放置在长安城南郊。根据《汉书》记载，汉武帝时兴办太学，太学规模逐渐扩大，学生数量到成帝时已增至三千人，到西汉末年多达一万余人，学生宿舍有"万区"之多。

西汉长安城太学遗址尚未究明。

四、五帝庙、天齐公祠遗址

汉长安南郊七里塬有一组汉代大型建筑遗址，考古推测为西汉五帝庙遗址，面积约30万平方米，遗址内包括了五座覆斗形夯土基址，呈"十"字形分布，间距约550米。每座基址底部边长10～21米、残高4～8米。基址附近发现大量汉代砖瓦棚柱础、陶水管道、散水卵石。

帝为天上东、西、南、北、中五方之帝。汉代诸神祭祀中，以五帝最尊贵。汉文帝前元十五年春（公元前165年），赵国方士新垣平说长安东北有神气，成五采，文帝于是命人在渭阳作五帝庙以祭祀五帝。史载五帝庙"同宇，帝一殿，面各五门，各如其帝色也"[①]。也就是说，渭阳五帝庙在一个庙内按照五个方位各设一殿，分别供奉五帝，每座殿门的颜色与其中帝色相同。这是按照五方五色对应原则而建造的一组谨严有序的建筑群，与雍五畤及五帝坛按照五个方位祭祀五帝的方法一脉相承，各方位的用色"各如其帝色"，这种五方五色对应的基本形制为两汉及其后的重要礼制建筑普遍采用。《史记》中还提到"五帝庙南临渭，其北穿蒲池沟水，权火举而祠若光辉然属天焉"。也就是说，庙南有渭水，庙北凿池穿沟引水。[②]夜间燃烧权火（即篝火）祭祀，火焰缭绕冲天加之水面映照，光辉灿烂的景观仿佛到了天国。这里描述的是五帝庙行夜间郊祀以见渭阳五帝的隆重用火仪式的场景。

五帝祠遗址以西480米还有西汉时代祭天的天齐公祠遗址，现存一古代挖造的人工土坑。土坑平面呈圆形，口径260米、底径170米、深约40米。土坑北壁有一方形通道。坑底为平坦的人工踩踏硬面。坑内堆积中发现少量汉代瓦片，而坑侧发现多处汉代瓦砾堆积。

五、太一祠坛等

汉武帝笃信神仙方士之说，为祭祀道家和阴阳家的至上神祇太一，汉武帝时立太一祠坛于长安东南郊，史载"放薄忌太一坛，坛三垓。五帝坛环居其下，各如其方，黄帝西南，除八通鬼道……"[③]"坛八觚，神道八通，广三十步"[④]，这是汉代长安城郊的第一座太一坛。到汉武帝元鼎五年（公元前112年），又令祠官建泰畤于甘泉，以祭太一。"甘泉泰畤紫坛，八觚宣通象八方。五帝坛周环其下，又有群神之坛。以《尚书》禋六宗、望山川，遍群神之义。紫坛有文章采镂黼黻之饰及玉，女乐、石坛、仙人祠……"[⑤]可以窥见其郊坛的组成更加复杂。《史记·封禅书》中也提到一些武帝时其他一些祀神建筑，如武帝上林苑蹏氏观，以祭祀长陵女子神君；甘泉宫台室，画天地、太一诸鬼神，配备祭具以致天神居；北宫中的寿宫，"张羽旗，设供具，以礼神君"；长安蜚廉观、桂观等以应"仙人好楼居"；另有甘泉宫益寿观、柏梁台、铜柱及仙人承露盘，等等。

西汉末年诸帝仍然笃信鬼神，所以祠神、求仙、甚至包括求嗣、祈寿等活动仍然兴盛，如"成帝末年，颇好鬼神，亦以无继嗣，故多上书言祭祀方术者，皆得待诏。祠祭上林苑中，长安城旁，费用甚多"⑤，"哀帝即位。寝疾。博征方术士，京师、诸县皆有侍祠使者。尽复前世所常兴诸神祠宫，凡七百余所，一岁三万七千祠云"⑥。

小结

总的看来，汉长安的礼制建筑有以下一些特点：

第一，汉代礼制建筑的主体建筑及其院落平面多以方形为母题。如汉长安城南郊宗庙的12座主体建筑及其各自的院落，昭帝平陵陵庙、宣帝杜陵陵庙的主体建筑，西汉官稷遗址的内外两重院落遗址等，平面均为方形。西汉帝陵的陵墓封土、陵园平面一般为方形。形成了方形中心建筑外围绕方形院落的基本模式。

第二，都城礼制建筑中以南郊宗庙和社稷最为隆重。它们东西对称地分布于未央宫中轴向南延伸的大道两侧，汉长安没有都城中轴线，皇宫中轴线即最重要的礼制轴线。这种"左祖右社"的布局模式对后代影响深远，祖（宗庙）和社（社稷）作为都城最基本的礼制建筑，一直延续到明清。

第三，宗庙、社稷、明堂辟雍等礼制建筑的形制有颇多相似之处。院落四向辟门，门为一门二塾，院内四角各置曲尺形建筑。主体建筑四面设阶，每面三阶，卵石散水环绕主体建筑。

---

① 史记. 卷二十八. 封禅书.
② 按：多有学者解释"蒲池"为池中种蒲，或疑蒲字为"满"，指池水较满。也有疑蒲字为"蘭（兰）"者，恰渭北咸阳有兰池，"穿兰池沟水"即指穿沟引渭水入兰池。
③ 史记. 卷二十八. 封禅书.
④ 何清谷. 三辅黄图校释. 北京：中华书局，2005.
⑤ 汉书. 卷二十五. 郊祀志(下).
⑥ 汉书. 卷二十五. 郊祀志.

第五节

隋唐长安宗庙和社稷

隋文帝建大兴城（唐长安）时，恢复周汉以来的汉文化传统，依都城"左祖右社"的制度，仍将太庙和社稷分列于皇城南的东西侧。社、稷并列于皇城南含光门内之右①，太庙应在皇城南安上门内之左。以后各代均遵循此制。

隋大兴的太庙是从北周长安故城中移建而来，始建于隋文帝开皇元年（582年），到唐开元五年（717年）塌毁，历时135年。《隋书》记载，隋太庙沿用魏晋以来"同殿异室"的制度，立四室以祭祀父以上四世祖宗。有学者从北齐制度推测②，太庙大殿应为八或九间，内设四室；四面皆有面阔五间的门屋，中央三间装门。辅助性的廊舍建在东门之外。

唐初沿用隋太庙。635年高祖李渊死后祔庙，改太庙为六室。唐中宗景隆四年（710年）又改长安太庙为七室。后来唐帝中两次出现兄弟相承帝位的情况，七室不够用了，唐玄宗开元十年（722年）改为九室，以兼容中宗、睿宗兄弟。其间"安史之乱"中长安太庙一度被毁，唐还都后重建。唐宣宗大中元年（846年）为兼容敬宗、文宗、武宗，"于太庙东间添置两室，定为九代十一室之制"，此时太庙大殿共十一室，面阔二十三间，进深十一架，是一座长条形的巨大的建筑。③

唐代奉李耳为远祖，玄宗天宝元年（742年）尊为大圣祖，号玄元皇帝，在长安太宁坊建太清宫以祀李耳，具有太庙的性质。史称太清宫正殿"十二间，四柱，前后各两阶，东西各侧阶一"④。此外，在太清宫之东还有御斋院，宫之西有公卿斋院。唐开元十年（722年）增建的九室太庙应与此相似。有学者据文献推测，唐长安的九室太庙正殿面阔十一开间，进深四间，单檐庑殿屋顶，用鸱尾。太庙正殿建在高大的二层台基上（下为陛，上为阶）。殿的前后方设东西两阶，东西方各设一侧阶。殿内前部通敞，为祭祀之所，后部隔成小室，内置神主。依文献记载，太庙殿前的庙庭宽广，从殿门到殿基超过72步（合今15.8米左右）。殿有三重围墙，四面均有面阔五间的门屋，开三门，内重墙内侧建回廊，四角建有一母二子的三重角阙[5]。在太庙东门之外建有斋坊。

隋大兴（唐长安）在皇城南面偏西的含光门内西侧建社稷以祭祀土地神和五谷神，两坛并列，社东稷西。社坛正中心埋一方锥形石块，称为"社主"。坛顶面上布土，按照五方所对应的五色，四周为青、红、白、黑，中央为黄，以象征王者覆被四方。

---

① 隋书. 卷七. 志第二. 礼仪二："社、稷并列于含光门内之右".
② 傅熹年. 中国古代建筑史（第二卷）. 礼制建筑. 宗庙. 北京：中国建筑工业出版社，2002.
③ 旧唐书. 卷二十五.
④ 长安志. 卷八：太宁坊太清宫条原注.
⑤ 旧唐书. 卷二十二志第二. 礼仪二："永徽三年六月内出明堂九室样，有司奏言云：……殿门去殿七十二步，准今行事陈设，犹恐窄小，其方垣四门去堂步数请准太庙南门去庙基远近之制，仍立四门、八观。依太庙，门别各安三门，施玄阑。四角造三重魏阙。"

第六节

隋唐长安的明堂方案

从上述汉长安明堂辟雍我们获知,明堂是古代皇帝明正教宣教化的场所。南北朝时明堂被说成是皇帝祀上帝及五帝的殿堂,祭祀时还要以本朝列祖列宗配飨,以表示该王朝的皇权受命于天,是进行天人交流的重要场所,所以每代王朝的都城初建,大都把在都城建明堂当做大事。作为统一强大的隋唐帝国之都,隋、唐长安中的明堂建设尤其受到重视。

隋文帝开皇三年(583年),儒臣牛弘就建议依古制修立明堂,并提出五室明堂的方案。隋文帝认为当时全国尚未统一,诸事草创,没有同意。开皇九年(589年)隋统一全国,593年下诏议建明堂,牛弘又重新提出五室方案,宇文恺在此基础上制作了模型,隋文帝十分赞赏,下令在大兴城安业里择地兴建,但因随后儒臣间爆发的"五室"、"九室"不同方案之争而喊停。隋炀帝时,宇文恺又撰《明堂议》,解释明堂的渊源和自己的方案,并制作了1/100的木模型,再次得到炀帝赞同,却因正在发动侵高丽的战争而搁浅。

唐太宗在贞观五年(631年)、十七年(643年)两次命儒臣讨论明堂制度,也因争议不决和侵高丽战争而暂停。高宗继位后又拟建明堂,永徽三年(652年)提出九室的方案,多次讨论未果。668年高宗甚至改元"总章"(总章古时曾为明堂之称,后为明堂之西室名,为天子之室。取西方总成万物而章明之意),以表建明堂的决心。总章二年(669年)提出新的方案,避开"五室"、"九室"的问题,用古代各派说法和尺寸,比附大量阴阳五行说法和数字来附会新明堂方案,但儒臣仍然各执己见争论不休,以致终高宗之时也未能建起明堂。

所以,关于隋唐长安的明堂,曾经有过三个比较突出的方案,但都没有实现。与上述三个皇帝的做法截然相反的是,武则天称帝后,再不理会儒臣争论,

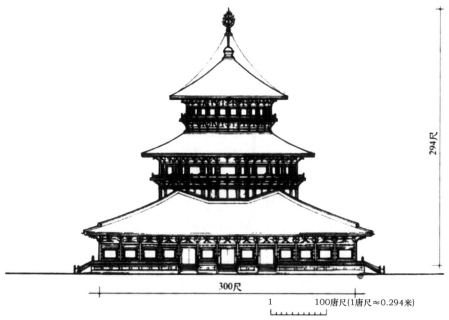

图5.4 唐洛阳宫武则天明堂立面复原示意图

自作主张拆乾元殿建起了明堂，成为隋唐时期建成的第一座明堂，这跟武氏迫切需要建明堂以表示武周的合法性有关，在武氏的高压下，儒臣们也都不敢再争，洛阳明堂很快得以建成。（图5.4）虽然隋唐长安的明堂始终没有建成，仍然不妨介绍一下那三个曾经停留在图纸上的建筑，以窥见都城明堂的形制。

一、隋牛弘、宇文恺方案

隋代牛弘和宇文恺的明堂方案十分接近，都主张上圆下方：下层是个边长144尺的方堂，上层是个直径90尺的圆屋。下层的方堂每面七间，每面开两门，共有八门。方堂内共有五室，四面正中为明堂、玄堂、青阳、总章四室，面阔各三间(约60尺)，进深各二间(约42尺)；中间太室方三间(约60尺)，四角方约42

尺，用做夹室和巷道。上层的圆屋称通天屋，直径90尺，四面有门。不同的是牛弘的明堂方案是重檐庑殿顶（即四阿重屋）。（图5.5）

此方案在数字的象征意义上煞费心思。比如，边长和直径取60尺、90尺是要表示阳（九）在上，阴（六）在下的意思；边长144尺、楣长216尺两个数字源出《易·系辞》，都在比附9和6的倍数，为象征乾坤和阴阳的缘故。

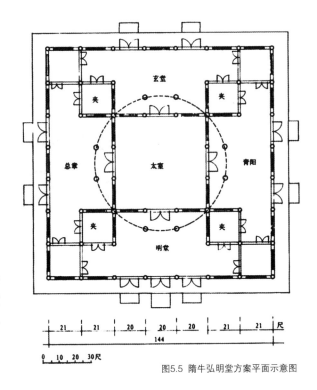

图5.5 隋牛弘明堂方案平面示意图

而明堂上下层平面为方形外接圆的图案，则更反映出古人"天圆地方"的观念。这里以圆代表阳、乾、天，以方代表阴、坤、地，用方形外接圆的图案象征天圆地方。它可以认为是古代玉琮的图形，旨在表达天人交通。明堂院落围墙为正方形，外有圜水，也是方外有圆的几何母题。

有学者据文献记录绘出下层方殿的平面图。建筑家宇文恺还对其方案制作了1/100的木模型。

二、唐高宗永徽明堂方案

这是唐高宗永徽三年（652年）提出的一个主张明堂九室的方案，根据唐宫廷提出的"内样"和有司（工部尚书阎立德）的意见修改而成。有学者据文献记载画出其平面图。明堂上圆下方，下层方144尺，内辟九室。太室居中，方60尺，每边面阔三间；太室四面建明堂、总章、玄堂、青阳四室，均面阔三间（60尺），进深两间（24尺）；四角各有一室，方42尺。上述共计9室，做九宫格状，九室外有宽18尺的一圈回廊，周回有36棵柱。下层平面总计边长9间（144尺），即每面正室三间（60尺）、每角2间（48尺）及两侧廊道各一间（36尺）。（图5.6）

明堂的上层平面为圆形，有学者推测其直径也应是90尺，屋顶为方形重檐四阿顶，明堂总高为111尺（30尺+81尺）。明堂台基为八角形，高9尺，方248尺，四面皆有东、中、西三条台阶。明堂四周有很大的庭院，院四面有墙，墙正中辟黑色大门，四角建有三重子母阙。

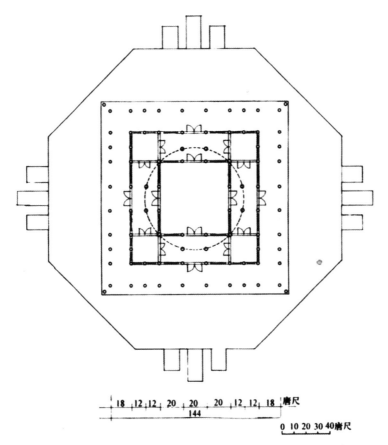

图5.6 唐永徽明堂方案平面示意图

---

① 旧唐书. 卷二十二. 永徽三年六月. "内出九室样……有司奏言"条.

除九室的平面布局稍有不同外，永徽明堂方案的整体尺寸与基本数据如方144尺、圆楣径216尺、高81尺等与隋牛弘的五室明堂方案大体相同。

三、唐总章明堂方案

这是唐高宗总章二年（669年）避开"五室"、"九室"之争，不提几室的方案，有学者据文献记载画出其平面图（图5.7）。明堂下层方九间（共171尺，每间19尺），中央太室方五间，太室外四正面为青阳、明堂、总章、玄堂四室，面宽都是五间，进深各两间。四角为夹屋。上层屋顶为圆形，台基为径280尺的八角形，四个正面每面三阶。

总章明堂方案实际上也是一个五室方案，但它突破了蔡邕所记方144尺，高81尺的制度，尺度比牛弘、永徽二方案加大，主室也由面阔三间拓为五间。

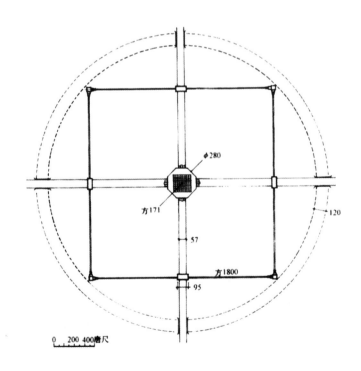

图5.7 唐总章明堂方案总平面示意图

第七节

隋唐长安郊坛和家庙

西汉长安即已在南郊建有圆丘以祭天,此后都城多在城南建圆丘,在城北建方丘,以祀天地,郊祀成为国家大典。隋代圆丘建在大兴城南门外大道东两里处。丘高四层,底径二十丈,以上三层逐层直径减五丈,到顶层径五丈。每层均高八尺一寸,四层通高三丈二尺四寸。圆丘外建有两重圆形墙墙,四面开门。唐长安仍沿用此圆丘,但改为内、中、外三重墙墙,文献所记[①] 和遗址情况相对应,圆丘的每两层平台之间修有十二阶踏步,以合十二天干之说。(图5.8~图5.11)

图5.8 唐长安城天坛遗址保护工程完工后现状

---

① 通典. 卷一百零九. 礼六十九. 开元礼纂类四. 吉一. 皇帝冬至祀圆丘.

图5.9 唐长安城天坛遗址

图5.10 唐长安城天坛遗址的坛顶

图5.11 唐长安城天坛遗址木梯

　　隋大兴（唐长安）的方丘在宫城之北十四里，高两层，平面方形，八陛。比南北朝时底大顶小、四壁内收的一层方坛在层数和规模上都有所增加，以示隆重。

　　此外，隋唐长安的高级官员还建有一些家庙，大多建在城南诸坊，但实物无存。家庙的进深不得超过八椽（九架），面阔五间至七间，歇山屋顶。庙中间通常为室，室四周有一圈通廊环绕。庙周有围墙，开东门、南门，庙中常种植有松柏和白杨。三品以上的家庙东门外建有神厨和斋院。

第八节

其他礼制建筑

唐以后,城中仍有些祠庙建设,但国家级的重要礼制建筑不再,而以民间祠庙居多,规模都比较小,如文庙(宋—清)、东岳庙(宋)、都城隍庙(明)、财神庙(明)等,周边地区的祠庙如太史公祠、武侯祠、周公庙等。其中有的也属道教建筑(如东岳庙)或民间宗教建筑(如财神庙),有的虽然形制无考但性质仍有些延续(如西安碑林)。

西安碑林位于西安市三学街15号,其所在地即北宋时的文庙旧址。唐末已有将重要石碑集中于文庙内保存的做法,北宋元佑二年(1087年)延续此法,将

图5.12 西安碑林博物馆

《开成石经碑》等重要石碑置于文庙之内。自北宋末年开始起,陆续有人将众多石碑收集于此供人们观赏研习,到清代才有"碑林"之称。1944年西安碑林博物馆成立,成为我国收藏古代碑石时间最早、名碑最多的博物馆,为中国三大碑林

图5.13 西安碑林照壁

图5.14 西安碑林牌坊

之一。西安碑林保存至今的照壁、牌坊、泮池、棂星门、华表、戟门、碑亭、两庑等多为明清的建筑,并遵循着文庙固有的建筑格局,组成了一个绿树掩映、古朴典雅的庭院式建筑群。(图5.12~图5.16)

图5.15 西安碑林博物馆内的碑林

图5.16 西安碑林棂星门与泮池

西安荐福寺小雁塔

第陆章

名刹古寺遍长安
——西安历史上的宗教建筑

西安历史上的著名宗教建筑特别是佛寺不胜枚举，隋唐以前创建的已有些许名寺如兴善寺、水陆庵、卧龙寺等，唐以后仍有间续的建设如宋代的安庆寺、清代的广仁寺等，但绝大部分乃始建于隋唐。

隋唐时期，佛教空前繁盛，长安城中寺塔道观林立，高僧名道辈出，宗派教派纷呈，虽留至今日的建筑实物甚少，但根据文献记载已足见佛寺道观之繁华。诸多巨大壮观的佛寺道观，不仅在全城地势和空间上起到了对全城的呵护作用，在视觉上也塑造了长安城丰富的景观轮廓线，而在城市生活中也成为了城中各个区域活跃的宗教文化中心。此外，作为文化交融之地，隋唐长安也有伊斯兰教、祆教、景教、摩尼教等其他外来宗教的建筑。

据《长安志》转引唐韦述《两京新记》说唐开元时，长安有僧寺64，尼寺27，道士观10，女观6，波斯寺2，胡天祠4，共113所，超过每坊一所。此外还有低一级的经坊、村佛堂之属，由此大抵可知其时都城宗教建筑中佛寺比重最大。

现存佛寺道观和宗教祠宇多为明清乃至新中国成立后在隋唐寺观基址上所建之建筑，虽规模形制较隋唐令人咂舌的巨大寺观大为逊色，但仍保留着一些穿越时空的珍贵信息，使人可以管窥昔日巨寺的殊胜景象。于是这些存留至今的佛教、道教以及伊斯兰教寺观等，成为了今日西安旅游观光不可不访的胜地。

第一节

隋唐长安的佛教建筑概况

佛教自西传入中土,一般说是在汉明帝时期。作为东西文化交流的"丝绸之路"的起点,长安无疑是佛教初传的地理要冲。西行求法最早的朱士行和成绩最显著的法显,都从长安出发。长安内外,也已有佛寺建设,如著名的法门寺相传创建于东汉,大兴善寺相传创建于西晋初的泰始年间。前秦、后秦时,长安的佛教已很兴盛。前秦苻坚迎高僧道安于长安五重寺,后秦姚兴迎鸠摩罗什于长安草堂寺,讲经授法译经布道,盛况空前。北朝普遍崇佛,长安修寺建塔亦风靡一时,虽寺已难考,但从近代以来西安地区不断有北朝佛像出土,即可见其一斑。

隋文帝统一中国后复兴佛教,通过诏令修立佛寺,都城大兴更是建寺的重点。隋文帝立都之时,便出寺额一百枚,任取修造。① 至大业初,都城中已有佛寺120所。其中有不少规模巨大的佛寺,如大兴善寺、大庄严寺与大总持寺等,寺院基址占半坊到一坊之地,相当于一座小城。靖善坊大兴善寺是隋文帝首立之寺,尽占一坊之地,名僧会聚其中。隋大庄严寺与大总持寺两座寺院,占永阳坊、和平坊两大坊内大部分用地,每座寺院的基址面积少说也有三十四公顷。寺院中各矗立着一座高层木塔,塔基的面积就近乎四亩。这些大多是国家、皇室特建的大寺。同时,皇室贵族官僚常以兴建佛寺为荣,不少王公贵富舍宅立寺,如兰陵公主舍宅立安业坊资䕃尼寺,齐国公高颖夫妇舍宅立义宁坊化度寺(隋名真寂寺)与积善尼寺,等等。隋文帝在位的20余年之间,都城大兴已发展成为全国佛教中心,其时所建造的大半佛寺为唐长安所继承。(图6.1)

---

① 两京新记.卷三:"文帝初移都,使出寺额一百枚于朝堂下。制云,有能修造,便任取之。"日本金泽文库旧藏古写本残卷。

李唐视老子为祖先，高祖、太宗两朝佛寺的发展较为滞顿。太宗晚年与高僧玄奘交往密切，对佛教的态度有所转变。高宗李治笃信佛教，当太子时曾以进昌坊东半部建大慈恩寺为母后祈福，并请玄奘自弘福寺移居此寺，即位后又为庆祝太子病愈立西明寺，敕玄奘徙居西明。高宗先后于京城为公主、诸王立寺20余所，长安佛寺盛况空前。（图6.2）

武则天即位后，利用佛教作为武周转移政权的工具，开沙门封侯赐紫，寺内开始供奉皇帝圣容。中宗信佛，造寺无度。玄宗初好道术，曾有抑佛之举，但不久即因天竺密教僧人善无畏与金刚智相继入京得到玄宗器重而有所改善，当时长安大寺如大荐福寺、大兴善寺、青龙寺等都兴立密宗的灌顶道场。代宗时期密宗盛行，文殊、普贤、天王诸阁从此视为佛寺常制。此后德宗、宪宗、穆宗等均作佛事，迎佛骨等活动极其隆重。因全国诸多佛寺大行法会聚敛财物，对国家经济发展造成了极大损害，所以至文宗时已有毁法之议，武

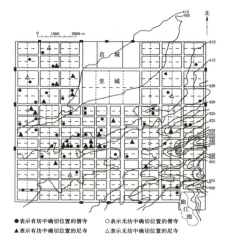

图6.1 唐初长安城中遗留的隋代佛寺分布图

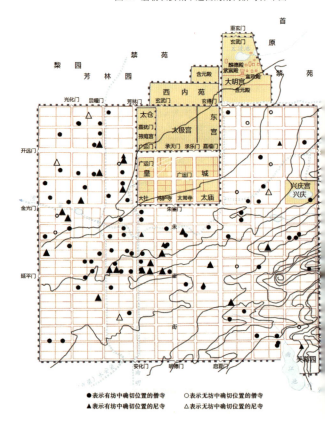

图6.2 唐玄宗天宝十四年（755年）前长安佛寺分布图

宗会昌三年(843年)开始逐步灭法,敕焚佛经,禁供养佛牙佛骨,毁佛像以老君像代之,拆毁佛寺,令僧尼还俗,等等。长安城中毁佛堂300余所,小寺33处,仅许留寺4所(长安左街留慈恩寺、荐福寺,右街留西明寺、庄严寺)。(图6.3)

宣宗早年曾髡发为僧,即位后敕修复废寺,诏京畿任意建寺、度僧。唐末战乱,佛寺毁坏殆尽,长安从此失去了政治中心及佛教中心的地位。

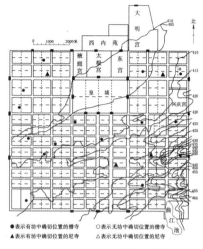

图6.3 唐武宗会昌五年(845年)后的长安佛寺分布图

一、隋唐长安佛寺的布局

从建筑历史学者的研究中大抵可知,随着隋唐时期佛寺功能的日渐复杂,寺内职能机构增多,以及僧众等级、宗派的形成,使佛寺的总体布局更加合理化、规制化。隋唐长安佛寺布局已从早期比较单一的立塔为寺、单组院落的布局方式,经南北朝时期佛塔与讲堂、佛殿组合,多组院落组合的形式,开始向多群院落组合发展,在中心院落的周围,设立众多的别院,各院有各自的主体建筑。(图6.4~图6.5)

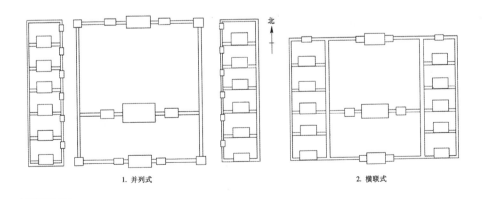

图6.4 唐佛寺多院式布局平面示意图

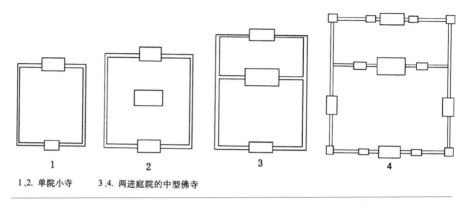

图6.5 唐中、小型佛寺示意图

中院

中院是整个寺院建筑群的核心，又称"佛地"，是寺院中最重要的部分。一般沿中轴线列置门、佛塔、佛殿、讲堂、佛阁等主体建筑，同时在两侧对称布置殿阁亭台、钟楼、经藏等附属建筑物，然后以廊庑环绕、圜桥跨空，将中院析分为前后数进院落，形成层次丰富的礼佛空间。

佛塔

隋大兴城内的皇家大寺中，佛塔仍然有着十分重要的地位。如隋文帝为皇后所立禅定寺中曾建有高330隋尺（合今97.35米）的塔，由工部尚书宇文恺督建。炀帝在其西侧为文帝立大总持寺，寺中佛塔制度亦同，两寺均以高大佛塔作为中心主体。开皇年间，文帝与皇后于京师法界尼寺造连基双浮图，高一百三十尺，也是寺内的主体建筑物。僧人昙崇毕十年之功，于长安清禅寺内立砖浮图一区，"举高一十一级，竦耀太虚，京邑称最"。这些寺院都以佛塔为主体。在初唐写成的《寺经》和《戒坛经》关于佛寺的总体构想中，仍将佛塔作为中院内的主要建筑物之一，置于主佛殿之前。

唐长安新建的寺院中佛塔的地位明显不如从前。初唐的官方大寺如慈恩寺、西明寺、荐福寺等，在初建规划中均未提及佛塔。慈恩寺建成数年后才由玄奘法师提出建塔，最后建在西院之中。建于唐代的大型佛寺多于寺内别院中立塔，如大安国寺

(710年立)内有"东禅院，亦曰木塔院"①，千福寺(673年立)有东、西塔院②，资圣寺(663年立)内有团塔院③，兴唐寺(705年立)内有东塔院④，等等。

■ 高阁

隋唐寺院中轴线上出现高大的佛阁。高阁多层中空，内部可以放置高大的佛像，成为佛寺中体量最大的建筑物。如专为弥勒像而建造的高阁。隋大兴城天宝寺内建弥勒阁，高150尺（约今44米）。唐长安曲江北龙华尼寺、曲江南贞元善济寺中也都有弥勒阁。⑤《寺经》与《戒坛经》中，佛阁列于佛塔、佛殿及讲堂之后，到盛唐时，出现殿、阁前后排列的中院布局。在文献中，隋唐佛寺记录有文殊阁、普贤阁、天王阁、观音(大悲)阁、弥勒(慈氏)阁以及佛牙阁等。特别是中晚唐时期，高阁在佛寺中所居的位置表明它的地位已在佛塔之上。

■ 钟楼与经藏的设立

在唐长安佛寺中，钟楼和经藏已作为一组对称设置的建筑物，出现在中院或佛殿的两侧。史载唐长安资圣寺曾受火灾，"佛殿、钟楼、经藏三所，悉成灰烬"⑥。《戒坛经》中即有"塔东钟台，塔西经台"。敦煌唐代壁画中，佛寺内钟楼、经藏的位置更加普遍，或以角楼的形式出现。

■ 别院的设立与布局

由于长安里坊内的佛寺用地往往比较方整平坦，所以寺院布局也往往容易做

---

① 寺塔记. 卷上. 长乐坊安国寺条下.
② 历代名画记. 卷三. 千福寺条下："东塔院额，高力士书。……西塔院，玄宗皇帝题额。"
③ 寺塔记. 卷下. 崇仁坊资圣寺条.
④ 历代名画记. 卷三. 兴唐寺条下："院内次北廊，向东塔院内西壁。"
⑤ 八琼室金石补正. 卷四十七. 唐故龙花寺内外临坛大德比邱尼尊胜陀罗尼等幢记.《唐会要》卷四十八.
⑥ 宋高僧传. 卷十九. 惠秀传.

到紧凑、有序。随着内部功能的丰富和组织管理的完善，唐长安佛寺中设置有众多别院，大致有以下几类：

（1）为供养诸佛、菩萨、天王而设的佛殿（堂、阁）院，具体名称有毗卢遮那院、文殊院、观音院、药师院、弥勒院等。唐长安曾十分流行观念净土，所以长安佛寺中多置净土院（极乐院）。另有塔院与供养佛牙的阁院也属为供佛而设。

（2）为供养帝王圣像及高僧影像而设的圣容院、影堂院、六祖院等。

（3）僧房院。高僧大德独居的院落，多以其名号命名，如不空三藏院、英律师院、僧道省院等，菩提院也可能是西域高僧居所。一般僧人的居处，则多以方位命名，如西院、南院、西南院等。

（4）宗派院。如三阶院（三阶教）、灌顶院（密宗）等，佛寺中往往有数派共处，所以为各派僧人专设别院。如玄宗开元年间荐福寺虽以密宗著名，但寺内同时又有律院、净土院，有栖白、道光等禅师所住院等。

图6.6 敦煌中唐第231窟北壁弥勒经变画中的佛寺

图6.7 敦煌盛唐第148窟南壁弥勒经变画中的佛寺

（5）另外，还有一些专为不同职能设置的别院，如为译经而设的翻经院，为保藏佛典而立的经藏院，提供后勤服务的库院、浴堂院、僧厨院以及供游览观赏的山庭院，等等。

因不同派别的高僧住寺，寺院建筑也会随之出现阶段性或局部的变化。比如，律宗大师义净在中宗时曾住长安大荐福寺，中宗为他在寺内建翻经院。玄宗开元年间，密宗僧人金刚智住荐福寺，玄宗在寺内为其立大曼荼罗灌顶道场。长安大兴善寺原亦为律宗大寺，自代宗时不空住寺，成为著名密宗寺院，内有敕置灌顶道场及（密教）翻经院。后来不空又获得敕许在寺内造文殊阁、天王阁等。810年，有禅宗大师惟宽住寺，于寺后不空三藏池处建传法堂（即僧舍）。寺内有律师院、禅师院等别院。（图6.6～图6.7）

二、两部经书中的佛寺布局

唐高宗乾封二年（667年），两位长安高僧，律宗大师道宣与僧人感灵，分别撰写了两部有关佛寺布局的著作：《关中创立戒坛图经》（下称《戒坛图经》）和《中天竺舍卫国祇洹寺图经》（下称《祇洹寺图经》）。依照《祇洹寺图经》、《戒坛图经》中所述的佛寺布局及各院名称，可绘出佛寺平面示意图（图6.8～图6.10）。

这两部关于佛寺布局的构想中：布局都有明确的南北向中轴线，寺内主要建筑物均依此轴线正向排列，整齐有序；都以中院礼佛区为核心主体，在周围设立大量别院，主次分明；寺内被贯穿全寺的东西干道分为内、外，干道南为对外接待或接受外部供养的区域，道北为寺院内部活动区域（包括中心佛院与外周僧院两大部分）；东西干道南有三条南北向道路分别通向佛寺南端的三座大门，中轴线上的道路最宽。

虽然《祇洹寺图经》和《戒坛图经》中描述的具体配置略有些不同，与初唐佛寺的实际情形或也有一定的差距，但总体看来，两部图经所表述的佛寺布局构想大同小异，在一定程度上反映了隋唐长安佛寺的布局构想。

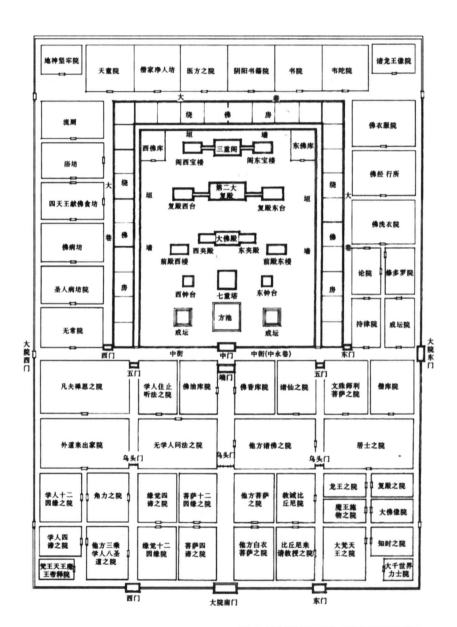

图6.8 据《祇洹寺图经》所绘佛院平面示意图

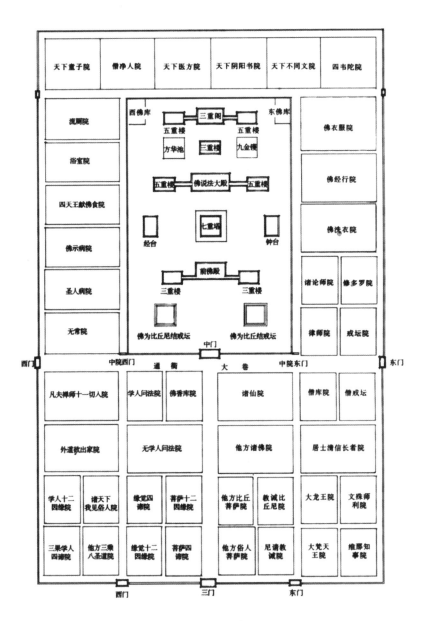

图6.9 据《戒坛图经》所绘佛院平面示意图

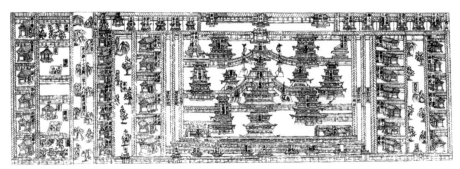

图6.10 《戒坛图经》南宋刻本附图

三、隋唐长安佛寺的影响

隋唐长安佛寺在佛教史上的建树自不待言。长安诸大佛经译场硕果累累,佛经翻译和研究空前发展。其中以玄奘主持的慈恩寺译场、义净主持的荐福寺译场和不空主持的大兴善寺最为突出,因而被称为长安城中的佛经三大译场。中国佛教的十大宗派中的八个宗派都发祥于长安的佛寺,除三论、成实二宗开创于姚秦时期外,其他六个都开创于唐代长安。唯识宗、俱舍宗是玄奘法师及其弟子在大慈恩寺开创,律宗是高僧道宣在净业寺开创,而华严寺、香积寺、净业寺、大兴善寺也分别被视为华严宗、净土宗、律宗、密宗四宗的祖庭。一时间长安诸寺高僧云集,规模空前,形成了都城中非常重要的宗教场所,也往往成为诸坊内最重要的公共空间。

不少著名画家在长安诸寺的殿宇内绘制壁画,成为风尚。如慈思寺塔西,有尉迟乙僧画的《湿耳狮子跌心花》,精妙之极。王维在千福寺画的《辋川图》,"山谷郁盘,云水飞动"。特别是号称"画圣"的吴道子在"两都寺观,图画墙壁四十余间",在菩提寺内画的礼佛仙人,"天衣飞扬,满壁风动"。这些艺术作品引人入胜,加上寺院环境多清幽宜人,花木繁茂,使得游赏佛寺成为当时长安的时尚。而佛寺内经常游客云集,车马不绝,甚至随之寺中建立起戏场来。中晚唐时,长安盛行以唱颂演说的俗讲方式倡导佛教使一般大众更易理解,各大佛寺中往往举行盛大的俗讲法会,长安善男信女趋之若鹜,寺院内更加水泄不通。所以韩愈文中有"街东街西讲佛经,撞钟吹螺闹宫廷。广张罪福资诱胁,听众狎恰排浮萍"之说来表达对这种影响的嘲讽和担忧。

此外,来自印度、西域的僧人来长安讲经访友,促进了文化交流。大量日本、新罗和高丽的遣唐使和求法僧人到长安学习,将长安佛寺文化带回本国,对7—9世纪日本、高丽佛寺的面貌产生了很大程度的影响。如日僧道慈入唐求法,回国后于727年开始依长安西明寺规制建大安寺。日本药师寺(680—698年)、当麻寺(681—685年)、上野废寺(7世纪末)等,都出现了金堂居中、双塔分列于金堂前方两侧的中院布局形式。日本兴福寺(730年前后)、元兴寺及国分寺中,出现了佛殿东侧单立佛塔的布局,与唐长安一些寺院中设立东塔院的布局一致。

有不少寺院与隋唐两朝的皇家生活紧密相连,如感业寺乃武则天曾出家的尼寺。法门寺作为唐时的皇家寺院曾举行七次盛大的迎佛骨典礼。大庄严寺和大总持寺是专为隋文帝和皇后所建,荐福寺是为高宗李治祈福而建,慈恩寺是太子李治为母文德皇后祈福所建,等等。不少寺院选址于风景优美的地段,如仙游寺所在的黑水峪口,净业寺位于终南山北麓之凤凰山,樊川八大寺之一的华严寺位于西安城南少陵原半坡,居高临下俯瞰风景如画的樊川,南望景致极佳的终南山,岑参诗中曾写道:"寺南几千峰,峰翠青可掬。"优美的自然风景也伴随着神奇的佛教祥瑞,如南五台圣寿寺相传为观音化迹之地,据《陕西通志》载,北宋太平兴国三年(978年)曾六次呈现圆光祥瑞,被宋太宗敕额为"五台山圆光之寺"。这些古寺融自然与人文景观于一体,成为西安历来著名的旅游景点。

有幸的是,这些肇始于1600多年前的古刹有一部分为后世所继承并延续下来,留给我们一份关于西安佛寺的丰富的记忆。在历代的更迭中虽然大量建筑已经损毁,但幸存下来的寺院基址也已载有了丰富的历史信息,如果没有它们,我们将丧失更多的城市记忆。

西安现仍保存有一些唐代佛寺如慈恩寺、大兴善寺、净土寺、华严寺等,虽寺院建筑大都已毁,但颇多遗存和遗迹仍散发着历史的记忆。保留有唐塔数座如大雁塔、小雁塔、香积寺塔、玄奘禅师塔、宝庆寺华塔,等等。

第二节

隋唐长安的道教建筑

除佛教外，都城中最盛的就要数道教了。隋初建大兴城时，曾将皇城南靖善坊全一坊之地设定为一座道观（玄都观），占地34公顷，近乎明清北京紫禁城的1/3。

唐帝与老子同姓，尊老子为远祖，视道教为国教，使其成为仅次于佛教的第二大宗教。隋唐长安城中修建了众多的道观。唐高祖武德三年(620年)为老子立庙，唐玄宗天宝二年（743年）诏长安老子庙称太清宫。唐代不少皇亲和贵族也多在长安建道观，甚至出家为道士。如高宗于保宁坊旧宅为昊天观占全坊之地，玄宗于长乐坊建兴唐观，高宗长子李弘立为太子后在普宁坊建东明观，高宗子李贤立为太子后于修仁坊旧宅立宏道观占全坊之地。高宗女太平公主为避吐蕃请婚，在大业坊东南隅建太平观并出家为女道士。睿宗女金仙、玉真公主于景云二年（711年）也出家为女道士，在辅兴坊东南隅、西南隅各建一观①，等等，这些都是极大的道观。比如，玉真、金仙二公主府在皇城之西，据韦述《两京新记》描述，"此二观南街东当皇城之安福门，西出京城之开远门，车马往来，实为繁会，而二观门楼绮榭，竞对通衢，西土夷夏，自远而至者，入城遥望，宵若天中"②。可知其建筑奢丽高大，为长安西部的重要景观之一。这些国家主持修建的道观以及由王子公主或达官显贵的府邸改建成的道观，建筑也多华美壮观。

以《唐两京城坊考》中列述，长安城内共有道观33所女观9所。而且大都建立在城中比较繁华和重要的位置，东、西两市附近的坊里，城门附近以及大明宫前的里坊内。比如由于崇业坊和靖善坊位于长安城内第五道冈的坡头，是六爻中的"九五"贵位，不许常人居住，故立玄都观与兴善寺以镇之。

长安道观中，老子庙(即太清宫)规格最高，据《长安志》中说：

初建庙，取太白山白石为真像，衮冕之服，当宸南向。玄宗、肃宗、德宗侍立于左右，皆朱衣朝服。宫垣之内，连接松竹，以象仙居。殿十二间（注：恐为十一间之误），四柱，前后各两阶，东西各侧阶一。其宫正门曰琼华，东门曰九灵，西门曰三清。御斋院在宫之东，公卿斋院在宫之西，道士杂居其间。③

正殿前后各两阶，侧阶以及宫墙三面开门，可知其形制可比宫殿，是由中轴线上主院落和四周若干小院组成的院落群，周围有宫墙环绕。太清宫主院落称圣祖殿院，主殿称圣祖殿。宫东另设御斋院，祭祀之前皇帝要斋宿于此，礼仪规格与太庙相同。

道观的形制不详。《唐会要》载长安兴唐观在长乐坊，"本司农园地，开元十八年造观。其时有敕令速成之，遂拆兴庆宫通乾殿造天尊殿，取大明宫乘云阁造门屋楼，白莲花殿造精思堂屋，拆甘泉殿造老君殿"。《唐语林》载，东都政平坊有安国观，"明皇时玉真公主所建。门楼高九十尺，而柱端无斜。殿南有精思院，琢玉为天尊、老君之像。叶法善、罗公远、张果先生并图形于壁。院南池引御渠水注之，叠石象蓬莱、方丈、瀛洲三山。女冠多上阳宫人"。由此或可推测当时大的道观正门多为门楼，临街高耸。其内正殿为天尊殿、老君殿。另有自成一院的精思堂，是最高道长的住所，相当于道观中的方丈院。

与佛寺相似，长安城道观内的殿宇中，也多有名家精心绘制的壁画。道观大多环境幽雅，花木繁茂，也吸引了众多的香客游人。

唐代这些壮丽的道观久已不存。在唐大明宫遗址内曾发掘了宫内奉祀道教的"三清殿"遗址，现存夯土台基尚高达17米，平面呈"凸"字形，面积超过4000平方米，规模壮观。据载，宪宗、武宗时期还制作了彩绘华丽、点缀珠玉的海上三神山，修建了巧夺天工的望神迎仙楼阁。据此或可想象当时道观建筑之华丽。

唐长安城内的道观多毁于唐末战乱，五代及宋以后又略有恢复。现在西安东关的八仙庵，即建于宋。元代由于王重阳和丘处机在蒙古贵族中得到器重，使得全真教派达到极盛时期，户县重阳宫的壮丽宏大即缘于此。明清以来，道教在统治阶级和民间仍具一定的影响，在西安城郊也留下了一些道教庙观。

---

① 唐会要·卷五十. 观. 景云观条.
② 两京新记·卷三. 辅兴坊条.
③ 长安志·卷八. 大宁坊条.

第三节

隋唐长安中的其他宗教建筑

唐长安的外国商人和旅居者颇多,有的在长安留居数十年,以至落籍不归。有的甚至在朝廷担任重要官职,而且得到皇室的宠信。比如西域安国人李抱玉、李抱真兄弟,以武勇称"有唐之良将"。大食人李彦升在唐长安曾中进士。波斯人李密在唐长安任医官。日本人晁衡在唐朝廷任职五十多年,终生没再回国。唐朝政府不但对外国侨民敞开胸怀,对他们各自的宗教信仰也采取宽容尊重的态度。较著名的有祆教、景教、摩尼教、伊斯兰教等,都被允许在都城立寺。并设立专门机构管理,管理和宗教神职人员也由外国侨民担任。长安城中由中亚和西亚传来的新宗教,见于记载的有:

1. 祆教又译为拜火教,公元前五六百年由波斯人苏鲁阿士德创立,倡导善恶之说,认为善神清静而光明,恶魔污浊而黑暗;人应该弃恶就善,弃黑暗而趋光明,因此拜火拜光又拜日月星辰。于公元226年被定为波斯国教,一时盛行于中亚,从我国新疆的于阗、高昌等地传入,南梁北魏时渐至中原。公元625年大食灭波斯占领中亚细亚,许多祆教徒被迫东迁。唐政府为了安抚西域各国的侨民,设立萨宝府管理祆教事务。

《长安志》引韦述《两京新记》说长安有五个祆祠分别在布政坊西南隅、醴泉坊西北隅以及街南之东、普宁坊西北隅和靖恭坊街西。另有学者考证崇化坊还有祆祠一座[①]。这几所祆祠皆靠近西市或西城开远门。西市是胡商聚集之地,开远门为西域胡商入长安必经之路。因此这些祆祠从位置分析应是为胡商设置。最早的是布政坊西南隅的祆祠,唐高祖武德四年(621年)建立。祆祠的形制在唐人笔记中偶有提及。段成式《酉阳杂俎·物异》说:"相传祆神本自波斯国,乘神通来此,常见灵异,因立祆祠。内无像,于大屋下置大小炉,舍檐向西，人向东礼。"据此仅知长安祆祠大殿朝西，人向东礼拜，殿内设炉应是用来拜火的。

2. 景教是基督教的一个支派，在东罗马遭到排斥后东传到波斯，唐太宗贞观五年(631年)传到中国，贞观十二年（638年）获准在长安义宁坊建寺一所，称为波斯寺，天宝年间为免与祆教寺庙混淆，改称大秦寺。高宗仪凤二年(677年)，经波斯王卑路斯请求在醴泉坊建寺，景龙年间移到布政坊，都靠近西市，当也是为市内胡商中的信徒而设立的。

唐武宗会昌五年（845年）毁佛，除道教外，其他宗教均被株连。大秦及祆教3000余人，被勒令还俗，景教从此一蹶不振。

3. 摩尼教是公元3世纪时波斯人摩尼所创，又称明教。摩尼吸收了祆教、基督教和佛教的教义，立明暗二元论。教徒称摩尼为光明的代表，实行禁欲主义，戒荤戒酒，白衣白帽，死后裸葬。摩尼教在武后延载元年(694年)传入中国，开元二十年(732年)遭到禁止，只许胡人自习，不准中国人信奉。安史之乱后，因尊信该教的回纥助唐平乱有功得到殊遇，所以摩尼教借势在长安推广。唐代宗大历三年(768年)，敕许回纥摩尼教信徒在长安建大云光明寺。唐德宗贞元十五年(799年)，还曾令摩尼师入宫祈雨。

4. 伊斯兰教传入中国的时间有争议，比较公认的说法是唐高宗永徽二年(651年)从大食国传入。波斯、大食商人聚集在长安西市，最盛时达数千人。由于他们的宗教信仰和生活习俗与当地居民不同，其聚居区被称为"藩坊"。当时长安城内应建有伊斯兰教寺院，虽未见志书记载，但近年在广州发现的大食商人旺各师墓志中说，旺各师"再三留住长安，因敕建大清真寺"。今西安化觉巷清真大寺内，有相传为唐玄宗天宝元年(742年)立、王拱撰文的《创建清真寺碑记》，大学习巷清真寺门前石碑坊上刻有"敕建陆次"四字，左有"唐中宗乙巳年季春上院之吉"。

---

① 向达. 唐代长安与西域文明. 长沙：湖南教育出版社，2010: 92.

第四节

保留至今的古寺道观

一、大慈恩寺

大慈恩寺是世界闻名的佛教寺院,唐代长安的四大译经场之一,也是中国佛教法相唯识宗的祖庭,迄今已历1350余年。位于古都西安南郊,大慈恩寺原为隋代的无漏寺,唐高祖武德初(618年)废弃,唐太宗贞观二十二年(648年)太子李治为了追念他的母亲文德皇后而建,故名大慈恩寺。寺院当时南望终南山,北对唐大明宫含元殿,靠曲江临杏园,黄渠水绕寺门东西而过,环境幽静,一片田园景色,堪称长安城的形胜之地。规模也是唐长安城内最大的。据《慈恩传》和《长安志》载,唐大慈恩寺重楼复殿,云阁洞房,凡十余院,总1897间,面积占晋昌坊半坊之地。(图6.11)

寺院山门内,有钟、鼓楼对峙,中轴线之主体建筑依次是大雄宝殿、法堂、大雁塔、玄奘三藏院。钟楼内悬挂明代铁钟一口,嘉靖二十七年(1548年)十月铸造,重三万斤,上铸有"雁塔晨钟"字样。"雁塔晨钟"为著名的关中八景之一。

大雁塔是一座楼阁式砖塔,塔高64余米,塔基边长25米,共有七层,塔身呈方形锥体,塔内装有楼梯,供游人登临,可俯视西安全貌,令人心旷神怡。大雁塔系唐高宗永徽三年(652年)由唐三藏玄奘为安置从印度带回的经像、舍利奏请高宗允许而修建。唐高宗和唐太宗曾御笔亲书《大唐三藏圣教序碑》和《述三藏圣教序记碑》。大雁塔是西安市的标志性建筑。近年来,由于环境等方面的因素,大雁塔已倾斜了1米有余。(图6.12~图6.16)

大雁塔北面的玄奘三藏院,殿上供奉有玄奘法师的顶骨舍利和铜质坐像,殿内壁面布满唐代高僧玄奘法师生平事迹巨幅壁画,为铜刻、木雕和石雕。是当前

图6.11 唐大慈恩寺遗址公园

图6.12 西安大慈恩寺题牌

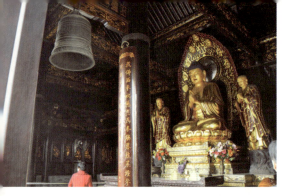
图6.13 西安大慈恩寺明代铁钟

图6.14 西安大慈恩寺一景

图6.15 西安大慈恩寺玄奘法师铜质塑像

图6.16 西安大慈恩寺大雁塔

规模最大的玄奘纪念馆,供游人瞻仰参观。联合国教科文组织来此参观,誉玄奘三藏院为"当代敦煌"。(图6.17)

  隋唐长安的佛寺中,虽然不像早期佛寺那样以塔为中心,但是塔在佛寺中仍然有着很重要的地位。塔是佛涅槃的象征,受到很高的尊崇,祈福建塔仍是长安主要的佛教建筑活动之一,西安慈恩寺大雁塔就是其中的典型代表。

  西安现存最著名的塔是长安慈恩寺大雁塔,属唐代楼阁式佛塔。塔最初建于唐高宗永徽三年(652年),玄奘法师亲自设计并参与制造。"塔基面各一百四十尺,仿西域制度,不循此旧式也。塔有五级,并相轮霜盘,凡高一百八十尺。"建塔的目的原为贮藏自西域携回的经像,但由于采用的是砖表土心的材料做法,不久塔内便"卉木钻出,渐以颓毁"。武则天长安年间(702年左右)旧塔被拆除后另造新塔。经明代重修,唐代塔身被包砌在内,仅仅大致保持了唐塔的外形轮廓和基本特征。

  现状塔高64米,七层,立于方约45米、高约4米的台基之上。塔平面为方形,底层方约25米,底层西面门券内楣上保留有十分珍贵的唐代石刻。塔身逐层向内

图6.17 西安大慈恩寺大雁塔一景

收分，1~2层方9间，3~4层方7间，5层以上为5间。塔内中空，各层铺设木楼板，各层之间架木楼梯沟通上下。塔身以砖砌，外壁隐刻有倚柱、阑额，柱上施大斗一个，无补间铺作，每层正中辟圆券门，写仿木楼阁的样式。各层塔檐采用正反叠涩砌成。塔顶相轮露盘不存。（图6.18~图6.19）

图6.18 西安大慈恩寺大雁塔局部

图6.19 大雁塔向北俯瞰

二、大兴善寺

大兴善寺位于西安城南兴善寺西街，是隋唐长安城中最重要的佛寺之一。始建于晋武帝泰始至太康年间（265—289年），初称遵善寺。隋文帝开皇二年（582年）扩建其寺，因寺位于大兴城靖善坊中，所以更名为"大兴善寺"。（图6.20～图6.21）

大兴善寺在隋代是全国佛教的最高领导机构所在地，汇集了全国的高僧大德，隋代的高僧如昙迁、慧远、慧藏、僧休、宝镇、洪遵等都曾被隋文帝诏集于大兴善寺，印度僧人那连提黎耶舍等曾先后住在此寺翻译佛经。唐代，大兴善寺虽失去了作为"国寺"的地位，但仍旧高僧云集，成为国家级的译经中心，是长安三大译场之一。尤其由于唐玄宗开元年间密宗"开元三大士"中的善无畏、金刚智和不空三位大僧曾于大兴善寺翻经院中译经，大兴善寺中出经渐以密宗经典为主，成为唐代密宗的发源地。

图6.20 西安大兴善寺图一

图6.21 西安大兴善寺图二

　　大兴善寺位于长安城中轴线的朱雀大街东侧，占靖善坊一坊之地，处于长安城皇城以南部分最中心的地位。大兴善寺宏大的规模和显赫的位置，是由其尊崇的政治地位决定的。寺建于隋开皇二年（582年），以隋文帝的封号"大兴"二字为名，与整个大兴城统一规划，正昭示了其作为隋代立国之寺的重要性。在大兴城的规划中，总规划师宇文恺特意将大兴善寺安置在象征乾卦九五之数的尊位上。隋文帝的"布衣知友"释灵藏也参与了大兴善寺的选址，将寺址选在了"京都中会、路均近远"的朱雀大街中央[①]，从这一点讲，大兴善寺的兴建，在整个大兴城的选址定位中，也起到了重要的作用。

　　建成后的大兴善寺，在整个隋唐时期，都是长安城中最恢宏庄严的佛寺之一，其中主要殿堂——大兴佛殿与隋代太庙的规格相同。在唐高宗总章二年（669年），大兴善寺被火焚，之后的重建中，又向寺前扩大了二十亩。寺中建筑更是壮丽华美，法琳在其《辩正论》中称其"大启灵塔，广置天宫，像设凭虚，梅梁架迥，璧珰曜彩，玉题含晖，画栱承云，丹炉捧日"[②]，正是大兴善寺壮丽场景的写照。（图6.22）

　　隋唐大兴善寺的格局不详，根据文献仅可推测除"大兴佛殿"所在的中心院落之外，尚有行香院、素和尚院、广宣上人竹院和翻经院等数院。寺中又有灌顶道场、曼殊堂、隋发塔、旃檀像堂、传法堂、不空三藏舍利塔，以及由春明门内移来的"形大为天下之最"的天王阁等建筑[③]（图6.23），寺后更有曲池，是唐代大型寺院设园池的重要例证。其中翻经院即为文殊阁所在的院落。除文殊阁外，此院落中的主要建筑还有翻经堂，不空三藏舍利塔（图6.24），此外更在该院中兴建了文殊阁（图6.25），因此可推测翻经院应为大兴善寺中具有相当规模的重要院落。

　　唐武宗会昌年间（841—846年）灭佛期间，大兴善寺被毁，后世屡有重修。

图6.22 西安大兴善寺内景

图6.23 西安大兴善寺天王殿

清康熙年间修复工程颇多,先后重修了方丈、殿堂、钟、鼓楼和山门等。清同治年间,寺院建筑再次被毁,仅存钟、鼓楼和前门。近二十年又多有修葺。现存寺院建筑沿正南正北方向呈一字形排列在中轴线上,依次是天王殿,内供弥勒菩萨;大雄宝殿,内供释迦牟尼佛、阿弥陀佛、药师佛、十八罗汉以及地藏菩萨;观音殿内供明雕檀香千手千眼菩萨一尊;东西禅堂,西禅堂壁间的大镜框内装有"开元三大士传略";后殿为法堂,藏有唐代铜佛像和宋代造像。

---

① [唐]释道宣. 续高僧传. 卷二十一(大正新修大藏经本):"藏与高祖,布衣知友,情款绸狎。及龙飞兹始,弥结深衷,礼让崇敦,光价朝宰。移都南阜,任选形胜而置国寺。藏以朝宰惟重佛法攸凭,乃择京都中会、路均近远,于遵善坊天衢之左而置寺焉,今之大兴善是也。"
② [唐]释法琳. 辩正论. 卷三(大正新修大藏经本)
③ [唐]段成式. 酉阳杂俎. 续集卷之五:"行香院堂后壁上,元和中,画人梁洽画双松。""旃檀像堂中有《时非时经》""东廊之南素和尚院""天王阁,长庆中造,本在春明门内,与南内连墙,其形大为天下之最。太和二年,敕移就此寺。"

图6.24 西安大兴善寺舍利塔

图6.25 西安大兴善寺文殊阁现状

三、唐长安西明寺

（隋大兴）唐长安寺院的考古资料很少，延康坊西明寺是其中之一。这座寺院是玄奘法师曾经栖居与译经的处所，在历史上具有一定的地位。寺的前身曾是隋炀帝时的尚书令、越国公杨素宅，素子玄感谋反后其宅被官方收回，又先后赐予万春公主、魏王泰为宅，泰死后，显庆元年（656年）高宗为孝敬太子病愈在李泰宅基础上建西明寺。① 西明寺落成之日，唐高宗亲自参加了典礼。西明寺建成之后，曾有玄奘、道宣等高僧入住。西明寺一直保存到晚唐（大中年间曾改名福寿寺），大抵毁于唐末战火。

---

① ［日］平岗武夫.《唐代的长安和洛阳》. 上海：上海古籍出版社，1989：186. 引唐人韦述《两京新记》卷三云："……次南曰延康坊。西南隅西明寺。（注）本隋尚书令、越国公杨素宅，大业中，素子玄感诛后没官；武德初，为万春公主宅；贞观中，赐濮恭王泰。泰死后，官市之立寺。"又，《长安志卷十. 延康坊条注》："显庆元年（公元656年）高宗为孝敬太子病愈所立。"

唐西明寺的格局不详，有学者考证是仿天竺祇园精舍建筑而造。《大慈恩寺三藏法师传》中记西明寺"凡有十院，屋四千余间"[①]，苏颋《唐长安西明寺塔碑》记寺内"丛倚观阁，层立殿堂，……凡十有二所"[②]。《佛祖统记》载："敕建西明寺，大殿十三所，楼台廊庑四千区。"[③] 寺中应有别院十所，院内分别设殿，殿阁约有十三所，围绕殿阁的围廊房屋以及其他房屋众多，总计约有四千多间。此外，既有《唐长安西明寺塔碑》，则应也有寺塔。据唐人张彦远《历代名画记》记载，寺中东廊曾有褚遂良、昙柯迦罗、欧阳通等唐代名家的墨迹，唐代诗人温庭筠在《题西明寺僧院》诗中写道："曾识匡山远法师，低松片石对前墀。为寻名画来过院，因访闲人得看棋。新雁参差云碧处，寒鸦辽乱叶红时。"可见这位唐代著名诗人也来此欣赏名家墨迹，而且当时寺中应有松石红叶等园林化的栽种。

考古发掘[④] 已揭露出延康坊十字街南街和西明寺的东、西院墙，[⑤] 证实了文献中关于西明寺"位于延康坊的西南部，占四分之一坊之地"的记载。据考古发掘图，西明寺东西约480米，南北约255米，与记载中的"寺面百五十步"基本相合[⑥]。考古发掘了寺东的一组建筑基址，包括南北向排列的三进院落，由三座主要建筑和连接它们的回廊组成（图6.26～图6.27）。三座大殿中，南殿最大也最重要，东西广

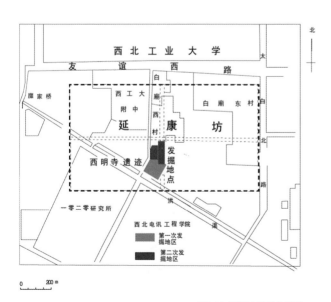

图6.26 西明寺遗址位置图

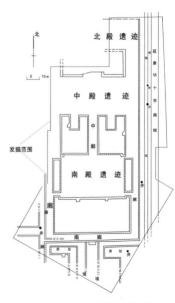

图6.27 西明寺遗址发掘图

50.34米×南北长32.15米。殿之两侧,均有连廊与东西回廊相接。殿南为开敞的院落,院南有南廊与东西廊相连,廊基宽约6米。南殿的北部通过长约29.5米的中廊与中殿相连。中殿东西68米×南北29米,殿基东西侧紧靠东西回廊。中殿北21米为北殿,尚未完全发掘。东西回廊的基址从南殿北到北殿北沿之间的部分都加宽到12米,应有廊房。南殿南廊南侧,还发掘出一条夹道和夹道两侧的两个小院落。院内有曲尺形房址,朝西开门,应是附属庭院,用作后勤服务或一般僧人的居处。

西明寺这所别院东西宽75米（约合50唐步）,这所别院的建筑规模,反映出唐初敕建佛寺的规制,与宫廷建筑不相上下。别院中以殿堂为建筑主体,并分为前后三重院落,前院廊庑环绕,南门外有夹道及两侧小院,这种平面布局表明这所别院并非普通僧人居处。

四、唐长安青龙寺

青龙寺,又名石佛寺,中国佛教密宗寺院。位于唐长安延兴门内新昌坊,今西安市城南铁炉庙村北的乐游原上,地势高爽风景优美。该寺前身本是隋文帝开皇二年（582年）所建的灵感寺[7],唐高祖武德四年（621年）寺废,据传,高宗龙朔二年（662年）城阳公主患病,苏州和尚法朗诵《观音经》祈佛保佑得愈,故经公主奏请复立为观音寺。睿宗景云二年（711年）改名青龙寺,武宗会昌五年（845年）灭佛时废,次年恢复,改名护国寺。宣宗大中九年（855年）长安左右两街添置寺院八所,该寺又恢复本名。直至北宋哲宗元祐元年（1086年）后毁。[8] 地面建筑荡然无存,殿宇遗址被埋没地下。（图6.28）

---

① 慧立. 大正藏. 卷五十. 大唐大慈恩寺三藏法师传. 转引自《唐研究》第六卷. 北京: 北京大学出版社, 2000: 341.
② 全唐文. 卷二百五十七.
③ 大正藏. 卷四十九. 转引同①.
④ 中国社会科学院考古研究所西安唐城工作队. 唐长安西明寺遗址发掘简报. 考古. 1990(1): 45~55; 安家瑶. 唐长安西明寺遗址的考古发现. 唐研究（第六卷）. 北京: 北京大学出版社, 2000: 337~352.
⑤ 安家瑶. 唐长安西明寺遗址的考古发现. 唐研究. 第六卷: 339.
⑥ 大慈恩寺三藏法师传. 卷十. 中华书局排印本: 214.
⑦ 中国社会科学院考古研究所西安工作队. 唐青龙寺遗址发掘简报. 考古. 1974(5).
⑧ 长安志. 卷九. 新昌坊条.

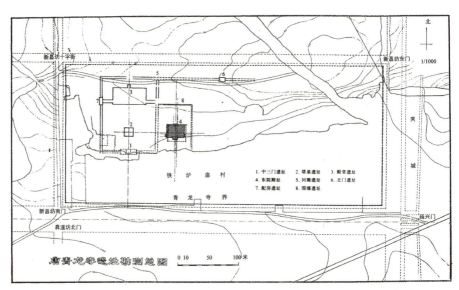

图6.28 唐青龙寺遗址勘测总图

高宗乾封二年(667年)，南山律宗大师道宣曾于青龙寺立坛，依《戒坛图经》之法创立律宗戒坛。开元中，律宗道氤法师住寺，以撰金刚经疏、并法华、唯识诸疏见重于玄宗。直到代宗大历八年(773年)，密宗大师惠果住寺，青龙寺才成为密宗寺院。敕赐东塔院一所，置毗卢舍那(即大日如来)灌顶道场。大中复法时，又将玄法寺并入寺内，在西南角净土院起密宗传法院。青龙寺是唐代密宗大师惠果长期驻锡之地。日本著名留学僧空海法师在此向惠果大师求学，回日本后创立了日本真言宗，因此青龙寺也被尊为日本密宗的祖庭。日本著名的入唐八家中，有六家(空海、圆行、圆仁、惠运、圆珍、宗睿)皆先后在青龙寺受法。(图6.29～图6.30)

图6.29 唐青龙寺遗址复建图一

图6.30 唐青龙寺遗址复建图二

图6.31 唐青龙寺遗址复建图三

图6.32 唐青龙寺惠果、空海纪念堂

在1973年到1980年青龙寺的发掘中，中国社会科学院考古研究所唐城队实测青龙寺占地东西530余米，南北宽约250米，在寺遗址范围的西部，发掘出两座东西并列的伽蓝院落遗址，以及临十字街东街的青龙寺北门遗址。据廊庑遗迹复原这两组院落的大致情况：西塔院南北140米×东西100米，沿中轴线由南向北依次设立中门、佛塔及佛殿，回廊自中门两侧向北环绕塔、殿。佛殿两侧有复廊址与东西廊址相接。院内殿址广大，面阔十三间（57.2米），进深五间（26.2米），尺度相当于唐代宫中主殿。而塔基仅方15米，明显比殿小了很多。（图6.31～图6.32）

1980年后，青龙寺成为许多日本游客寻访的胜地。在考古发掘和研究的基础上，西安市政府在寺址上建起了新的青龙寺。新寺分东西两部分，东西部为遗址及复原院落；西院有仿唐风格的"惠果、空海纪念堂"，采用了杨鸿勋先生对青龙寺遗址中四号遗址早期殿堂的复原方案。东院有楼阁、庭园、碑廊、空海纪念碑以及一组仿唐院落等。

五、护国兴教寺

护国兴教寺在今西安城南40里长安县樊川少陵原，建于唐高宗总章二年（669年）。为从白鹿原迁葬玄奘法师遗骨于此，先建塔，随即建寺。唐肃宗题塔额曰"兴教"，寺遂得名。寺中供奉有玄奘法师从印度请回的巴利文贝叶经，寺内除玄奘墓塔外还有其弟子窥基和圆测的墓塔。（图6.33～图6.35）

玄奘塔塔身砖砌，方形平面，高5层约21米，外观为仿木构楼阁式塔。砖塔

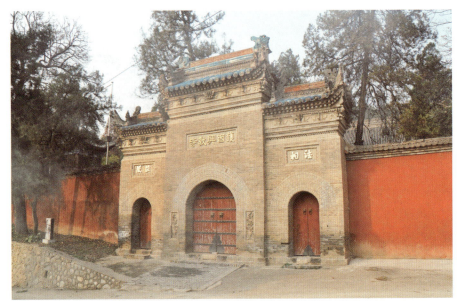

图6.33 西安护国兴教寺山门

图6.34 西安护国兴教寺大殿

图6.35 西安护国兴教寺现状

图6.36 西安护国兴教寺塔

底层边长5.4米，以上逐层递减，砖叠涩出檐，檐下有用砖做成的简单斗栱，塔身各层四面用砖砌成隐出的倚柱（八角形柱之一半），倚柱上再隐起阑额、斗栱，仿面阔三间的木构立面。柱头上砌出泥道栱，栌斗处伸出梁头。除底层阑额以下因后世整修包砌改变了原貌之外，塔身各部分造型比例及细部做法均规整精细，表现出简单明确的渐变韵律，洗练、疏朗而庄重的造型特点。以建筑史学家刘敦桢先生之见，"这座塔是中国现存楼阁式砖塔中年代最早和形制简练的代表作品"。（图6.31）

塔之前对称设立了两座三层方形小塔，一是窥基法师塔，一是圆测法师塔。这两人是玄奘的高徒，其中的圆测法师是新罗①人，窥基塔初建于682年，828年坍塌后为弟子所重建。

建寺之后有过多次损毁和修葺，比如唐文宗太和二年(828年)重修塔身，清同治年间(1862—1874年)因战火全寺付之一炬，仅三座舍利塔幸免，1922后年寺僧募修大殿、僧房十余间，1982年以来又有全面修缮和增建，等等。现兴教寺主要建筑有：山门、钟鼓楼、大雄宝殿、法堂、禅堂、藏经楼等。（图6.37）

---

① 新罗（公元前57—935年），朝鲜半岛三国之一，从传疑时代开始，立国长达992年，是亚洲历史上立国时间最长的国家之一。公元503年始定国号为新罗。

图6.37 西安护国兴教寺建筑

六、荐福寺

荐福寺始建于唐睿宗文明元年（684年），是高宗李治死后百日，皇室为其献福而兴建的寺院，故初名"献福寺"。武则天天授元年(690年)改为"荐福寺"。中宗神龙二年(706年)，扩充寺庙为翻经院，成为继慈恩寺之后的一个佛教学术机构。唐代高僧义净曾在荐福寺内从事翻译工作。荐福寺原建于开化坊南部太宗女襄成公主的邸宅，唐末遭兵祸后迁建于安仁坊塔院里，即今西安南门外友谊西路荐福寺所在。（图6.38）

安仁坊塔院，原为隋炀帝藩邸，睿宗文明元年（684年）起寺，中宗景龙元年(707年)，唐中宗李显在安仁坊建造一座秀丽的高塔和配套塔院，唐宋时称"荐福寺塔"，因塔形似慈恩寺大雁塔而规模较小，后世又称"小雁塔"。（图6.39）

荐福寺塔是典型的唐代密檐塔，塔的平面呈正方形，首层每边长11.25米，立在砖砌高台上。底层最高，高度大于塔身面宽，外部前后正中开券门。其他层则骤然变得低矮密集。外观形态简朴，装饰很少。每层用砖砌叠涩出檐，壁面没有雕饰，檐上砖砌低矮平座。塔身比例纤细，轮廓卷杀曲线柔和，中部略向外凸，

图6.38 西安荐福寺遗址公园

第5层檐左右为塔身最粗处。塔身内部中空,以木楼板分层,靠内壁有砖砌磴道以供上下。塔身原为15层,高约45米;明嘉靖三十四年(1555年)陕西地震时,震塌二层,只剩下13层,残高43.3米。塔外四周原有数层台基,台基周边还有青石遗迹。据宋代碑文记载,塔下原有"周回副屋"。1960年此塔整修,发现塔底层外壁遗留有梁头卯孔,证明塔底层原来确实建有周圈木构围廊。

荐福寺经宋、元、金、明、清历代重修,香火不绝。民国初年,曾两度沦为战场,僧侣星散,殿堂颓败。解放后经全面整修,存有大雄宝殿、藏经楼、慈氏阁、白衣阁、钟鼓二楼及小雁塔,并有北宋政和时碑记和金代所铸大钟一口。寺内庭院肃穆雅静,殿堂屋宇宏伟壮观,夹道古槐、古楸,树龄皆在300年左右。

图6.39 西安荐福寺小雁塔

七、罔极寺

罔极寺位于西安市东关炮房街,唐中宗神龙元年(705年)太平公主为武则天祈福而建,寺名取自《诗经》"小雅·蓼莪"里"欲报以德,昊天罔极"之义。(图6.40~图6.41)盛唐时居于大明宫与兴庆宫之间,在唐皇城内供皇室宫廷朝礼之用。史书记载:"穷极华丽,为京都之名寺。"唐朝著名宰相姚崇常常寄寓寺内。开元年间,唐玄宗在罔极寺内设立圣容院,安放其真容画像,供万民朝礼,盛极一时。寺内存有著名画家尉迟乙僧、吴道子、周昉、董谔、杨廷光等名家之作。中和年间,寺内一株牡丹一年内开花两千余朵,蔚为奇观。唐开元八年(720年),玄宗命拆兴庆宫和大明宫别殿,对罔极寺进行扩建,开元二十年(732年)唐玄宗改罔极寺为"兴唐寺"。唐穆宗长庆九年(821年)唐王朝与吐蕃立碑修盟,即历史上著名的"长庆会盟",其结盟仪式即在罔极寺举行(时名兴唐寺)。现长庆会盟碑仍完好地保存在西藏拉萨大昭寺内。(图6.42~图6.43)

图6.40 西安罔极寺

图6.41 西安罔极寺内景之一

图6.42 西安罔极寺大雄宝殿

图6.43 西安罔极寺内景之二

罔极寺后又恢复原名。武宗毁佛，"殿宇一空，为民居疏忧者，十之七八"。明英宗正统八年（1443年），清乾隆五十四年（1789年），道光三十年（1850年）均有修葺，历代修葺碑记均存寺内，现为陕西省著名女众丛林。

寺院建筑布局严谨，山门、韦驮殿、金刚殿、大雄宝殿、卧佛殿依次排列，两侧配以廊宇廊房，寺内石兽具有较高的历史艺术价值。（图6.44）

八、香积寺

香积寺是中国净土宗祖庭。唐高宗永隆二年（681年），净土宗创始人之一善导大师圆寂，弟子怀恽为纪念善导功德，修建了香积寺和善导大师供养塔，使香积寺成为中国佛教净土宗正式创立后的第一个道场。

图6.44 西安罔极寺山门

图6.45 西安唐香积寺

香积寺名的来历有两种说法，一说唐代寺旁有香积堰水流入长安城内；另一说来源于佛经"天竺有众香之国，佛名香积"。唐高宗李治曾赠寺院舍利千余粒和百宝幡花供养，取名香积寺。（图6.45）

香积寺位于终南山子午谷正北神禾原西畔(今西安城南约17.5公里的长安区香积寺村),这里南临滈河,北接风景秀丽的樊川,滈河与潏河汇流萦绕于其西,整个寺院幽而不僻,静而不寂。(图6.46~图6.47)

图6.46 西安唐香积寺内景

图6.47 西安唐香积寺天王殿

唐代香积寺塔今尚存。此塔建于唐高宗永隆四年（685年），"塔周二百步（当为二百尺之误），直上一十三级"。现状砖塔平面方形，底层边长为9.5米，塔身存10层（原高13层），残高33米左右。第一层平素无饰，叠涩出檐，以上各层均仿四柱三间的木构立面样式，用砖砌出倚柱、阑额和斗栱，柱头施一组斗栱，补间亦施一组斗栱，其上叠涩出檐，叠涩出檐的下部有两道斜角砖牙装饰线。每层四面当心间均辟圆券门，次间壁面砌立颊及假直棂窗。塔为中空，空敞部分为方形，各层楼板已毁，自下层可仰视至顶。塔顶已毁。

香积寺的这座唐塔在外观造型上属于楼阁式塔，每层均有清晰的楼阁式塔的仿木构件细部；但也融入了一些密檐式塔的特点：底层较高，其上各层层高骤减、砖砌叠涩出檐层数变密。只是塔身宽度由下而上逐层递减，作直线收分，没有密檐式塔的柔曲。（图6.48）

图6.48 香积寺善导塔

九、草堂寺

草堂寺位于西安城东南20公里的秦岭山系的一座孤峰"圭峰山"的北麓,因后秦时西域名僧鸠摩罗什在此译经讲经而闻名遐迩。(图6.49)

草堂寺创建于何时无籍可考,后秦皇帝姚兴的逍遥园中就有这座寺院,因寺内殿堂用草覆苫,故名草堂寺。后秦姚兴弘始三年(401年),姚兴以国师之礼迎西域高僧鸠摩罗什到长安,鸠摩罗什即在此讲经译经,当时僧众达三千多人。鸠摩罗什通晓梵文和汉文,所译之经理信文顺,备受人们称颂,他与弟子译出了《大品般若经》、《阿弥陀经》、《金刚经》等经典74部384卷。这是用中国文字第一次大量翻译外国书籍,对佛教传播具有极大的意义,因此草堂寺在佛教史上也具有非凡的地位。

草堂寺西魏时改名栖禅寺。唐宪宗元和年间(806—820年)敕修后,恢复草堂寺原名。以后历代都有重修。清同治元年(1862年)因回汉民族纠纷,殿宇被毁。光绪七年(1881年)又遭洪水,寺庙毁为废墟。以后在原址上重修,但规模小而简陋。20世纪50年代以来先后多次修整。

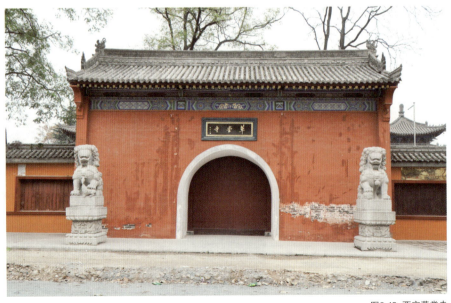

图6.49 西安草堂寺

现有的寺院是一座由大殿、厢房和碑廊组成的四合小院。大殿内供奉如来佛和鸠摩罗什雕像。大殿前的碑廊内,共嵌砌碑碣21块,记载了寺院的盛衰变迁和古人游寺所题的诗词。比如唐太宗李世民的《姚秦三藏罗什法师》诗:"秦朝朗观圣人星,远表吾师德圣灵。十万流沙来振锡,三千弟子共翻经。文成金玉知无朽,口吐芬兰尚有馨。堪叹逍遥园里事,空余明月草青青。"(图6.50~图6.51)

图6.50 西安草堂寺碑廊　　图6.51 草堂寺唐故圭峰定慧禅师碑

草堂寺大殿西侧护塔亭内为鸠摩罗什舍利塔,相传塔内埋有他的舍利子(骨灰)。塔上有后人所刻"姚秦三藏鸠摩罗什舍利塔"。塔高2.33米,8面13层,全部用玉石雕刻镶拼而成,这些玉石都是西域所贡,塔身由玉白、砖青、墨黑、淡红、浅蓝、乳黄、赭紫、灰色八种彩石组成,俗称"八宝玉石塔"。塔的形制为仿亭阁式,塔身有精美的雕饰。依其建筑形制和雕饰风格来判断,应是唐代所建,是后人为追念他而建造的。整个塔的造型、雕刻雄健精美,是件体量不大但精美大气的建筑雕刻珍品。(图6.52~图6.53)

在鸠摩罗什舍利塔后的竹林西侧,有一眼古井,名叫"烟雾井"。据说每逢秋冬晨昏,井内就冒出一股烟雾,在西风的吹拂下向京都长安飘去,甚至有人夸张地说同西安钟楼上的宝顶连在一起,形成"草堂烟雾紧相连"的胜景,被誉为古"关中八景"之一。其实,草堂寺一带正处在热水带上,井中升腾的烟雾是地热发出的热气。1981年陕西综合勘察院在这里打水井时,打出两口自流热水井,井底水温分别为63℃和58℃。后来由于水位下降,烟雾渐渐消失了。井上修建了一座六角小亭,亭上有书法家赵朴初所书的"烟雾井"三字。(图6.54)

图6.52 西安草堂寺鸠摩罗什舍利塔

图6.53 西安草堂寺鸠摩罗什塔

图6.54 西安草堂寺烟雾井

十、法门寺

法门寺位于今西安城西120公里的法门镇。其寺始建于北魏时期约公元499年前后，现寺内尚存的北魏千佛残碑就是立塔建寺后不久树立的。当时称"阿育王寺"（或"无尤王寺"）。隋朝时，改天下佛寺为道场，阿育王寺改为"成宝寺"。唐朝是法门寺的全盛时期，它作为皇家寺院曾七次开塔迎请佛骨。唐初时，高祖李渊改名为"法门寺"。武德二年（619年），秦王李世民在这里度僧80名入住法门寺，宝昌寺僧人惠业为法门寺第一任住持。唐朝贞观年间，把阿育

图6.55 西安法门寺塔

王塔改建为四级木塔。唐代宗大历三年（768年）改称"护国真身宝塔"。自贞观年间起，唐朝政府花费大量人力财力对法门寺进行扩建、重修工作，寺内殿堂楼阁越来越多，宝塔越来越宏丽，区域也越来越广，最后形成了有24个院落的宏大寺院。寺内僧尼由周魏时的五百多人发展到五千多人，是"三辅"之地规模最大的寺院。明隆庆三年（1569年），历经数百年历史的唐代四级木塔崩塌。明神宗万历七年（1579年），地方绅士杨禹臣、党万良等捐资修塔，历时30年建成八棱十三级砖塔，高47米，极为壮观。清顺治十一年（1654年）因地震塔体倾斜裂缝。民国二十八年（1939年）在爱国志士朱子桥先生的主持下，完成了晚明以来最大规模的维修。"文革"期间，红卫兵欲挖地开塔，良卿法师点火自焚，用自己的生命保护了地宫珍宝。（图6.55～图6.57）

近二十多年来，法门寺又相继建成大雄宝殿、玉佛殿、禅堂、祖堂、斋堂、寮房、佛学院等仿唐建筑。

图6.56 西安法门寺内景

图6.57 西安法门寺外景

十一、华严寺

华严寺建于唐德宗李适贞元十九年（803年），为我国佛教华严宗的发源地，创始人是终南山僧人杜顺。华严寺由初建到以后数百年间，无高大殿堂建筑的记载，而只记有凿原为窟，以安置佛像及僧众居住，可以说它是一座典型的窟洞寺院。从塔的记载看，这里曾有华严宗初祖杜顺坐定身骨的墓塔、二祖智俨塔、三祖法藏塔、四祖澄观塔。但在清乾隆年间，发生了少陵原崩塌事件，仅存砖塔两座，其余全毁。（图6.58）

图6.58 西安华严寺砖塔

十二、广仁寺

西安广仁寺是陕西省唯一的藏传佛教寺院，1703年由清康熙敕建，是藏传佛教上层喇嘛进京朝见皇帝的沿途寺院之一（图6.59～图6.60）。历史上起着凝聚、促进西北边陲多民族团结的作用。康熙亲书"慈云西荫"殿额赐寺。该寺现存康熙撰文的建广仁寺碑石一通，反映了当时的历史背景。广仁寺建成后，西藏、蒙古、青海、甘肃等地区的活佛、喇嘛路过陕西时，均住寺瞻礼。（图6.61～图6.62）

图6.59 西安广仁寺

图6.60 西安广仁寺山门

图6.61 西安广仁寺内景一

图6.62 西安广仁寺内景二

十三、八仙庵

八仙庵位于今西安东关长乐坊,相传创建于宋代,属道教全真派道观,所供八仙即民间神话中著名的八位道教神仙。八仙庵是西安最著名的道教庙观,民间称其为吕祖庙。传说吕洞宾于农历四月十五日诞生,所以每年八仙庵在这天举行庙会,十分热闹。八仙庵后有良田数十亩,依全真派规矩,由庵内道士自耕自食。(图6.63～图6.64)

八仙庵的建筑经历了元、明、清数代修葺,建筑群完整,殿宇宏大。现存庵前有光绪二十六年(1900年)砖砌大牌坊两座;山门对面有青砖大影壁,上书"万古长青"四个大字,这是八国联军侵略我国时,慈禧太后与光绪皇帝逃到陕西后出资修造的。山门3间,门内钟鼓楼东西对峙。门内三进院落,第一进主殿5间;第二进两殿,前殿3间,后殿5间;第三进大殿5间,殿内供奉八仙塑像,殿门悬有光

图6.63 西安八仙庵题牌

图6.64 西安八仙庵内的八仙宫

绪手书的"宝录仙传"和慈禧题写的"洞天云籁"两幅匾额。从山门至第三进院落，两侧有数十间厢房为客堂、寮房等。中轴院落东西两侧各有一个跨院。西跨院为监院，花木丛映，清雅幽静，是庵内管事道士居住的地方。东跨院是一组较大的四合院，内有吕祖殿、药王殿。药王殿内供奉的药王是唐初著名的医学家孙思邈，道教也把他作为神仙供奉。（图6.65～图6.67）

图6.65 西安八仙宫八仙殿

图6.66 西安八仙宫灵官殿

图6.67 西安八仙庵庙会一景

十四、重阳宫

重阳宫位于西安城西南10公里的祖庵镇,因为中国元代道教全真派祖师王重阳宣道和葬骨于此,所以被全真教认作"祖庭",是全真教的圣地。(图6.68)

这里原为全真教创始人王重阳故居。王重阳死后归葬咸阳,其弟子在其故居上修建了成道宫以为纪念,马丹阳在宫内修建了一座大厅,并手书"祖庭心死"横额悬挂在厅内。自此以后,全真教门徒便视这里为祖庵。金代改名为灵虚观,元代改为重阳宫。元代统治者极为推崇道教,曾尊王重阳门徒丘处机为国师,元世祖中统四年(1263年)加封重阳宫为重阳万寿宫,增建了许多殿阁楼台,成为关中西部的道教大观,是全国七十二路道教的总集合点。(图6.69)

道观内保存有三十余通用汉文和蒙文写成的碑刻,碑石林立,人们称为"祖庵碑林"。其中有两块元代书法家赵孟頫所书的"大元敕藏御服之碑"和"皇元孙真人道行碑",均为书法艺术中的珍品。这些碑刻中较有名的还有七真人图像、万寿宫图石刻、八思巴文碑等。这些碑石是研究元代历史和道教发展的珍贵史料。(图6.70)

据现存的元代碑石记载,当时重阳宫的范围极其广大,建筑非常豪华。宫址东起今东甘河,西至西甘河,南抵终南山,北达渭水之滨,拥有十分广阔的土地。宫内有成道宫、重阳宫、玉皇宫、北极宫等建筑五百余间。道观还控制着许多佃农,为其佃耕,供养宫内常住道士达万人之多,以及元朝皇帝派来护卫道院的三千五百名士兵,相当于一个庞大的道教庄园。

图6.68 西安重阳宫山门

图6.69 西安重阳宫祖庭

图6.70 西安重阳宫祖庵碑林

丘处机去世后，全真教派也逐渐失去了独尊的地位。经元末战乱损毁和明清屡次修葺后，原建筑早已毁坏，宫观规模也已缩小，昔日盛况已不得复见。现仅存清代重修之四合院式道观，建筑多为近代构筑，有名君殿、灵宫殿、祖师殿3座殿宇，有道士四五人。

十五、楼观台

楼观台位于周至县东南15公里的终南山北麓。当地人以终南山风景为关中之最，而楼观台为终南山之最。这里峰峦叠翠，云霞缭绕，林木茂密，清爽幽静，景色优美，自古就得到珍视。相传周穆王曾游历至此赏景并营造宫室，周代大夫、函谷关令尹喜也曾在这里建"草楼观"以观天象。相传尹喜在此见紫气东来，推知将有真人路过，后来果然迎到老子。于是老子在这里著《道德经》，并在楼南高岗上筑台授经，所以被称为"说经台"或"授经台"。（图6.71～图6.72）

相传这里有神仙出没，秦始皇曾在楼南立庙并亲自拜仙，汉武帝也曾在楼北立宫并亲自祈求神仙佑护。史载晋惠帝元康年间（291—299年）曾在此植树10万余株，并迁来三百多户百姓维护。隋文帝开皇初年又大肆修葺。

楼观台的鼎盛时期是唐代。隋末农民起义时，楼观台道士歧晖曾倾囊资助唐高祖李渊之女平阳公主所领导的义军，曾派80余名道徒助李渊进兵蒲津关，还曾亲至楼观台为李渊军队设醮祈福，使楼观台在唐代备受朝廷器重。李渊立唐后尊

图6.71 周至楼观台说经太灵官殿

图6.72 周至楼观台老子祠山门和钟、鼓楼

老子李耳为祖宗，于武德七年(624年)改楼观台为宗圣宫，并亲至楼观台谒老子祠。唐玄宗则以夜梦老子为名，改宗圣宫为宗圣观，将宫观扩建成规模宏大的皇家道观，也是当时的道教圣地。唐宗圣宫遗址今在山下公路东侧，虽然殿宇无存，但遗址内苍劲的古柏和古朴的碑石、石狮、石牛等遗物，还在诉说其殊胜的历史。唐以后，楼观台屡遭兵火，历代均有修葺。（图6.73）

今天的楼观台沿终南山北麓建造，中轴殿宇坐北朝南，排列有序。山门前广场上，两个六边形攒尖亭东西对峙，西亭下有八角形的"上善池"，取《道德经》中"上善若水"之意。山门内两侧有东、西"碑厅"，陈列历代碑石。进入山门可见一条石阶山路，随着路旁石崖上历代名人的诗词石刻，几经转折后抵达"讲经台"，台上有著名的"老子祠"，初建于唐代，明代重修。

祠内有两进院落，院落宽敞，房舍整齐。第一进院落迎面为正殿，面阔3间，歇山顶，翼角翘起，装饰华丽。殿内神龛中供石刻老子像。院落两厢有配殿、厅房、斋房等。第二进院落迎面原有斗姆殿（亦称斗姥殿），被焚毁后，文管部门将周至县城隍庙大殿迁建于此，面阔五间。（图6.74）

讲经台南面山峰相传是老子炼金丹的地方，台上有炼丹炉以及一座方形八卦顶石室。在今天的楼观山峰下东北麓，还有一座椭圆形的老子墓。此外，楼观台还有"仰天池"、"栖真亭"、"化女泉"、"系牛柏"等胜迹，都是些风景佳妙的去处。历代不少名士如李白、温庭筠、白居易、苏轼、米芾等，也曾在此留下诗词或字画。

图6.73 周至楼观台老君殿

图6.74 周至楼观台斗姥殿

十六、东岳庙

东岳庙位于西安长乐门内北侧,是祭祀东岳泰山神之庙,也是一座著名的道观。庙创建于宋徽宗政和六年(1116年),明清时期有所拓展和修葺。清代八旗兵独立集中居住的"满城"位于西安城的东北隅,正好在东岳庙之西北。据说当时满族青年婚嫁前的相亲,即多在东岳庙进行,所以清代东岳庙的香火十分旺盛,游客络绎不绝。清末以后东岳庙逐渐衰败,解放后在庙址上建立了吕仁里小学。(图6.75)

东岳庙坐北朝南,共有数进院落。大门三开间,硬山式屋顶。门外原有一对石华表分立左右。门内有东西厢房,正中为会堂。正殿5间,内供岱宗坐像(图6.76)。院中还有明神宗万历十年(1582年)修的石牌坊,雕刻玲珑。正殿之后有后殿。东偏院高台上有殿宇三间,名"三教宫"。传说是明代增建,内塑老子、释迦和孔子三像,有三教合一的特征。

东岳庙现存主要建筑是大殿和后殿。大殿面阔五间,进深三间,四周廊庑相绕,正面明间两棵金柱柱础雕刻着二龙戏珠,其他柱础均为花卉。大殿木构用料较大,空间尺度开敞,雕饰大气,气宇轩昂,显示出昔日盛况。殿内神像不存,东西山墙上有大幅壁画残留,仍色彩斑斓,内容为山水、楼阁、人物、花卉等,

图6.75 西安东岳庙

图6.76 西安东岳庙正殿　　　　　　　　图6.77 西安东岳庙壁画

多取材于神话传说和历史故事。后殿面阔三间，殿内也有壁画，内容与前殿相似，但笔法生动传神胜于前殿，颇有元明画派的气韵。（图6.77）

十七、都城隍庙

为什么称为都城隍庙呢？难道城隍还有级别区分吗？是的，城隍是我国古代神话中守护城池的神祇，都城隍为最高级别，西安的都城隍统管西北地区的大小城隍，包括区城隍和县城隍。因为城隍后来也为道教所信奉，所以都城隍庙也成为道教文化的胜地。（图6.78）

西安都城隍庙位于西大街中段，始建于明太祖洪武二十年(1387年)，原址在东门内九曜街，明宣宗宣德八年(1432年)移至现址。清雍正元年（1723年）被火焚毁后，川陕总督年羹尧移用明代秦王府的材料重修。1942年部分建筑被日寇炸毁，建国后多有修缮，虽历经沧桑，但宏伟依旧，是西安市内仅存的两座道观之一，也是国家级重点文物保护单位。与钟、鼓楼遥相呼应，成为古都西安的又一盛景。

城隍庙分为庙院和道院两大部分；布局依中轴左右对称。城隍庙山门有座五间大牌坊，牌坊下有铁狮一对，为明嘉靖三十八年(1559年)所铸造。山门内一条数百米长的青石甬道直达二门，两厢有众多店铺。是明清以来地方手工业和小商品的传统交易市场。过去其他地区的人特别是关中地区的农民来西安，城隍庙是一个非去不可的地方。

图6.78 西安城隍庙

　　山门进来由南向北，依次是文昌阁、钟鼓楼、二山门、戏楼、牌坊、大殿、二殿、牌楼、寝殿。两侧是道众居住修真的东西道院，共有33宫。旧时，这里信众如潮，香火鼎盛。周边地区信众"过境必经"，常常人潮涌动，摩肩接踵。（图6.79）

图6.79 西安城隍庙现状

原有建筑之大门、玉皇阁、乐舞楼、牌楼、大殿、道舍、厢房多被毁,现存有清雍正元年(1723年)重修大殿一座,面阔七间,进深五间,正中供奉西安都城隍,两侧配"祀判官"、"牛头马面"和"黑白无常"等鬼卒。

此庙为西安著名的古道教庙宇和商贾百工技艺云集之地。脱胎于唐代宫廷音乐的城隍鼓乐,被誉为"中国古代音乐的活化石"和"西安古代的交响乐",是中国古乐的一朵奇葩。

十八、化觉巷清真大寺

化觉巷清真大寺是西安市规模最大的伊斯兰教寺院,相传建于盛唐,现存主要建筑为明初所建。寺内有一通天宝元年(742年)立的《创建清真碑记》,称寺创建于唐天宝元年(742年)。因其坐落在鼓楼西北的化觉巷内,又称化觉巷清真大寺。它与大学习巷清真寺是西安最古老的两座清真寺,因其所处位置又被称为东大寺与西大寺。

寺院主体建筑坐西朝东,依照伊斯兰教礼拜时面向圣地麦加方向。院址南北宽约50米,东西进深约250米,面积约12500平方米。寺院自东向西有四进院。一进院东有大照壁(图6.80),院中有一座木结构大牌楼(图6.81),建于清康熙年间,高9米,上刻"敕赐礼拜寺"。西行过穿堂进第二院,院中有石牌坊和明、清重修清真寺碑记。西边堂内有碑石数通,其中有推算回历的阿拉伯文月碑。(图6.82)

图6.80 西安化觉巷清真寺大照壁

图6.81 西安化觉巷清真寺进口木牌楼

图6.82 西安化觉巷清真寺庭院内石碑坊

图6.83 西安清真寺省心楼

第三进院中间矗立着二层三重檐八角攒尖顶的"省心楼"（图6.83），造型秀丽，这是伊斯兰教寺院中最高的建筑，以便呼唤教民按时参加礼拜。楼南北各有厢房15间，北厢为讲经堂（图6.84），南厢为沐浴房。西行穿过平行并列的三座砖雕门，进入最宽敞的第四院，正面有檐角高翘的"一真亭"，宛如凤凰起舞，又称凤凰亭。两侧有南厅、北厅各7间，南厅原为接待朝廷宣谕圣旨文武官员的，称为"官殿"。北厅是教徒们举行纪念活动的场所。南厅后有小天井，与碑廊相接。院内还有南、北对称的碑亭，铭刻着寺院的发展史。"一真亭"后有海棠形鱼池两个，池周砌栏杆，池中积石为峰，池侧各有碑亭一座。池中间设桥，下有拱券涵洞。

向前有并列三座石门，门内各有踏步登上宽大的月台，月台周匝设石栏。月

图6.84 西安化觉巷清真寺北讲经堂正立面

图6.85 西安清真寺大殿

台上有日晷，还有一青色"试宫石"，石面钉有不少铁钉。传说唐代想当官的新进士，若能在石头上钉入铁钉，能很快得到理想肥美官职，否则就不能如愿。月台西坐落着规模宏伟的礼拜大殿。大殿面宽七间进深九间，殿身由前廊、礼拜殿、后殿三部分组成，平面呈西向的"凸"字形，面积约1300平方米，可容千人礼拜。大殿装修华丽，碧瓦丹楹。殿内天棚藻井600多幅，上书阿拉伯文图案，构图着色均有独特的伊斯兰风格。（图6.85）

西安清真大寺是保存比较完整、建筑艺术相当高的古建筑群。寺内主要殿阁大多是明或清初所建。栋宇恢弘，气势轩昂，布局合理，主次有序，且具有园林雅趣，吸引着国内外各地的伊斯兰教徒来此礼拜。它原是陕西省重点文物保护单位，1988年又公布为全国重点文物保护单位。

十九、大学习巷清真寺

大学习巷清真寺，位于西安西大街中段北侧的大学习巷内（图6.86），又称西大寺。传说唐代宗永泰元年(765年)汾阳王郭子仪从泾川返回长安，随身带有平叛有功的回纥、大食将士200余人。为熟悉有关宗教的法制礼仪、风俗习尚，郭子仪将他们集中在这学习，因此将这里称为大学习巷。因此后来在这里建立的清真寺名"大学习巷清真寺"。（图6.87）

大学习巷清真寺创建于元世祖中统四年(1263年)，初称清净寺。元成宗大德年间（1297—1306年)大加扩建，明代始称清真寺，并三次重修，清代又曾多次修葺。

据记载，郑和第四次下西洋时(1412年)，聘请西安大学习巷清真寺掌教哈三承担"通译国语"、辅佐外交信使的任务。哈三通晓阿拉伯语，精通伊斯兰教教义，熟悉天方(阿拉伯)诸国历史习俗，跟随郑和至南洋群岛诸国，并远抵北非东岸的麻林、木喇哇等国，出色地完成了与各国通好、通商的使命。船队在返航途中遇险，哈三吁天祈祷并鼓舞船员战胜风浪，安全返航。郑和于明成祖永乐十三年(1415年)奏请重修西安大学习巷清真寺。寺中的省心楼，即当时所建，至今维持原貌。

大学习巷清真寺坐西向东，东西长77米，南北宽30米。寺院格局和风格已与中国传统的院落和殿宇完全融合在一起。（图6.88）

图6.86 西安大学习巷

图6.87 西安大学习巷清真寺

图6.88 西安大学习巷清真寺远景

图6.89 西安大学习巷清真寺照壁

　　大门对面有一大型青砖照壁（图6.89），砖雕精美。门前有座大石牌坊。过了门厅进入第一进院，院内正中即是当年郑和修建的省心楼，两层三重檐、歇山屋顶，精巧别致。省心楼后有并列对称的两座明代碑亭，左右各有庑殿五间，为阿訇办公室、沐浴室、客房等。

　　最后正中为礼拜堂，面阔七间，进深五间。大殿前有宣谕台，台周有白石栏杆围绕，台前有一石门坊，上刻"祝延圣寿"四字匾额。大殿丹楹碧瓦，金碧辉煌。殿内藻井上布满各种植物及阿拉伯文图案字，别具一格。殿四周的护壁板上，绘制有牡丹、芍药、莲花等花卉和阿拉伯文图案，色彩十分鲜丽。殿内正中有一神龛，但按伊斯兰教规不设偶像。（图6.90～图6.91）

　　大学习巷清真寺保存完整，现为陕西省文物保护单位。

图6.90 西安大学习巷清真寺部分建筑

图6.91 西安大学习巷清真寺内景

第柒章

百千家似围棋局——城坊内的住宅与市场

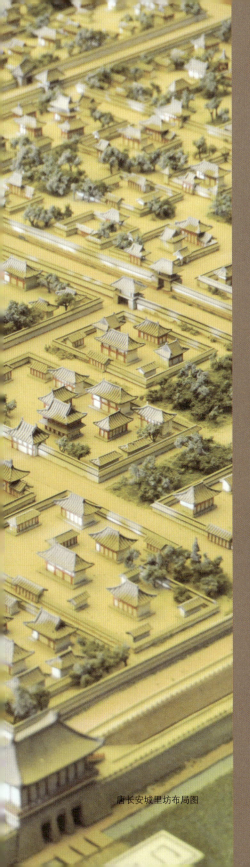

唐长安城里坊布局图

汉唐长安的居民住宅，都集中设置在里坊内，具有很强的集中居住封闭管理的特色。汉长安城内三分之二的面积首先为宫城所占，居民区分散布置在宫城之外的空地里，居民区的管理仍然延续西周以来的里制。居民住在里内，里的四周有围墙，墙上设里门，出入均须通过里门。设里魁或称里正负责管理里内事务，设"里门监"管理进出。里的规模大小不一，多者不过百户，少者三四十户，一般五十户左右。里内布局非常整齐，"室居栉比，门巷修直"[①]。

隋大兴（唐长安）的居民区都采用里坊制，外郭城的用地被分割为一个个方整的里坊，里坊四周有坊墙围绕，四面正中辟坊门（皇城南36坊只东西开门），居民住在坊内，出入均须通过坊门，并受夜禁限制。门内有十字街，分全坊为四片；每片内又有小十字街，分全坊为十六区，每区内再辟整齐的巷曲。白居易有诗"百千家似围棋局，十二街如种菜畦"[②]，所描述的即是唐长安城中里坊和住宅秩序井然、规整若棋盘菜畦的现象。（图7.1）

汉唐长安的市场均以集中在市坊中交易为特点，也像民居一样集中设置在里坊内，四周有围墙，设专人管理。透射出中国古代早中期都城比较封闭的空间结构以及对市民生活严格的管理制度,与宋以后的都城市场形成明显的对比。同时,这些市场虽不比明清都城般已呈开放模式,渗透到城市的各个区域成为城市生活的命脉,但其商业种类和贸易繁华程度无疑已具规模,其实质性的内容已成为后世开放商业空间的序曲。

图7.1 唐长安城里坊布局图

① 三辅旧事.
② 白居易. 登观音台望城.

第一节

汉长安城中的里居

据文献记载，西汉长安城有160个闾里，但仅有少数里名流传下来，如尚冠里、修成里、戚里、建阳里、南平里、陵里、函里、李里、孝里、有利里和敬上里等。① 以都城中居民的不同阶层和住地分区，其住宅形式大致可分为官邸、甲第和一般闾里等。

一、官邸

作为大汉朝的首都，长安城中有很多诸侯国、邻国设置的官邸。这些官邸，既是各国的驻京办事处或外事机构，又是首脑或官吏的住所。据文献记载，"诸侯各起邸第于京师"，作为诸侯国首脑和官员来京的"朝宿之舍"。这些官邸之前一般冠有诸侯国之名，如代邸、鲁邸、齐邸、昌邑邸等。由于是诸侯国的官邸，所以又称国邸。未央宫东宫门因常有诸侯国首脑和贵族谒见皇帝出入而称为"诸侯之门"，推测在东宫门外应有不少国邸。中央政府还为邻国在长安城内修建了邸第，由于这些邻国被皇帝视为蛮夷之邦，所以他们的邸第被称为蛮夷邸。蛮夷邸集中在未央宫北的藁街，大概就是横门大街或直城门大街。

二、甲第

长安城的官僚贵族住宅一般称"第"或"舍"。"第"又分成"大第"和"小第"。

汉高祖十年（公元前197年）下诏曰："为列侯食邑者，皆佩之印，赐大第室。

吏二千石。徒之长安，受小第室。"[②]长安城的这些高级官员的宅第一般称"甲第"或"甲舍"，大多分布在未央宫附近，皇帝把靠近皇宫居住当做对这些官员身份的尊显。未央宫北部北阙附近，桂宫以东、厨城门大街以西，有大量甲第，称为"北第"，如夏侯婴、董贤等宅邸皆在其中。东部也有一些，分布在未央宫以东、安门大街以西、武库以南，称"东第"。

这些"甲第"或"甲舍"，也容纳在里中，像居住着皇亲国戚的戚里、达官显贵生活其中的尚冠里等，都含有很多大第或甲第。这些大第一般规模宏大，建筑豪华。

三、一般闾里

城内能用于庶民居住的土地实在很少，普通百姓居住的里大多分布在长安城东北部。从汉平帝元始二年（2年）"又起五里于长安城中，宅二百区以居贫民"来看，则每里平均不过宅四十区，面积应不大。据考古发掘资料，在长安横门外至宣平门外一带，汉代居住遗址堆积多处可见。可推测当时长安大部分居民生活在都城城墙之外。

作为容纳这多个阶层众多居民的都城，在每段历史时期，住宅建筑无疑应包含数量最多、层次最为丰富的不可或缺的建筑类型。但同样因为不可或缺，也是最容易被后来者覆盖最容易消失的建筑类型。尤其是作为大多数的普通百姓的住宅信息，在都城地面地下极少留下遗迹，在以帝王将相为主体的浩瀚史籍中就更加少见了。

---

① 王子今. 汉代长安乡里考. 人文杂志. 1992 (6) .
② 汉书. 高帝纪.

第二节

隋唐长安城坊中的住宅

（隋大兴）唐长安把宫殿、官署放在子城中，郭城被纵横相交的道路整齐地划分为棋盘式的一百余坊。（图7.2）

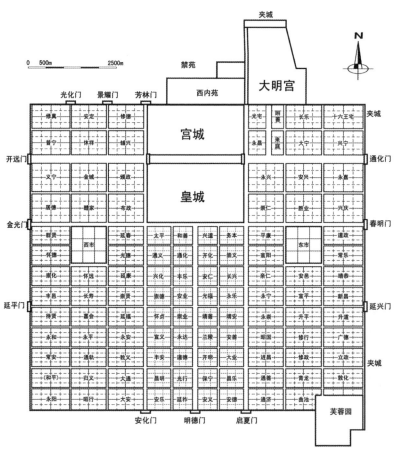

图7.2 唐长安平面示意图

前文第壹章中"隋唐长安城的规划"中我们提到,每座里坊的四周都绕有坊墙。皇城两侧的里坊(共74坊)开四门,四面坊墙正中开门,门内有十字街,分全坊为四区(图7.3),皇城南四列里坊(共36坊)仅开东西二门,坊内有横街分全坊为两区(图7.4)。坊内道路除了十字街、横街外,每区内还有十字巷、循墙巷道、一些横向的曲,这些街、巷、曲将全坊划分出整齐的宅基地,分配给百官和百姓自建住宅,由此形成城坊内整齐的住宅格局。于是才有白居易诗中"百千家似围棋局,十二街如种菜畦"[①] 的景象。(图7.5～图7.7)

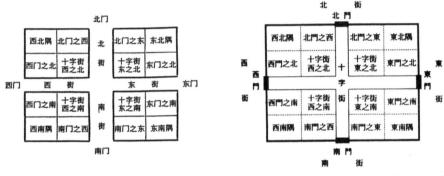

图7.3 城坊内格局示意图　　　　　　　　　　　图7.4 坊内十六区划

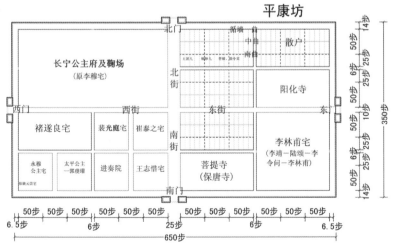

图7.5 710-740年间平康坊内用地格局推测示意图

---

① 白居易,登观音台望城,白居易集,卷二十五,560.

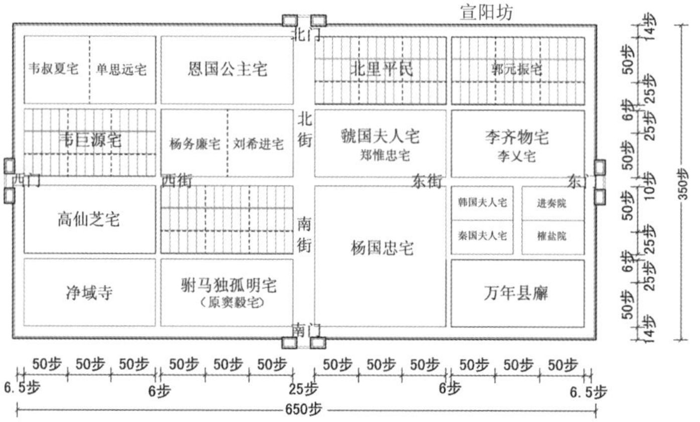
宣阳坊
北门
韦叔夏宅
单思远宅
恩国公主宅
北里平民
郭元振宅
韦巨源宅
杨务廉宅
刘希进宅
北街
虢国夫人宅
郑惟忠宅
李齐物宅
李乂宅
西门
西街
东街
东门
高仙芝宅
南街
杨国忠宅
韩国夫人宅
进奏院
秦国夫人宅
榷盐院
净域寺
驸马独孤明宅
（原窦毅宅）
万年县廨
南门
50步
6.5步
6步
25步
650步
14步
10步
350步

图7.6 720—756年间宣阳坊内用地格局平面推测示意图

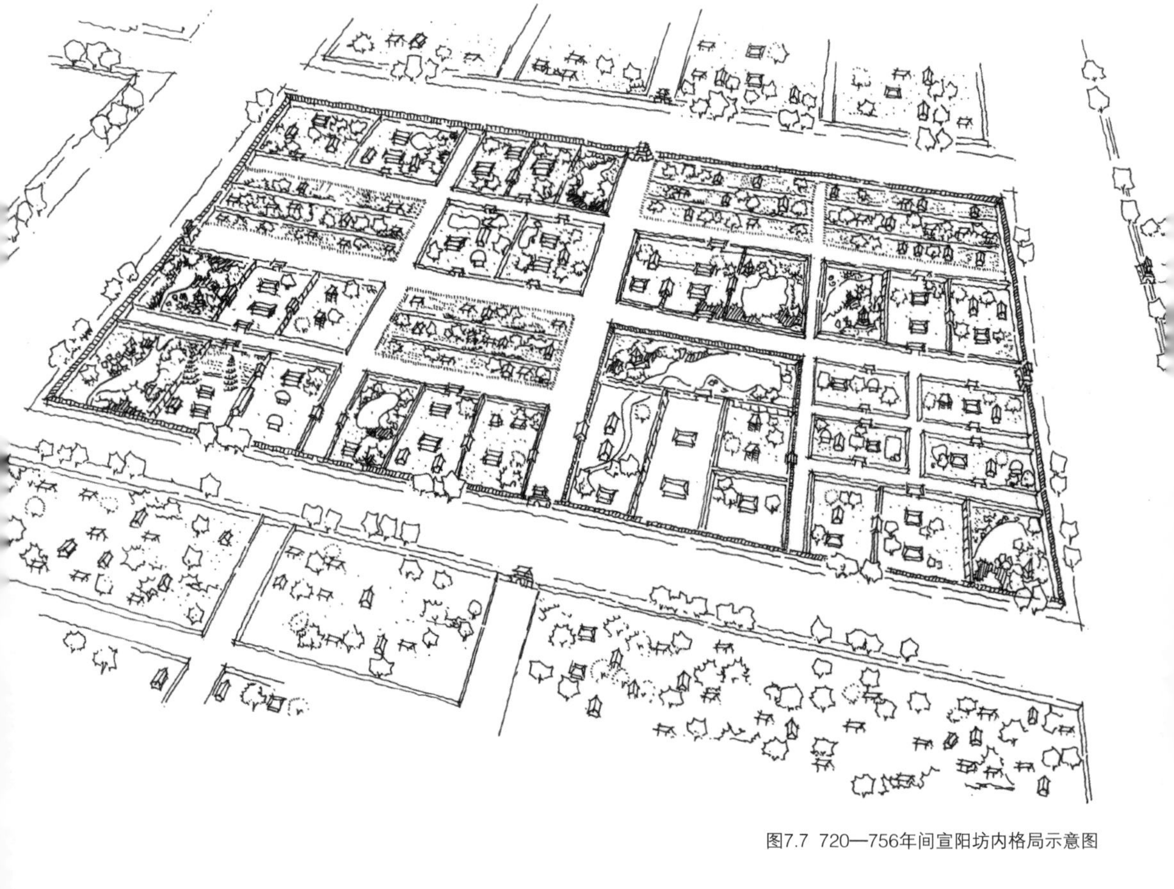

图7.7 720—756年间宣阳坊内格局示意图

隋唐是中国历史上继汉以后出现的第二个统一而强盛的时期，经济繁荣，在都城住宅建设上应比汉代有更大的进展。坊内有大量百官宅第、居民住宅和寺观、家庙、园地等，其占地规模不一，大到占地一坊的王公贵族宅第，小到不足一亩[①]的贫民住宅。从文献资料中大致可以看到三类宅院：（1）王公贵族和三品以上官员宅第占到一区（1/16坊）、一片（1/4坊）甚至到一坊，可以临大街在坊墙上开门；（2）普通官员的赐宅和租宅，隋唐长安城中有大量供职的京官，他们有的在建城之初大致会获得按照官阶大小分配的宅地自建宅院，后来会有官员卸任离职政府收回宅院后另赐予其他官员的，也有一些租房居住的中下级官员；（3）普通居民的宅地就排列于巷曲之中，只能对巷曲开门。

隋唐长安城坊中的住宅已经荡然无存，近年的考古发掘尚未能大面积揭开里坊遗址，我们只能借助文献、壁画、明器和少量遗址了解到一些情况。

一、王公贵官住宅规模

隋唐王公贵官家人口众多，厩马成群，库屋众多，无疑需要庞大的宅第来容纳。甚至有些大宅邸内还设有打马球的鞠场，占地就更大了。据《两京新记》《长安志》中大量的宅第描述显示，这些王公贵官的住宅规模大致按照官阶可以分为几档，有的可占1/4坊到1坊之地，相当于一座小城，有的占2区，也有50亩以上的规模。

（1）王子公主的宅第占地广大，最大的可以独占一坊，相当于一座小城。如《长安志》所载占一坊之地的隋蜀王秀宅，占归义坊一坊之地，约54.5公顷；[②] 汉王谅宅，占昌明坊一坊之地，约36.2公顷。[③] 再次的可占半坊到1/4坊，如唐太平公主府占长安兴道坊半坊，约19公顷；秦王俊宅，占崇德坊西南隅之地；[④] 晋王广

---

① 本章中的"亩"均系"唐亩"。
② 宋敏求. 长安志·附长安图志. 二. 卷十: "次南归义坊, 全一坊, 隋蜀王秀宅。"
③ 宋敏求. 长安志·附长安图志. 二. 卷九: "次南昌明坊, 全一坊, 隋汉王谅宅。谅败后, 赐零官, 属家令寺。"
④ 宋敏求. 长安志·附长安图志. 二. 卷九: "次南崇德坊, 本名宏德, 神龙初改。西南隅崇圣寺。寺有东门、西门。本济度尼寺。隋秦孝王俊舍宅所立。"

宅，占开化坊横街以南的1/4坊之地。① 杨素在大兴延康坊宅占1/4坊，约13.8公顷，唐长宁公主在崇仁坊宅，约21.4公顷。② 这些史载长安王公宅第规模之巨，几近明清宫城（紫禁城70.6公顷），唐高宗武后以后，抑制诸王的权力，就不再有占整坊的府第了。

（2）除这些特大府第外，政府还掌握一批府第，作为官员

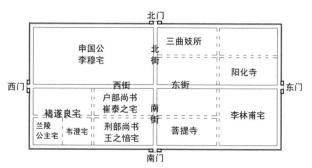

图7.8 平康坊西北隅李穆宅示意图

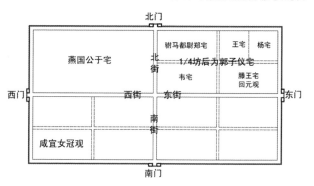

图7.9 亲仁坊二王宅示意图

的"赐第"，即官邸。其时不少一品大员的宅第占地一隅，如隋太师申国公李穆宅在平康坊占西北隅一隅之地③，在安业坊之宅也占东南隅一隅之地。④ 唐太宗朝燕国公于志宁曾任太子太师（从一品）尚书右仆射（从二品），其宅位于亲仁坊西北隅，"后并入相府闲地置庙，后敕赐贵妃豆卢氏，后左金吾大将军程伯献、黄门侍郎李昌等数家居焉"⑤。说明燕国公于志宁的宅地很大，是左金吾大将军程伯献、黄门侍郎李昌等数家宅地的总和。左金吾大将军官居正三品，黄门侍郎正四品，加起来还没有燕国公家宅地大。据《长安志》卷八引《谭宾录》载，唐玄宗时汾阳王郭子仪宅在亲仁里，据《太平广记·郭子仪》记载，"其宅在亲仁里，居其地四分之一，通永巷，家人三千，相出入者，不知其居"⑥。《志》中亲仁坊郭子仪宅条下有"其西本于志宁宅"一句，从中可见汾阳王郭子仪宅与燕国公于志宁宅相邻，汾阳王宅和燕国公宅曾各占亲仁坊西北隅1/4坊。按文献和考古实测尺寸，亲仁坊1/4坊的住宅占地约有207唐亩（约今13.3公顷）。（图7.8～图7.9）

太宗朝太尉（正一品）长孙无忌宅在崇仁坊东南隅，其地后改为资圣寺⑦。宣平坊西南隅为隋太保（正一品）、薛国公长孙览宅，其地后改为法云尼寺。另外，还有永嘉坊东北隅太子太保（从一品）李纲宅，休祥坊东北隅崇福寺本开府仪同三司观国公杨恭仁宅，嘉会坊西南隅褒义寺本隋太保吴武公尉迟刚宅，普宁坊西南隅为大尉英国公李绩宅⑧等，从文献记载中不见其他建筑看，这些一品官宅可能皆占一隅之地，都是些临街开门的大第宅。（图7.10～图7.11）

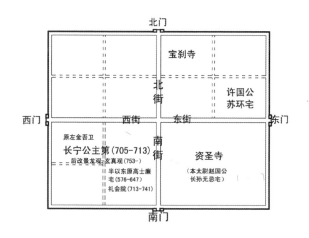

图7.10 崇仁坊长孙无忌宅示意图

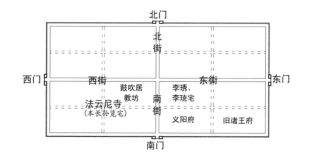

图7.11 宣平坊长孙览宅示意图

经常可以看到某一隅之地，先后几任宅主都是与一品相当的官员或勋爵，如：平康坊西北隅之地曾先后易主于太师（一品）李穆、长宁公主。"（平康坊）西北隅，隋太师申国公李穆宅。（注：其地景龙中为长宁公主府及鞠场，

---

① 宋敏求. 长安志·附长安图志. 一. 卷七: "次南开化坊, 半以南大荐福寺。寺院半以东, 隋炀帝在藩旧宅。"
② 太平御览. 卷一百八十.
③ 长安志. 卷八. 平康坊条.
④ 长安志. 卷九. 安业坊条.
⑤ 长安志. 卷八. 亲仁坊条.
⑥ 长安志. 卷八. 亲仁坊条注引《谭宾录》.
⑦ 长安志. 卷八. 崇仁坊条.
⑧ 长安志. 卷十. 普宁坊条.

景云中废,并毬场散卖与居人。)"①太子太师窦希球宅在永平坊东南隅,原为宣城公主宅。②又如,延康坊西南隅之地在隋时曾是尚书令越国公(正一品)杨素宅,其子玄感谋反后宅第被官方收回,又先后赐予万春公主(唐高祖女)、魏王李泰(唐太宗子)为宅,李泰死后显庆元年(656年)在其宅基础上建西明寺。③其用地经中科院考古所考古证实占延康坊西南部1/4坊④。

(3)二品官员的宅第略小。尚书左仆射(从二品)申国公高士廉是高祖和太宗时人,为长孙皇后和长孙无忌的亲舅舅,其宅占崇仁坊西南隅之一半。《长安志》卷八"崇仁坊"条下,"(崇仁坊)西南隅,玄真观。(注:半以东,本尚书左仆射申国公高士廉宅;西北隅,本左金吾卫;神龙元年并为长宁公主第。东有山池别院,即旧东阳公主亭子)。"⑤大致勾勒出崇仁坊西南隅的格局,长宁公主宅占西南隅1/4坊,左金吾卫占其宅地之西北隅,礼会院占坊南门之西一区块,高士廉宅大约有公主宅第以东的1/8坊,即2个区块之地。右相(从二品)李林甫宅在平康坊东南隅,据笔者分析亦占东南隅1/8坊之地⑥(图7.12~图7.13)。

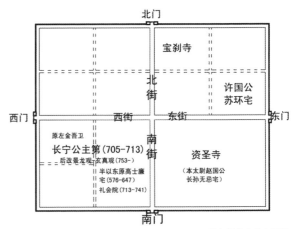

图7.12 崇仁坊高士廉宅用地

从《长安志》中还可以看到,一些二品官员,如尚书仆射、侍中、辅国大将军、光禄大夫、太子少师、太子少傅、太子少保等,常两位同居于一隅,而且一隅之内再没有其他住户记载,如:

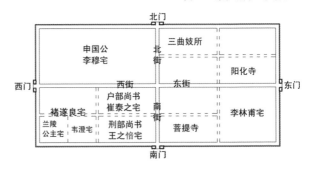

图7.14 平康坊李林甫宅用地

"（道政坊）南门之西，尚书右仆射（正二品）张行成宅。（注：宅西，又有罗国公张平高宅）"⑦ "（永嘉坊）东门之南，侍中（正二品）张文瓘宅。宅东，兖州都督（从二品）韦元琰宅。"⑧ 由此得知两户二品官员各占1/8坊的面积。

（4）大型宅第的建设和布局。隋唐王公贵官的大型宅第中，除了各阶层众多人员的住房，还有厨房、杂屋、马厩、库藏和园池等，功能比较复杂。

首先，通过宅门进入宅第，宅门是身份的象征，据唐《营缮令》规定，这些王公及三品以上官员的宅第可以对街开门，宅门可以采用面阔三间、进深五架的悬山屋顶。门外依官位可以设架立戟，可以设置门卫门房。

宅第一般采用院落格局，分前后两组院落，即外宅和内宅，之间有门相隔。外宅，即前院中最重要的建筑是堂，是男主人会客办事的主要场所，时人极力将堂建得雄壮豪华以相夸耀，堂前一般有中门。内宅在后院，居住女眷，内宅主体建筑为寝堂，是女主人活动的主要场所。韦后失败后，武延秀及安乐公主与官兵就是在"内宅"格战良久才被杀。寝堂规模和堂相当或稍低。在寝堂的左右可以建"挟屋"（耳房），四周建回廊、曲室，围成院落。《谭宾录》说安禄山赐第"房廊寐，绮疏诘曲"描写的大抵就是这种情况。

其次，在布局上，隋唐长安的大中型宅院多采取廊院式布局，就是将回廊环绕在主体建筑周围形成主体院落，在主体大院落左右再附以若干小院落，规模小的可以直接在东西廊上开门，通入左右各小院；规模大的，各小院也可以用回廊环绕形成独立的院落，主体院落的东西廊与左右小院之间形成南北巷道，可以从巷道进入各小院。如唐人传奇《昆仑奴》说唐代宗大历时（766—779年）某"勋臣一品"，宅中有十院歌姬，红绡妓居第三院，描述的可能就是这种主次院组合的格局。

---

① 长安志. 卷八. 平康坊条.
② 长安志. 卷十.
③ 长安志. 卷十. 延康坊条.
④ 安家瑶. 唐长安西明寺遗址的考古发现. 唐研究（第六卷）. 北京：北京大学出版社，2000：337~352.
⑤ 长安志. 卷八. 崇仁坊条.
⑥ 贺从容. 隋唐长安宅基址规模. 见：中国建筑史论汇刊（第壹辑），北京：清华大学出版社，2008：10.
⑦ 长安志. 卷九. 道政坊条.
⑧ 长安志. 卷九. 永嘉坊条.

最后，大宅第一般沿着中轴线对称布置排列前院、后院的主体院落，然后在其左右侧沿次轴线另建多组院落，共同组成庞大的建筑群。比如延康坊占地1/4坊的魏王李泰宅（原为隋杨素宅），李泰死后改建为西明寺，史载寺有十院，屋四千余间①，虽然王府改佛寺应有改动，但建造量极大，寺应继承了王府的大部分格局，魏王李泰的宅邸也应是多院组成。然后在宅邸旁，再设置富有诗情画意、田园气息的山池院，建筑与自然相互渗透。

在宅第装修方面，室内多用高级木料为梁柱，记载中多有用文柏或文杏为梁柱者，除了取其纹理之美外，柏木还有香气之胜。武则天的男宠张易之宅堂内用文柏贴柱，则属装饰贴面的工艺，在当时是极豪华的做法。室内地面一般铺方砖或花砖，有的宅中采用磨光文石铺地，锦文石做柱础，与大明宫麟德殿地面相同，属最高等级的地面了。这时对室内抹灰已很重视，有些豪宅则用红粉香泥抹壁，室内香气萦绕不息。而豪宅堂室内部的陈设，则以帷幕、帘、帐幄、床、几、屏风等为主。

当然，随着时间风尚的变化，大型宅第的格调也有些不同。一般来说，隋唐初期崇尚节俭，王公贵族的大第宅以规模宏大为特点，高宗以后大型宅第逐渐趋于华侈精美。武后时对诸王公控制很严，但外戚和宠臣颇为放纵奢靡，建豪华第宅之风此起彼伏。到中宗、睿宗时开始宠纵诸王公主，在长安兴起大建豪华邸宅之风。中宗的长宁公主在长安崇仁坊的府第"作三重楼以凭观，筑山浚池"②，"盛加雕饰，朱楼绮阁，一时称绝。又有山池别院，山谷蔚蔽，势若自然"③。玄宗前期腐朽之风稍受遏制，但到后期贵戚宠臣如李林甫、杨国忠兄妹和安禄山等时，大建宅第之风再次兴盛。杨国忠"姊妹昆仲五家，甲第洞开，僭拟宫掖……每构一堂，费逾千万计"④。宠臣王棋在太平坊的宅第"宅内有自雨亭子，檐上飞流四注，当夏处之，凛若高秋，又有宝钿井栏，不知其价"⑤，纳凉建筑都如此精美奢丽。安史之乱后，唐中央政权极大削弱，朝中功臣宿将恃功骄恣，大修华侈第宅。诗人白居易《秦中吟》中《伤宅》诗就讽刺了中晚唐时其第宅的过度奢华：

谁家起甲第，朱门大道边。丰屋中栉比，高墙外回环。累累六七堂，栋宇相连延。一堂费百万，郁郁起青烟。洞房温且清，寒暑不能干。高堂虚且迥，坐卧见南山。绕廊紫藤架，夹砌红药栏。攀枝摘樱桃，带花移牡丹。主人此中坐，十载为大官。厨有臭败肉，库有贯朽钱。谁能将我语，问尔骨肉间。岂无穷贱者，忍不救饥寒？如何奉一身，直欲保千年？不见马家宅，今作奉诚园。

诗中形象地指出第宅奢华和政治腐败共生，贫富不均是过度剥削的表现之一。实际上第宅建设失控，是唐政权开始腐化衰亡的重要症候。

二、大量官员的宅院⑥

长安是都城，还有大量中下级官员供职。除了政府赐宅外，他们也有自建和租房居住的，杜甫、元稹、白居易等都先后在长安赁宅，从他们的诗篇中，可以知道大致情况。

■ 三品官员住宅基址规模

文献中有不少三品官员（如都护、诸部尚书、太常伯、右相、各寺卿、太子詹事、太子宾客等）同住在一隅之内的现象，如宣阳坊西北隅1/4坊内，见载于文献的有：

街之西北，秋官尚书（正三品）谯国公李诲(627—689年)宅。后为韦温(709年迁太子少保，从二品)宅。韦氏诛（710年）后赐恩国公主。……西门之北，尚书左仆射（从二品）舒国公韦巨源宅。韦巨源宅东，陕州刺史刘希进宅，少府监（从三品）杨务廉宅（701—728年左右）。次西北隔巷，国子祭酒（从三品）韦叔夏宅（707年左右），光禄卿（从三品）单思远宅（713—756年左右）。

---

① 大慈恩寺三藏法师传. 卷十.
② 朝野佥载. 卷六. "张易之初造一大堂"条.
③ 两京新记. 卷一. "崇仁坊"条. 南菁札记. 本卷二. 曹元忠辑本: 11a.
④ 长安志. 卷八. "宣阳坊". 奉慈寺条原注.
⑤ 唐语林. 卷四.
⑥ 贺从容. 隋唐长安城坊内官员住宅基址规模之探讨. 见: 中国建筑史论汇刊（第壹辑）. 北京: 清华大学出版社, 2009: 175~203.

从时间上看，开元（713—741年）前后的2所从二品官宅（韦温、韦巨源）、4所三品官宅（刘、杨、韦叔夏、单）同居于一隅，且时期相近。比较合理的推测是，2所从二品官宅各占一个区块，4所从三品官宅各占半个区块。而且，秋官尚书（正三品）谯国公李峤(627—689年)宅到开元前后为从二品官宅，宅地分配的标准可能有所下降。又：

（晋昌坊）半以东，大慈恩寺……西南隅，楚国寺……西门之南，左侍郎（正三品）兼右相陆敦信宅，次南大理卿（从三品）孙伏加宅，南门之东户部尚书许圉师宅，北门之南太子詹事陆余庆宅，前中书侍郎同中书门下平章事元载别宅，河中节度使兼中书令浑瑊宅。①

合理的推测是，楚国寺和大理卿（从三品）孙伏加宅同占1个区块，西门之南的左侍郎（正三品）陆敦信宅占1个区块。再如："（大宁坊）西门之北，户部尚书（正三品）陆象先宅，次北，开府仪同三司宋璟宅。"② 很可能是两个三品官同住于一隅之西的2个区块，一个三品官家宅1个区块。

从《长安志》中还可以看到有品阶略低一点的四品官员，如诸司侍郎、丞、九寺少卿及诸少监、太子左右庶子、诸议大夫、诸州刺史、国子司业、祭酒等，与三品官员同居于一隅之中的2个区块。如：

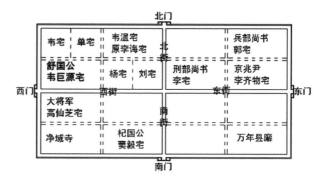

图7.14 宣阳坊官宅用地分析

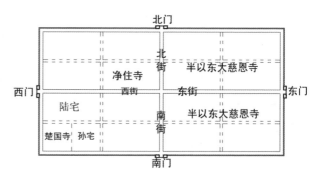

图7.15 晋昌坊官宅用地分析

"（亲仁坊）街东之北，太子詹事（正三品）韦琨宅。[注：次东又有中书侍郎（正四品）杨弘武、太仆卿（正四品上）王希隽二宅]"③。结合亲仁坊平面分析，有可能出现，太子詹事（正三品）韦琨宅占1个区块，中书侍郎（正四品）杨弘武和太仆卿（正四品上）王希隽二宅各占1/2个区块的情况。（图7.14～图7.17）

同样的情况又出现在永乐坊和安邑坊：

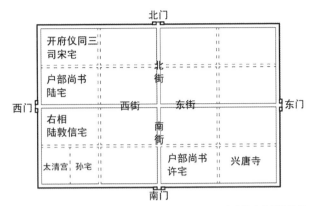

图7.16 大宁坊官宅用地分析

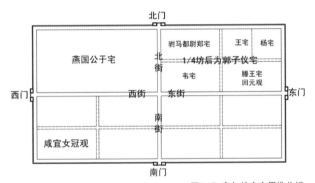

图7.17 亲仁坊官宅用地分析

"（永乐坊）东之南，夏官尚书（正四品）王璇宅，兵部尚书（正四品）判户部事王绍宅，司徒中书令（正三品）晋国公裴度宅"。④ 有可能是一个三品官员与两个四品官员同在一隅之中的2个区块。住在安邑坊西南隅的张延师、张况、张植兄弟三人同时官居三品，⑤ 分院居之，三人的宅第占地应相近，比较合理的解释是三人各分得1个区块的宅地，位于安邑坊西南隅1/4坊中。张延师宅次东为金吾大将军（从三品）杨执一宅，⑥ 此四宅恰好四分一隅，各占1个区块。

---

① 长安志．卷八．晋昌坊条．
② 长安志．卷八．大宁坊条．
③ 长安志．卷八．亲仁坊条．
④ 长安志．卷七．永乐坊条．
⑤ 《考》中说兄弟三人同居二品，但从《旧书》、《唐六典》中查对的官职皆为三品．
⑥ 长安志．卷八．安邑坊条．

还有一则是检校司空（从三品）、豳州刺史、豳宁节度使程执恭宅在靖安坊的文献记载，据《旧唐书》卷一百四十三《程怀直附子执恭传》载："（唐宪宗）元和十三年（818年），至京师，表辞戎帅，因命华州刺史郑权代之，以靖安里私第褊狭，赐地二十亩，令广其居。"① 程执恭原有住宅的面积已不可考，但根据其"私第褊狭"的描述，面积应该小于1.3公顷，程执恭当时虽有头衔但并非京官，在长安城的宅第很可能并不大。推测他的原宅加上赐地20亩，其宅基地的大致总面积很可能在1.7~2公顷之间。代宗之时已近中唐晚期，估计此时用地已经比较紧张，以三品之位也才得一两公顷宅地。靖安坊按文献所载步数计算，面积约656唐亩，除去道路等余30多公顷左右，一两公顷也就是占其坊1/16~1/20。

更有一块公主官宅地分裂为几户三、四品官宅地的例子。长兴坊东北隅，侍中（正二品）驸马都尉杨师道宅条下注："师道尚高祖第五女长广公主，宅地后分裂为左监门大将军韩琦（正三品）、尚书刑部侍郎（正四品）崔玄童、荆府司马（四品？）崔光意等居。"② 说明2个正四品官宅加上1个正三品官宅还没有一个公主宅大。

上述三品官员的住宅基址规模可能大致为1/8坊，而四品官员的住宅基址规模亦有可能为1/16坊。

■ 四品官员住宅基址规模

文献中，四品官员很少见到独立的方位叙述，经本文附录统计，四品官宅有137例，仅有10例有宅地方位描述，大多为几所官宅同居于一隅，如《长安志》中有载"（长兴坊）东北隅，侍中驸马都尉杨师道宅，宅地后分裂为左监门大将军韩琦、尚书刑部侍郎崔玄童、荆府司马崔光意等居"；也有描述不太具备规模信息"（宣阳坊韦巨源宅东）陕州刺史刘希进"，从中透漏出四品官宅没有单独占有1个区块（即1/16坊）的信息。那么四品官宅占地究竟有多大呢，从三则文献中或可窥见四品官员的住宅规模。

一则是凤阁侍郎（从四品下）韦嗣立在被虢国夫人夺走宅第后又被"授隙地十数亩，其宅一无所守"③，按文意这十数亩就是补偿韦嗣立而新分配的宅地，可以推测凤阁侍郎应有的宅地面积大致也就在十数亩左右。若以一般大坊计，全坊面积约948亩，除去道路约有700亩左右，十数亩也就是占其坊不到1/35；若以小坊（第一类坊）计，全坊面积约510亩，除去道路等余350亩左右，十数亩也就是占其坊不到1/17。

另一则是《酉阳杂俎》的作者段成式（时任刺史，四品）在修行坊的私宅："段成式修行里私第大堂前有五鬣松两株。……开成元年（836年），段成式修行里私第书斋前有枯紫荆数株，伐之，余尺许。至三年秋，枯根上生一菌大如斗，下布五足。……段成式修行里私第果园数亩，壬戌年有蜂如麻子，蜂胶土为巢于庭前檐。"④ 从文中可以看出，其宅有大堂、大堂前庭院中有两株松树；有书斋，书斋前有庭院，院中数株紫荆；有果园数亩。刘得仁有《初夏题段郎中修行里南园》诗写此宅："高人游息处，与此曲池连。密树才春后，深山在目前。远峰初绝雨，片石欲生烟。数有僧来宿，应缘静好禅。"⑤ 虽然诗文或会有夸张之措辞，但若是一眼望穿的园子，亦不可能夸张至此，数亩之园的规模与诗中的意境也还匹配。从诗中可以看出，园中有池、树、山石、禅房，此园似乎应有别于果园。顾非熊有《夏日会修行段将军宅》诗："爱君书院静，莎覆藓阶浓。连穗古藤暗，领雏幽鸟重。樽前迎远客，林杪见晴峰，谁谓朱门内，云山满座逢。"⑥ 从诗中可以看出，宅中有书院，院中"连穗古藤暗"与《酉阳杂俎》中所载的"书斋前有枯紫荆数株"相吻合。而且书院安静，应当是有别于大堂前院的另一处院落。除此以外应当还有主人居住的寝室，有些辅助房间，这样至少容纳2个大庭院和数亩果园的宅地，或也有十余亩。虽为私宅，或能反映此类官员宅地的需求。

还有一个实例是靖安里韩愈宅，韩愈49岁任太子右庶子（正四品下）时，在靖安里购置一宅，⑦ 其诗《示儿》中对此宅有较为详细的描述：

---

① 旧唐书．卷一百四十三．程怀直附子执恭传：3905．
② 《长安志》卷七，长兴坊．
③ [唐]郑处诲．明皇杂录．卷下．
④ 唐两京城坊考．卷三西京·外郭城：80~81．
⑤ 全唐诗．卷五百四十四．
⑥ 全唐诗．卷五百零九．
⑦ 参见：黄正建．韩愈日常生活研究．见：唐研究（第四卷）．北京：北京大学出版社，1998；妹尾达彦．韩愈与长安——9世纪的转型．见：唐史论丛（第九辑）．西安：三秦出版社，2006：1~28．

> 始我来京师，止携一束书。辛勤三十年，以有此屋庐。
> 此屋岂为华，于我自有余。中堂高且新，四时登牢蔬。
> 前荣馔宾亲，冠婚之所於。庭内无所有，高树八九株。
> 有藤娄络之，春华夏阴敷。东堂坐见山，云风相吹嘘。
> 松果连南亭，外有瓜芋区。西偏屋不多，槐榆翳空虚。
> 山鸟旦夕鸣，有类涧谷居。主妇治北堂，膳服适咸疏。
> 恩封高平君，子孙从朝裾。开门问谁来，无非卿大夫。
> 不知官高卑，玉带悬金鱼。问客之所为，峨冠讲唐虞。
> 酒食罢无为，棋槊以相娱。凡此座中人，十九持钧枢。
> ……
> 诗以示儿曹，其无迷厥初。[①]

提取诗中所述建筑信息，可以清理出韩愈此宅中的主要建筑物：中堂、东堂和作为正寝的北堂，还有一个果蔬园。唐代住宅建筑以堂为主体建造，中堂、东堂、北堂可能就构成了宅中的三个主要庭院。以比较合适的尺度，方十余步左右一个庭院计，一个基本院落1~2亩，三个主体庭院合起来面积大致在4~6亩。再加上2~3亩的厨房、杂屋、马厩等服务性空间，加上数亩果园菜地，则其宅地在十余亩左右的规模比较合适。这种规模与东晋陶渊明《归园田居》"方宅十余亩，草屋八九间。榆柳荫后檐，桃李罗堂前"中描述的宅地规模大致相似，反映了两晋南北朝隋唐时期此类官员的生活基本需求模式。

以上三个实例所描述的大致规模，与上文初步构想的官员宅地表中四品官1/32坊的规模能够吻合。

根据诗中提供的住宅基本构成信息：主要有中堂、东堂、作为正寝的北堂以及果蔬园，笔者尝试对韩愈住宅的用地布局提出一种较为合理的方案。其宅以唐时习惯，中堂应是院落的核心，前荣应是在中堂之前的屋舍，与中堂相连，在此宴饮宾客、行冠婚之礼。[②] 诗中东堂可能是宅院之东的另一组院落核心，按"东堂坐见山，云风相吹嘘"的描述，东堂或位于宅院与园林之间比较合适。"西偏屋不多，槐榆翳空虚。"住宅的西侧还有榆槐荫翳的一片空地，房屋不多，可以用做仆役住房、杂屋或马厩，空地可以用做农事。园林的位置可能在宅院的一

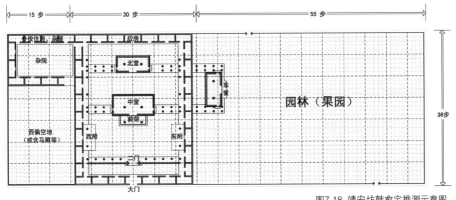

图7.18 靖安坊韩愈宅推测示意图

侧,从"松果连南亭,外有瓜芋区"看,南亭应为园林中的亭子,或位于园林的南部,或位于宅院的南边。"山鸟旦夕鸣,有类涧谷居",显然是一座清幽风雅、如隐山林的宅园。前文我们分析此类官员(白居易、段成式等)的住宅中园林在数亩左右居多,不妨设韩愈此宅中果蔬园之规模也在数亩左右。"主妇治北堂,膳服适咸疏。"北堂应该是生活起居之处,由主妇掌管。考虑到生活起居的方便,北堂之后可能还有一点辅助性的用房。

以靖安坊东西广450步,南北长350步,四品官员宅地1/32坊计,绘制推测图如下(图7.18)。

■ 九品之位其可望,一亩之宅其可怀

四品以下的官员住宅,《长安志》中少有提及,方位记录更不明确,无法判断其大致位置和规模。

韩愈《上宰相书》云:"四举于礼部乃一得;三选于吏部卒无成。九品之位其可望,一亩之宅其可怀。"③ 其感叹似乎暗示,在当时的长安,一个九品的官员或

---

① 韩愈全集. 诗集卷九.
② "荣者,夏屋东西序之外屋翼也,谓之东荣、西荣。"参见:[宋]沈括. 梦溪笔谈. 卷三.
③ 韩愈全集. 文集卷三.

可拥有一亩左右的宅地。根据《营缮令》可知，九品的官员住宅建筑标准和庶民基本同等，而在日本平城京的分地制度中，也没有出现9位的分地面积，8位的面积和无位非常接近，于是推测，长安城中九品官员的宅地面积应该和庶民近似，为1亩。

此外，还有河东薛巽宅，也在一亩左右："唐永州刺史博陵崔简女讳媛，嫁为朗州员外司户河东薛巽妻……惟恭柔专勤，以为妇妻，恩其故他姬子杂己子，造次莫能辨。无忮忌之行，无犯迕之气，一亩之宅，言笑不闻于邻。"① 朗州员外司户，是否够九品尚未查得，一亩之宅，这在今天已属较大的宅院，在唐代官吏住宅中时，却是非常狭小的宅舍了，与普通百姓住宅规模接近。

■ 从白居易宅的变迁看长安官员住宅

白居易一生中多次在长安居官，官阶由低级到中级，先后在常乐坊、昭国坊有宅，后又在新昌坊买宅，都见于其诗。综合起来，可以看到其住宅规模随官阶升迁的变化。

唐德宗贞元十九年（803年），白居易为校书郎（正九品上），租常乐里（东5～6）宅居住。诗集中有《常乐里闲居偶题十六韵》一首，说："茅屋四五间，一马二仆夫……窗前有竹玩，门外有酒沽。"② 和普通百姓住宅没有什么差别，从白居易的诗文中看，他对住居的物质要求倒不高，当时尚未婚，只要有窗前竹影和美酒来助其诗兴就感到满足了。茅屋四五间，一马二仆夫，推测是一个三间正房、两间厢房、一个基本院落的格局，规模大致也就一亩左右。

唐宪宗元和十年（815年），白居易任太子左赞善大夫（正五品上），宅于昭国坊（东3—9），正在《长安志》所说自兴善寺以南"东西尽郭，虽时有居者，烟火不接，耕垦种植，阡陌相连"③ 的四坊之内，故白居易有诗云："归来昭国里，人卧马歇鞍……柿树绿阴合，王家庭院宽……瓶中鄠县酒，墙上终南山。"④ 又说："贫闲日高起，门巷昼寂寂……槐花满地，仅绝人行迹。"⑤ 据诗中描写，有宽大的庭院，墙矮到可以越过墙头看到远处的终南山，门外即槐花满地的田野。正五品上，又是人少地多的南城，门庭显然要宽阔一些。不久白居易就被贬至江州任司马。

唐穆宗长庆元年（821年）白居易回到长安，为中书舍人，仍是正第五品上官阶，在新昌坊有宅，《新昌新居书事四十韵》记载了此宅情况，"……新园聊划秒，旧屋且扶颠。檐漏移倾瓦，梁欹换蠹椽。平治绕台路，整顿近阶砖。巷狭开容驾，墙低垒过肩。门闲堪驻盖，堂室可铺筵。丹凤楼当后，青龙寺在前……省吏嫌坊远，豪家笑地偏……帘每当山卷，帷多待月褰。篱东花掩映，窗北竹婵娟"⑥。从诗中看，是在青龙寺与丹凤楼之间的一区宅第，原有门、堂、室，另外又营建了一堂和松竹之院，他有《竹窗》诗说："今春二月初，卜居在新昌。未暇作厩库，且先营一堂。开窗不糊纸，种竹不依行。意取北檐下，窗与竹相当。"又有《庭松》诗说："堂下何所有，十松当我阶。乱立无行次，高下亦不齐……接以青瓦屋，承之白沙台……四时各有趣，万木非其俦。去年买此宅，多为人所哈。一家二十口，移转就松来。移来有何得，但得烦襟开。"从这些描写看，这所住宅较大，原有的门、堂、室可以开筵、就寝，堂前有白沙月台，台上种有十松，旧宅至少应有两个较宽敞院落，1000～3000平方米左右，一家20口就居住其间。他买宅后又另建一小堂，北窗种竹，为消夏纳凉之处，此又当有一个独立院落，也在600～1500平方米左右。宅中还有小园，称南园，白居易有《南园试小乐》一诗，"小园斑驳花初发，新乐铮摐教欲成。红萼紫房皆手植，苍头碧玉尽家生"。可知不仅有小园（从白居易爱园来看，假设1000～3000平方米），可以容纳小乐队调试新乐，还"未暇作厩库"，应当给马厩和仓库留出空地（假设半亩到一亩左右），或还有数间杂屋供仆役居住。综合起来看，官至五品的白居易宅，已经具有一定规模，宅中二堂、寝室供主人居住，加上厨、库、马厩和供童仆婢妾歌人等20多口，大致有二三十间左右，从比较合适的尺度推测，其宅基地总面积大致在10余亩左右。青龙坊按实测尺寸计算，面积约70多公顷，除去坊墙、道路等尚余60公顷左右的用地，如果说白居易在新昌坊的住宅大约占其坊1/64还是比较合适的尺度。

---

① [唐]柳宗元. 朗州员外司户薛君妻崔氏墓志.
② 白居易. 常乐里闲居偶题十六韵.
③ 长安志. 卷七. 开明坊条.
④ 白居易. 朝归书寄元八.
⑤ 白居易. 昭国闲居.
⑥ 白居易. 新昌新居书事四十韵.

长庆四年（824年）授太子右庶子（正四品下），自求分司东都，在洛阳履道坊所买的原散骑常侍（四品）杨凭宅。① 此时的白居易已经53岁，打算安享天年，从他在《池上篇》中的描述看，此宅规模大约在17亩左右。"都城风土水木之胜，在东南偏。东南之胜，在履道里。里之胜，在西北隅，西闬北垣第一第，即白氏叟乐天退老之地。地方十七亩，屋室三之一，水五之一，竹九之一，而岛树桥道间之。"即使这是一种富于诗意的描述，也可以推知，17亩基址上，屋舍基址面积占三分之一，约在5.6亩左右；水面占五分之一约3.4亩；竹林占九分之一约2亩左右。还剩6亩，为"岛树桥道"等设施。白居易在《池上篇》中又有："十亩之宅，五亩之园，有水一池，有竹千竿。勿谓土狭，勿谓地偏，足以容膝，足以息肩。有堂有亭，有桥有船，有书有酒，有歌有弦。有叟在中，白须飘然，识分知足，外无求焉。"或可理解为屋舍3000多平方米，园3000多平方米，竹林约1000多平方米。又白居易《履道里第宅记》："……于东五亩为宅，其宅西十二亩为园……"进一步说明白居易履道坊第宅中屋舍的面积在3000多平方米左右，在宅基地东侧，园池占8000平方米左右，在宅基地西侧。1992年至1993年考古发掘了洛阳履道坊白居易故居遗址②，其规模和布局与文中描述十分吻合，宅中发现四处比较大的建筑遗址：中厅、东厢、西厢、中厅南的凸形遗迹，可能其中围绕中厅，包括东、西厢和回廊形成一个庭院；凸形基址也在中轴线上，与中厅南北对峙，从残存的踏步和散水来看，可能是宅院的门址。中厅与门址之间形成一个入口庭院。从上述白居易的诗文中可以看到，其宅门朝南开，南北向包含两个至三个纵向排列的院落。按洛阳里坊考古尺寸，其宅占地一区，1/16坊。

白居易几次官职变化（九品—五品—四品），他的住宅规模也发生变化（600平方米左右到6000平方米左右，近1/64坊到12000平方米左右，近1/16坊），明显可见随着官阶升高宅地规模的增加。

■ 官员住宅的形态

这些官员的住宅形态会是怎样的呢？没有实物留存下来，我们可以从敦煌壁画上留下的士大夫住宅形象管窥其貌（图7.19）。一般住宅都用廊院连接各部分屋舍，房屋与廊院和山石植物等园林结合在一起，构成一个完整的园林式居住环境。唐制规定，五品以上官可在宅门之外另立乌头门，实际上是在宅外加建一重围墙。这种第宅门外再加乌头门的形象屡见于敦煌唐代壁画中，而以第23窟盛唐法华变壁画所绘最为典型（图7.20）。从图中可看到，宅墙是抹灰的，而外墙是素夯土墙。这外围夯土墙遂成为贵邸标志之一。

据萧默先生的《敦煌建筑研究》，敦煌壁画中显示的院落住宅大多是四合院，有独院、前后二进院和在二进宅院一侧附建厩院三种。

比如敦煌莫高窟第85窟晚唐宅院：前后两进廊院，前院横长，主院方阔。中轴线上设大门、中门、主屋、后门。旁边附有狭长的马厩院，非常真实地反映出唐代中小型地主宅院格局（图7.21）。晚唐第9窟壁画中一段前院，其大门、中门相隔数步，两边以围廊相接的格局与第85窟一致。

又如敦煌莫高窟第98窟五代宅院：同

图7.19 甘肃敦煌莫高窟第45窟壁画中的唐代住宅

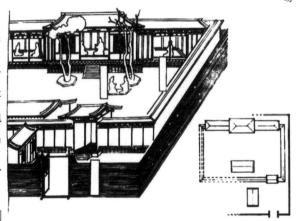

图7.20 甘肃敦煌莫高窟第23窟盛唐法华经变壁画中所绘外有土墙的大第宅

---

① 《旧唐书·白居易传》："(长庆)元年七月，除杭州刺史……秩满，除太子左庶子，分司东都，""长庆四年，乐天自杭州刺史以右庶子召还。""居易罢杭州，归洛阳，于履道里得故散骑常侍杨凭宅……"
② 王岩.唐东都履道坊白居易故居遗址勘察.寻根，1996 (2).

图7.21(1) 甘肃敦煌莫高窟第85窟壁画

样是前后两进院，旁边马厩，格局与第85窟如出一辙。说明这种布局是唐、五代官僚地主宅院的常见模式。（图7.22）

从壁画的院落中可以看见人们的休息起居活动。这种廊屋设有居住用的房间，外有一圈夯土墙，内有周围廊屋，反映出用地利用得比较紧凑，这种带夯土外墙的廊屋亦有可能就是分户的院墙。

图7.21(2) 住宅前院（晚唐第9窟壁画）

第85窟图住宅中，男主外女主内，中门内主院里正房坐着"治内室"的女主人，仿佛在向躬身的男仆吩咐什么事，院内其他四人似都是妇女。大门和中门外有恭谨候门的男仆。将奴仆和牲畜都放在主要宅院以外的做法唐时常见，称为"外厩"，与唐代官僚地主有大量马匹，进出使用车马的社会现实相符。

敦煌壁画中这几处宅院规模相近，都是两进院落、侧面附马厩的宅院，若以

堂屋三间（通面阔6步左右）推算，院落规模约在1~2亩左右。敦煌壁画所记录的唐代住宅形象和格局，或因绘画比例的取舍有点变形，因理想化而夸大门楼、堂屋的建制标准，但大体仍然能够反映唐时较好的民居常见规模、格局构成和一些生活功能分区，可作为隋唐长安宅院的参考图像。

图7.22 甘肃敦煌第98窟壁画中的宅院（节选）

三、平民百姓的宅舍①

隋唐长安中普通士人和居民的住宅相对狭窄。里坊的规划中应当划分出了一定的地块格局以提供住宅的建设，一般来说，隋大兴建城之初按照统一割里割宅的方式分配坊内住宅基地，普通百姓家庭，起初可能拥有较为标准的城市住宅地块。而低层士人官员的宅地，或如前文所提"九品之位其可望，一亩之宅其可怀"，五、六品以下文献不载的官员，与普通百姓接近，也以一亩为其基本标准。唐《营缮令》中，六品七品以下官和庶人住宅建设标准基本相同，推想其宅地规模大抵亦如此。当然，这只是政府分配自建宅地的推想，租屋则不在其内。

■ 隋唐长安普通百姓住宅用地规模

从西周到汉唐，里坊作为居民区，最主要的功能是为了安顿和管理居民。普通百姓的住宅居住理想，就是要创造一个由房屋、桑榆、蔬果、家禽为一体的相对独立的生存空间，这既是普通百姓的住宅单元，也是中国古代城市的基本组成

---

① 贺从容. 隋唐长安城坊内百姓宅地规模分析. 见：中国建筑史论汇刊（第叁辑）. 北京：清华大学出版社，2010：275~303.

单元。《孟子》中曾多次提到的五亩之宅反映出时人基本的居住模式，住宅占地面积五亩，庭院种植桑榆。"五亩之宅，树之以桑，五十者可以衣帛矣。鸡豚狗彘之畜，无失其时，七十者可以食肉矣。百亩之田，勿夺其时，数口之家可以无饥矣。"①《周礼》"宅田"条下之注亦是五亩之宅。《周礼注疏》："六遂之中，家一人为正卒……田则为百亩之田，里则五亩之宅。民得业则安，故云安畎也。"且此"五亩之宅与田皆受之于官"②，说明是由政府分配的住宅用地给百姓。南北朝自北魏起，至唐代数百年间实行"均田制"，采取有计口分配宅田的方法。北魏均田制中规定三口之家才授宅田一亩。③

隋唐延续了北魏以来的均田制度，在隋唐均田制度中，将田宅作为生存和赋税之依托分配给百姓，根据人口每三口人可以给一亩的园宅地，而家中的仆役贱口，则每五口人给一亩宅地，隋文帝时令："其丁男、中男永业露田，皆遵后齐之制。并课树以桑榆及枣。其园宅率三口给一亩，奴婢则五口给一亩。"④唐代沿袭此律，至武德七年令、开元七年令和开元二十五年令中宅地分配制度依然未变："凡天下百姓给园宅地者，良口三人已下给一亩，三口加一亩；贱口五人给一亩，五口加一亩，其口分、永业不与焉。"⑤从中可知，隋唐田令中已将一亩作为颁发宅基地的一个基本单位，一个普通百姓的3～5口之家的住宅面积大致是1亩，如果是两三代同堂加上若干仆役的大家庭，居住园宅的规模可能在2～5亩，但明显比早期的"五亩之宅"有所缩小。

若按隋唐普通居民住宅基址1亩计，也就是一块10步×24步的地块面积，大约可以建造一个有3间正房的四合小院，包括带有一间门房的前院。这正与唐律中规定庶人堂屋为3间，门房为一间的住宅规制相合。

■ 文献记载中的普通百姓住宅实例分析

由于传世文献的局限性，在唐长安留下记载的多为皇族、贵族、官僚士大夫等中上阶层的历史，那些更大数量的普通民众的住居，仅能寻得些只言片语。

1.某坊曲小宅

《太平广记》卷一百九十三："因共入京，虬髯曰：计李郎之程，某日方到，到之明日，可与一妹同诣某坊曲小宅相访……俄即到京，与张氏同往，乃一小板门，扣之……延入重门，门益壮丽，奴婢三十余人，罗列于前，奴二十人，引靖入东厅……遂延中堂，陈设盘筵之盛，虽王公家不侔也。四人对坐，牢馔毕。陈女乐二十人，列奏于前，似从天降，非人间之曲度。"

从文字叙述来看，此小宅不小，有"一小板门"，壮丽的"重门"，门前可以罗列"奴婢三十余人"，进去后又有"东厅"，以及可以容纳女乐二十人"列奏于前"的"中堂"。家人外出要自"西堂"。从板门——重门——东厅——到中堂，就有至少两进不小的院落，另有西堂，可能在此组院落西侧还有一组院落。

如此拥有多组厅堂的小宅，应不只一亩，或在数亩以上。

2. 寇廊三亩之宅

文献记载中亦有数亩之宅。《太平广记》卷三百四十四中记载的一处三亩之宅，即长安一所中小型住宅，从中或可看到宅院的格局：

元和十二年，上都永平里西南隅有一小宅，悬榜云：但有人敢居，即传元契奉赠，及奉其初价。大历年，安太清始用二百千买得，后卖与王昫。传受凡十七主，皆丧长。布施与罗汉寺，寺家赁之，悉无人敢入。有日者寇廊，出入于公卿门，诣寺求买，因送四十千与寺家，寺家极喜，乃传契付之。有堂屋三间，甚庳，东西厢共五间，地约三亩，榆楮数百株，门有崇屏，高八尺，基厚一尺，皆炭灰泥焉。廊又与崇贤里法明寺僧普照为门徒。其夜，扫堂独止，一宿无事。

虽然民间传说的鬼神故事不尽可信，但住宅面积和住宅布局应当是当时常见住宅院落的写照。这个基址为3亩的小宅院，有堂屋三开间，比较矮小，东西加起来厢房五间，门口有较高大的影壁，而且院落中种植了数百株榆楮。可见一户3亩的小宅院中，建筑物只占很小的面积，大部分空间留给了院落，而且会种有大量树木。按照1唐亩约518平方米计算，3亩的宅院约1554平方米，比较宽绰。

---

① 孟子．梁惠王上．
② 文献通考．卷一．
③ 魏书．卷一百一十．食货志．"太和九年下诏均给天下民田：'诸民有新居者，三口给地一亩，以为居室，奴婢五口给一亩．'"
④ 隋书．卷二十四．食货志．
⑤ 唐六典．卷三尚书户部．亦见于：册府元龟•卷四百九十五 // 文献通考•卷一•田赋考一 // 通典•卷二•食货二．日人仁井田升在《唐令拾遗》中，复原了武德七年令、开元七年令和开元二十五年令．

参考唐时构架尺度计算，整个建筑主体院落在10步×14步、15步×14步的大半亩地内布置比较合适舒敞，再加上一些辅助性的房屋院落，加起来近一亩多。而"榆楮数百株"当有近三百株，大部分应种在园中。设若种植间距是1.5~2米，平均每株用地约1~2方步，按照矩阵种植大约需要1~2亩。

若将"榆楮数百株"的园子如"洛阳履道坊白居易宅"的位置放在旁边，可以得到此宅比较合适的布置方案（图7.23）。

3．平康坊三曲中的院落

《北里志》中记载平康坊北里的中曲和南曲中有一些较高级的妓所，"二曲中居者皆堂宇宽静，各有三数厅"，厅为院落中的正房，"三数厅"当对应有三个或数个院落，而且"左右对设小堂"，院落还比较宽敞。按照舒适的小庭院比例，一个院落面阔、进深约七八步左右，面积近1/3亩，三个或数个院落或在1~2亩之间。

平康坊是一个南北宽350步，东西长650步的较大的坊，去除十字街坊墙、循墙巷曲的宽度（假设为30步），南北各余150步宽。每排住宅南北进深约24步，每

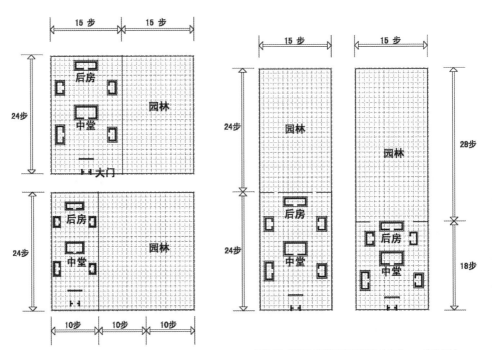

图7.23 寇鄘宅推测方案示意图（左为一；右为二）

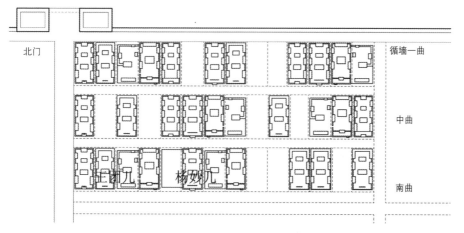

图7.24 平康坊北里三曲中的宅院推测示意图

块宅基地的东西宽度为10~12.5步，这样分划出的一块住宅基址面积约为：24步×10步＝240方步，合1唐亩左右（图7.24）。

但实际上，长安城中一些小户住宅的基址很可能是根据其正房的宽度来确定基址的宽度，大约在10步左右，以曲内南北24步余的进深，可以布置一个深两进到三进的小型院落式住宅。如果这一区域的宅舍基址大小比较平均，则在平康里十字街东北这一区块中，可以居住45户居民，每户有宅地1亩。

4. 安仁坊"孤贫"之宅

据《樊川文集》载："某启，某幼孤贫，安仁旧第，置于开元末，有屋三十间而已。去元和末，酬偿息钱，为他人有，因此移去。八年中，凡十徙其居，奴婢寒饿，衰老者死，少壮者当面逃去，不能呵制。"

其中所说安仁坊"有屋三十间"的"孤贫"旧宅，若按常见的民宅格局布置，大致有2~3进院落，堂屋三间，厢房四间到六间，第二进正房三间，厢房四间左右，其他杂屋、廊屋十余间，院落的基址大小大致也在数亩以内。

5. 长安城南"一亩之宫"

《太平广记》中记载了唐代诗人崔护著名的诗句"人面不知何处去，桃花依旧笑春风"背后的故事，就发生在长安城南的一处"一亩之宫"中，这种一亩之宫很有可能是当时比较普遍的居人庄宅院。

博陵崔护姿质甚美，而孤洁寡合。举进士第。清明日独游都城南，得居人庄，一亩之宫，花木丛萃，寂若无人。扣门久之，有女子自门隙窥之，问曰：谁耶？护以姓字对曰：寻春独行，酒渴求饮。女入，以杯水至，开门，设床命坐，独倚小桃斜柯伫立，而意属殊厚，妖姿媚态，绰有余妍。崔以言挑之，不对，彼此目注者久之。崔辞去，送至门，如不胜情而入，崔亦眷盼而归。尔后，绝不复至。及来岁清明日，忽思之，情不可抑，径往寻之，门院如故，而已扃锁之。崔因题诗于左扉曰：去年今日此门中，人面桃花相映红。人面不知何处去，桃花依旧笑春风。①

从文中对宅第的描绘可以看到这是一户平常人家的宅第，一亩大小，种植有较多的花木，有门，有院，有房（内有床）。

6. 隋唐坊内住宅密度

据《朝野佥载》卷一记载："开元八年（720年）……上阳宫中水溢，宫人死者十七八。其年，京兴道坊一夜陷为池，没五百家。"② 说的是一次暴雨引发的水患，一夜之间使东都（洛阳）、京城（长安）以及周边邓城等地皆受到相当程度的损坏，其中兴道坊就被水淹了五百家，从行文来看，似乎是整坊被淹，坊内有五百家。设若当时兴道坊内真有五百家，按照文献记载和考古实测尺寸③ 计算，平均每户园宅地大约也在一亩左右。

据《文苑英华》卷五百七十八李峤《代公主让起新宅表》载："且坊为要冲，地当贵里，亩赁二三十贯，居人四五百家，夺其近市之门阓，生其破家之怨讟，虽下人之不语，岂愚妾之能安。"这是李峤（644—713年）代公主写的一份很委婉地拒绝为她建新宅的奏表，说的也是一个容纳了四五百家的坊。李峤是武后至睿宗时的诗人，文中说坊内"居人四五百家"，未必就准确知道坊内的实际居民数目，很有可能只是常识性的推测罢了，换个说法，当时这种类型的坊内居民编制，有可能就在四五百家左右。

据《长安志》载，朱雀门街西的"长安县所领四万余户，比万年为多，浮寄流离，不可胜计"。而街东的"万年县户口减于长安，又公卿以下居止多在朱雀街东，第宅所占勋贵，由是商贾所凑，多归西市"。由此可知，朱雀门街东诸坊，由于官宦、勋贵第宅居多，人户较少，而街西诸坊，普通住户较多。

街西长安县所领57坊中，刨去西市2坊，按照文献和考古实测计算，朱雀门大街以东共有宅基地约41782亩，若以"长安县所领四万余户"计算，平均每户宅基地大约为1亩左右。

上述文献均反映出长安城中居民用地平均每户1亩（约518平方米）的大致密度。普通百姓的住宅或在1亩至数亩之间。但即使是普通市民住宅的基址面积，也一定是参差不齐的，如文献提到的虬髯客小宅，其面积当有数亩之多；而永平坊西南隅寇郾宅，地约三亩；以及安仁坊"有屋三十间"，约合三个院落的"孤贫"之宅，而三个院落的基址大小，也略接近3亩的规模。而《朝野佥载》所记兴道坊曾经一夜没五百家，即便将占地1/4坊的太平公主宅地平均到每户，也有许多不足1亩之家，说明在长安城中还有许多实际基址面积小于1亩甚至更小的住宅。

大致了解了住宅的规模，那么唐长安中普通百姓住宅长什么样子的呢？据唐代王梵志的诗，隋唐时除了较大规模住宅中使用回廊院、山池院、山亭院等形式外，已经出现了四合院落式住宅的建筑空间形式。如：

生坐四合舍，死入土角黑暗眠，永别明灯烛……④

好住四合舍，殷勤堂上妻。无常煞鬼至，火急被追催……⑤

这些四合院式住宅，往往应是小规模住宅的组群方式。描写唐人生活的小说《太平广记》有诸多有关住宅门户、廊舍、院落的描述，从中可以略窥其与后世四合院式住宅在空间上的差异。而西安和山西出土的陶屋，以及敦煌壁画中所绘唐代住宅，也可反映当时普通宅院的大致情形。

---

① 太平广记.卷二百七十四.
② [唐]张鷟.朝野佥载.卷一.此事《旧唐书》卷三十七、《新唐书》卷三十六、《文献通考》卷二百九十六、《太平广记》卷一百四十中均有记载，内容基本相同.
③ 参见：中国科学院考古研究所西安唐城发掘队.唐代长安城考古纪略.考古，1963(11): 595~611. 1唐步=1.47米，1唐亩=240方步，(382-4)*(340-14)/240= 513.45唐亩.取整为513唐亩.
④ 全唐诗补编·全唐诗续拾.卷二.
⑤ 全唐诗补编·全唐诗续拾.卷五.

从图像资料看隋唐长安城坊中普通百姓宅院的格局

西安中堡村、山西长治的唐墓中分别出土了一组三彩庭院，这两组三彩庭院模型形象地反映了唐代普通住宅庭园的格局。虽然明器的塑造与房屋实际尺寸存在着一些差异，但从唐代明器的写实性来看，据此推测的院落格局和尺度应当具有一定的合理性和参考价值。敦煌壁画中所反映的一些宅院为我们提供了唐代住宅院落的基本结构情况。

1. 西安中堡村唐墓出土陶屋中所见宅院

1959年在西安中堡村唐墓中发现一组蓝（或绿）釉陶屋，[①]有房子八座，亭子两座，山池一座。以其规模和营缮等级判断，或许是一户比较富有的乡绅的宅院模型。以当时的营造技术，这种做法的建筑单体面阔开间约在3～6米之间（2～4唐步左右），进深一步架约1～2米（一唐步左右）。从中国古代院落布局的习惯来看，这组陶屋可以组成两个院落，大门、两个厢房、正堂组成主体院落，另外两个厢房和后堂组成服务性的后院。其中，大门面阔三开间，正堂面阔三开间，为蓝釉屋顶，在整组陶屋中最华美，显示出地位之重要。前檐明间开门，两次间墙上开有直棂窗，两山及后檐均为墙。其余六座房屋都是三开间用二柱的土木混合结构，前檐敞开，造型简单，没有刻画门窗装修，估计是厢房、厨库等辅助建筑。这些房屋的两山墙和后檐墙为承重墙，山墙上承檩和从前檐明间二柱上伸过来的橑檐枋。以唐步推算，整个宅院，可以比较舒适地放进占地一亩多的宅地当中。（图7.25）

2. 山西长治王休泰墓出土陶屋中所见宅院

1964年，在山西长治出土了唐代宗大历六年（771年）王休泰墓中一组与上述相似的陶屋。[②]这是一组南北长东西窄的长方形宅院，素夯土围墙环绕，一共有三进院落。第一进为主院，有门、堂、照壁和东西厢房，庭院和建筑尺度都较大。第二进有正屋、旁屋，院内有灶、碾盘、石臼等，应该是服务院落。

第三进就一栋后房,可能是仆人居住。全组建筑除马厩为单坡顶外,其他均为悬山。(图7.26)

据晋东南文物工作组考证③,王休泰祖上为官,本身无职,是一富有地主,故其宅可作为一般无职庶人中型第宅的模型看待。宅门一间二架,正堂三间,都和《营缮令》的规定相符。这组出土陶屋距离西安不远,能够反映隋唐长安一带民居的规模、格局和构造。

图7.25 西安中堡村唐墓出土三彩院落模型

---

① 陕西省文物管理委员会. 西安西郊中堡唐墓清理简报. 考古,1960(3) // 中国古代建筑史(第二卷):444.
② 晋东南文物工作组. 山西长治唐王休泰墓. 考古,1965(8).
③ 晋东南文物工作组. 山西长治唐王休泰墓. 考古,1965(8).

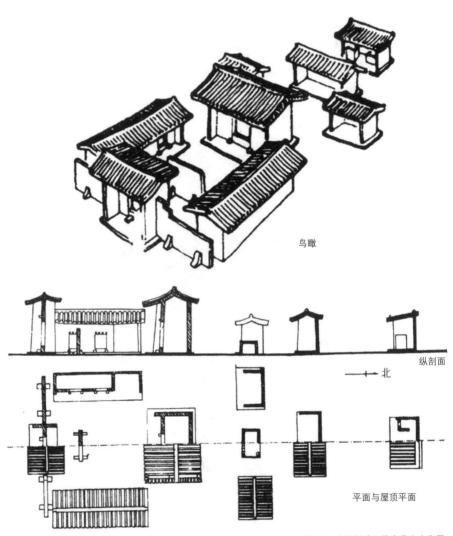

鸟瞰

纵剖面

平面与屋顶平面

图7.26 山西长治王休泰墓出土陶屋

第三节

汉长安的市场

在汉长安诸多的市场中，规模最大、形制最高的无疑是东市和西市。

汉高祖六年（公元前200年）"立大市"，即后来的东市（《史记》），汉惠帝六年（公元前189年），又于大市之西建市，名西市（《汉书·惠帝纪》）。此后"大市"更名为"东市"。根据考古勘探资料，西市东西550米、南北420～480米，而东市东西780米、南北650～700米。

为了便于管理，东市和西市的周围都筑有墙垣，四面墙上各辟有两座市门，是出入市场的必经之处，每市共有八门。东市和西市之内均有贯通全市的井字形干道，干道两端与市门连接。市内道路两旁分布有众多商肆，称市肆。市肆按其经营内容分类安排，同类商店排列于一起，因此又称为列肆或市列。比较固定的市还要有存放商品的库房，称邸舍或市廛。两市在各自的市中心还设有管理本市事务的市楼，因市楼上悬挂旗子，所以又称旗亭。四川广汉、彭县和新繁出土的市井图画像砖上，保留了一些地方市场的图像资料（图7.27～图7.29）。市的平面大抵呈方形，四周墙垣围绕，每面各辟一市门，市中心有市楼（旗亭）。市内主干道呈十字形，将市分成四区，每区内有三列至四列整齐排列的肆。虽然是县治的市，但也反映出了汉代市井的一些情况。

除了两市各自市中心设置的市楼外，在东市和西市之间还有国家统一管理市场的市楼，文献中又称当市观或当市楼，是监察两市贸易的政府机构所在。据《三辅黄图》记载："当市楼有令署，以察商贾货财买卖贸易之事，三辅都尉掌之。"考古发掘证实，在东市和西市之间的横门大街上，北距横门约160米处有汉代市楼建筑遗址。其长、宽各约300米，主体建筑位于建筑群中央，东西147米、南北56米。

东市遗址位于今西安市未央宫区六村堡乡曹家堡村西的南北向水渠以西，周家堡村北的东西公路附近。西市遗址在今西安市未央区六村堡乡的六村堡以东、袁家堡以西。西市面积0.2475平方公里，东市面积有0.4875平方公里，东市的面积几乎是西市的2倍，为什么会出现如此大的差距呢，这与两市的位置和不同性质有关。

汉长安的东市位于汉长安城的横门大街以东，东邻宣平门内的主要居民区，南近达官显贵的"北阙甲第"，十分便利于商业活动，文献记载有"大市日昃百市，百族为主（《周礼•司市》）""东市贾万"，等等，都反映出汉长安东市是以商业活动为主的大市，商业活动非常发达，需要大面积的商业活动空间。而西市在东市西边，位于汉长安城横门大街以西120米，偏居于长安城西北隅，环境相对封闭，便于官府控制重要的手工业，西市中的一些手工业生产直属中央管辖，如铸币业、属于东园秘器的陶桶制造业等。考古勘探发现，西市之内有大面积的手工业作坊遗址，西市东北部以铸币作坊遗址为主，中部和西部有不少制作陶桶和砖瓦等陶制品的作坊遗址，西市南部有冶铸作坊遗址。而文献对西市的商业活动少有记载，也未见有关于西市名贾大商的记载。反映出西市以手工业为主，商业活动较少，需要的商业空间相对应会少很多。

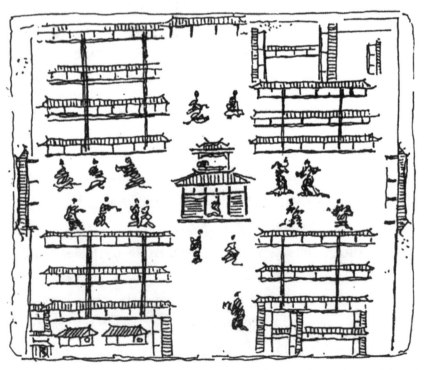

图7.27 四川出土东汉画像砖表现之市肆

西市主要负责生产加工，东市负责商品买卖和流通，两市既具有各自相对独立的分工和空间，又相邻互补，在功能上相辅相成，组成商业与手工业相结合的"长安市"，这正是中国封建社会初期城市市场的特点，也是为什么东市和西市相邻的原因。后来，唐长安城中的东市、西市虽然沿用了汉长安东市、西市的名称，也继承了主要的空间形制，但两市性质已经不再有工商分工，而是均以商业活动为主，空间上也不再是毗邻关系，而是分列于都城之东西作为不同区域的商业中心。

图7.28 四川广汉出土市井图砖

图7.29 四川彭县出土市井图砖

此外，源于商品交易的需要，汉长安城已经出现了多处市场。《汉书·刘屈氂传》有"四市"的记载，而《三辅黄图》、《西都赋》和《四京赋》等文献均记载汉长安有"九市"。后人认为"四"和"九"都可能不是具体数字，而是泛指市场之多。据文献记载，城内有东市和西市这样重要的大型的长期固定的市场，也有集会式的小型市场如太学旁的会市（因仅有数行槐树而称槐市，逢朔望之日开市，人们在树下交易，平时大概就是休闲之地）；有专门经营某种暴利商品的市如酒市，还有少数贵族豪富私立的市如王根的"立两节"；此外，汉长安城郊还有一些市，如便桥的交道亭市、咸阳渭河边细柳仓旁的柳市、渭河桥附近的直市、渭北秦咸阳城西的孝里市，以及长安附近驻军所在地的军市，等等。但一般市的规模不大，有的既无市场，更无市楼，远不及东市和西市的规模和作用。

第四节

隋唐长安两市

隋唐长安城外郭内设有两个集中的交易市场：东市（隋名都会市）、西市（隋名利人市），对称地置于皇城外的东南和西南方向。每市各占两坊之地，市平面近方形，有夯土市墙环绕，每面各开两门，使市内形成"井"字形街道，分全市为九区。街道宽约30米，"井"字形街两侧各有剖面为半圆形的排水沟。市内中心设有管理市场的市署和平准署，四周各区分行建店，店铺大多临街布置。据西市考古发掘可知，距街两侧排水沟约2米处设店，每座店铺的面宽在4～10米左右。

据文献记载，每市有220行，为长安城内士农工商提供各色商品，西市的大衣行、绢行、秤行、窦家蜡烛店、侯景先当铺等都非常有名。市内沿市墙设仓库。东市东北角、西市西北角各有放生池，市内还有寺庙。唐长安东半部户口少于西半部，大约因靠近东内大明宫，多居住公卿勋贵，故人口密度低，西半部户口多于东半部；加之西市接近西门，西域来的胡商云集，所以比东市更加繁荣。李白诗中"五陵年少金市东，银鞍白马度春风。落花踏尽游何处，笑入胡姬酒肆中"，描写的就是长安富家子弟逛西市酒肆的生活场景。西市内有收购宝物的胡商，有胡商开设的波斯邸，此外，西市附近的里坊中还有波斯寺、祆寺、摩尼寺、景教寺等为外国商人使用的宗教场所，这说明隋唐长安城不仅是一座国际化的大都市，也是一座文化包容性很强的城市。

长安西市、东市位置均已探明，东市东西924米×南北1000米多，西市东西927米×南北1031米。西市的围墙厚4米许，围墙内有宽14米的顺墙小街，通向四周的仓库。市内纵横四街都宽16米，街两侧有排水沟。沿街店肆都是较小的建筑，最长的三间，宽不到10米，小的一间，宽4米左右，进深只3米余。尚未发现文献所载的豪华的建筑如酒楼遗迹。

由于隋唐长安实行宵禁制度，市是封闭的，出入必经市门。《唐会要·市》载："其市当以午时击鼓二百下而众大会；日入前、七刻击钲三百下散"，可知市的开放有定时。在封闭固定的市场内集中进行交易，使长安城内的商业交易活动受到了空间与时间上的双重限制。随着长安工商业的日益繁盛，限制工商业集中东西二市的规定渐行不通，大约自初唐高宗以来，两市四周各坊和位于重要交通线上的城门附近，以及大明宫前各坊，逐渐出现了一些大小工商行业。这些行业在盛唐以后发展得很快，到了中晚唐时，位于东市西北的崇仁坊内，已经出现"一街辐辏，遂倾两市，昼夜喧呼，灯火不绝"[1] 的夜市。而西市东北的延寿坊内则"如是充于辇毂之下，而延寿里推为繁华之最"[2] 。

社会经济的发展与变化，已经开始对城市结构产生了影响。这种在坊内临街开店，以及逐渐形成夜市的交易形式，初步孕育了宋以来晚近城市的街市雏形。

---

[1] [宋]宋敏求. 长安志. 卷八.
[2] [唐]苏鹗. 杜阳杂编. 卷下.

第捌章

汉唐帝陵田野间
——西安地区的帝陵

乾陵陵冢前的门阙

中国传统社会十分重视孝亲和"慎终追远",自商周起即已形成尊崇祖先和对逝者"事死如生"的墓葬习俗。陵墓作为上辈帝王的最终归宿,更是得到了历代帝王的极大重视,帝后陵寝成为历代皇家建筑中的重要组成之一,通常反映了当时社会在丧葬方面的最高礼制和建筑标准。国势强盛的汉长安和隋唐长安附近,豪华的帝陵远远超过其他都城,帝陵旁边甚至附有陵邑。而这些帝陵位置的选择、陵邑的设置,也与都城长安的护卫、权力掌控以及物资给养等休戚相关。

第一节

秦始皇陵

规模空前的地上宫殿在秦末战争中坍塌焚毁,地下的宫殿却让世人对秦始皇刻骨铭心,19世纪70年代考古发现的秦始皇兵马俑,被称为"世界第八大奇迹"。秦始皇陵位于陕西临潼县东的骊山,又称骊山陵,是我国古代最大的帝王陵。陵墓选址"南对骊山,北对渭水",颇有气势。此陵墓形制宏巨,规模空前。(图8.1~图8.3)

图8.1 秦始皇陵

图8.2 秦始皇陵冢(春景)

图8.3 秦始皇陵墓

据1962年以来的多次地面与空中探测，已确定其陵园平面为具南北长轴之矩形，周以内、外二重陵墙，外圈2165米×940米，四隅建有角楼，四边辟"司马门"，陵门各置门阙，陵体轴线东西向，所以主要陵门位于东侧。内圈陵墙1355米×580米，北面开二门，其他三面各开一门，与外圈园门相对。陵园内城中，陵体西北建有寝殿、便殿等建筑，是陵中祭祀之所在。陵体西面内、外垣之间，建有御苑与车马厩以及后宫所属的官寺衙舍等。外垣以外，另有王室陪葬墓、兵马俑坑、马坑、珍禽异兽坑、跽坐俑坑，以及窑址、石料加工场等。（图8.4）

陵体创造了中国古代帝王陵寝方上制的新形式，影响及汉乃至后代之唐、宋。方上制，即在陵墓地面之上部分用人工夯筑起方锥形的封土堆，土方量很大，此种陵墓形制开创自秦代帝陵，一直沿用到宋代。秦始皇陵的"方上制"是由三层方形

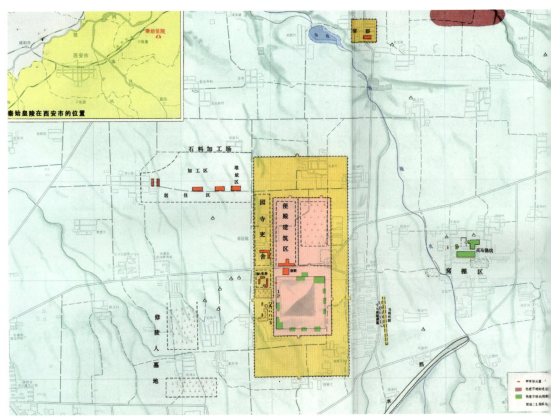

图8.4 秦始皇陵平面

夯土台构成的覆斗形封土，体形高大，残高共76米，底层约350米见方。

覆斗形封土台位于内陵墙南部中央，封土下为秦陵地宫，地宫规模十分庞大。经考古探测知始皇陵在地表下2.7～4米处，砌有东西宽392米，南北长460米之地宫墙垣一道，墙体均由土坯砖构成，高、厚皆为4米，墙内所围面积约18万平方米。墙垣四面辟门，已发现东侧有门道五条，西、北、南各一条。据司马迁《史记》记载："（始皇陵墓室内）以水银为百川大海，机相灌输，上具天文，下具地理。以人鱼膏为烛，度不灭者久之。"即是说始皇陵还在地宫顶上画了天文图，地面用水银仿"五岳"、"四渎"，所谓"天文绵绣织被，据山种地理之势"。从发掘出的唐代墓来看，古代帝王墓穴内确实是有这样的做法，描绘国土疆域的缩影，表示拥有统治国家的权力。另外，地宫里面砌纹石以防水，再涂一遍丹漆，防地下水反潮，墓室内设置有坡度的陶水管、石水道，地面做防洪沟，使陵墓完整地保留下来。地宫中部约1万平方米内，据测定呈强烈的汞异常反应，由此可印证《史记》中"以水银为百川大海"的记载。另据航空测量，知墓室为矩形平面，其南、北二面各建附藏室一座。至于墓内的具体结构与布置，除铜椁外，推测结构仍以木构为主，或也有部分采用砖石结构的可能。（图8.5）

图8.5 兵马俑博物馆始皇陵模型

秦始皇地宫尚未发掘，但周边陪葬坑的发掘就已经震惊天下。例如，在封土西侧发现了构造精美、外观豪华的铜车马坑（图8.6），陵园东侧还发现了三处巨大的陶兵马俑陪葬坑，内置众多的陶兵马俑和战车，是秦始皇庞大的地下部队（图8.7~图8.8）。秦是第一个禁止在君王死后用活人陪葬的国家，代替活人的是陶俑。另外，在封土东北有贵族陪葬墓二十余座，骊山陵东垣外偏南处发现有陪葬墓十七座，此外还有大量铜车马坑、有随葬陶俑器皿和异兽珍禽坑、大型马厩坑，等等。这些随葬坑，均以陵体地宫为中心。

秦始皇骊山陵范围，并不仅限于陵垣以内，大抵包括方圆7.5公里内的地域，占地面积在56平方公里以上。比如陵园西北，有打制石材的加工场所；陵园东南约1公里处，为防止山洪冲击，修建有一道防洪大堤；在陵园北约2.5公里处，建陵时曾在该地大量取土，后水积成池，称为鱼池，等等。骊山陵的总体布局，采用了东西向的轴线，将主要入口置于东侧，因此陵内大部分建筑，都是坐西朝东。而作为"后宫"的附属建筑及设施，则基本集中于西部，亦即地宫与封土之后。骊山陵的规模巨大与气势雄伟，是我国古代陵墓工程的壮举。它的构思与布局原则，对后代两汉和唐、宋的帝王陵寝，产生了极为深刻的影响。

秦二世胡亥葬于杜南宜春苑（今西安曲江南），其陵园与始皇陵不可同日而语。（图8.9）

图8.6 秦始皇陵一号铜车马

图8.7 秦始皇陵陶俑与陶马

图8.8 秦始皇陵一号兵马俑坑全景

图8.9 西安秦二世皇帝陵

第二节

西汉长安附近的帝陵

除了太上皇万年陵建于栎阳外，西汉一代的帝陵均建在长安附近，集中分布于两个区域：一区位于长安城北渭水北岸丘陵地带，包括九处帝陵（高祖刘邦与吕后合葬之长陵、惠帝刘盈安陵、景帝刘启阳陵、武帝刘彻茂陵、昭帝刘弗陵平陵、元帝刘奭渭陵、成帝刘骜延陵、哀帝刘欣义陵、平帝刘衎康陵）和诸后之陵，沿着渭河北岸一字形排开；另一区位于长安城东南，包括文帝刘恒霸陵、宣帝刘询杜陵、高祖薄姬（后追尊太后）南陵，及文、宣二帝之后陵等。漫步在五陵原上，秋风萧瑟，夕阳下一座座山陵般隆起的汉代巨冢映入眼帘，令人不禁有"西风残照，汉家陵阙"的同感。（图8.10）

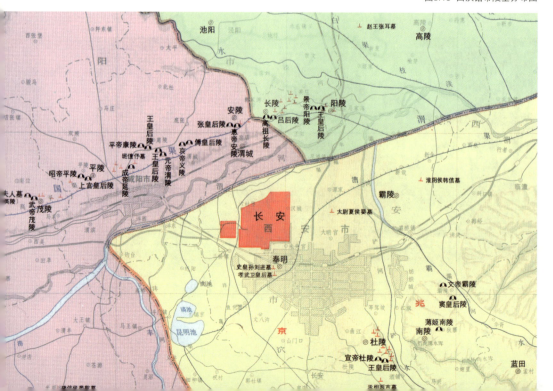

图8.10 西汉诸帝陵墓分布图

一、高祖长陵

长陵是西汉第一座帝陵,汉高祖刘邦的陵墓,吕后死后合葬于此,位于今西安市西北约27公里的三义村附近。刘邦死前已基本建成,高后(吕雉)六年(公元前182年)完成陵墙的构筑。(图8.11)

《三辅黄图》称:"高祖长陵,在渭水北,去长安城三十五里……长陵山东西广一百二十步,高十三丈。长陵城周七里百八十步,因为殿垣,门四出。及便殿、掖庭诸官寺皆在中。"可知陵园四周筑有陵墙,每面墙中央应辟有陵门,园内建有祭殿、封土等。文中"山"是指墓上的封土,以人工夯土建成覆斗形土丘以象征山陵,又称"方上"。以1汉尺=0.23米、一步=6汉尺折算,覆土堆边长165.6米,高29.9米,陵园周长3146.4米。

考古实测长陵陵园平面为方形,边长780米,与《三辅黄图》记载十分接近。陵园内有两座覆斗形封土,汉代"以西为尊",西侧中央的一座为刘邦墓葬,底平面为矩形,现存东西153米,南北135米;顶部东西55米,南北35米,封土高

图8.11 长陵全景

32.8米。陵内东南隅的一座土丘为吕后墓葬,比高祖墓葬封土尺度略小,其平面矩形,东西广150米,南北长130米,封土高30.7米。

此外,陵园内还有一些礼制建筑的遗址,如西北角存有土墙、柱洞及散水残迹,东南隅遗存有大量瓦片,刘邦封土北150米和吕后封土北350米处均有夯土台基。吕后陵南墙外30米,有东西250米×南北100米的大夯土台基,上存大柱础石、残砖瓦及红色墙皮等建筑遗物;再向南又有东西150米×南北100米的夯土台基,并出土有大量瓦当和排水管,说明曾建有较大的殿宇。

二、宣帝杜陵

宣帝杜陵位于今西安市东南,由帝陵、后陵、寝园、陵庙、陪葬墓及陵邑等组成。(图8.12)

宣帝陵园平面呈方形,边长430米。四周夯土园墙,每边中央辟有陵门。陵门由门道、左右塾及左右廊组成。覆斗形封土位于墙内中央,底部边长170米,顶部边长50米,残高29米。

王皇后陵园在宣帝陵园东南,平面方形,边长330米,四周夯土园墙,每面中央开门。覆斗状封土在陵园中央,底部边长145~150米,顶部边长45米,残高24米。陵门较宣帝陵略小但形制相同。(图8.13)

图8.12 西汉杜陵现状图一

图8.13 西汉杜陵现状图二

宣帝寝园紧靠其陵园东南，其北墙即陵园的南墙东段。寝园平面为矩形，东西174米×南北120米，周以夯土围墙。寝园分东、西两区。寝园西区面积较大，东西108米×南北111米，包括南门殿、回廊、东门殿、庭院、寝殿及东西门道等。寝殿是其中最主要的建筑，置于寝园西侧，符合汉代"以西为尊"的习俗。现存有夯土台基东西55.15米×南北29.6米，残高0.25米。寝殿位于庭院内中央偏南，与寝园西区南门相对。寝殿面阔十三间，进深五间，四周环有宽2.1米的回廊。寝殿南、北墙上各辟三门，符合西汉中、宾、阼三阶的宗庙之制。东、西墙正中各置一具有双门道的门户，门道外侧有宽1.05米的檐廊。沿殿西侧门道西行出寝园西门，即可北达陵园南门，这种部署亦应与祭祀有密切联系。寝园东区由诸多小建筑和庭院构成，应为便殿、官署及辅助建筑所在。东区西南隅靠近寝殿东门处有一座小殿，东西面阔18.9米，南北进深15.3米，疑似辅助祭祀的"便殿"。其他建筑大体分为四组院落，应为比较次要的附属建筑。

王皇后寝园位于皇后陵园之西南，周以围墙，墙中央辟门。寝园平面呈矩形，东西129米×南北92米。寝殿也在寝园西部，台基东西39.18米×南北27.13

图8.14 西汉杜陵墓群

米,残高0.5米。殿北辟二门,南一门,东、西亦置双道之门户。殿周绕以回廊,殿北亦辟广庭。除规模及尺度皆小于帝园外,王皇后寝园形制与宣帝寝园相似。

此外,杜陵附近还有众多大型陪葬墓,大都集中于陵园东南,现存可辨之封土62处。后陵附近也有多处覆斗形封土,大者底长77米、宽74米、残高20米。(图8.14)

三、西汉长安帝后陵寝的构成

西汉长安其他帝后陵寝尚多,综合考古资料和学者研究,可知每座完备的陵寝大致由陵园、寝园及陵邑三区组成。高祖与吕后共葬于一陵园之内,但"同茔不同穴"。自惠帝以后,后陵即建有独立的陵园,位于帝陵之东侧或西侧,且形制明显低于帝陵。

陵园是墓葬之处,最为重要,包括地面与地下两部分。地面有陵墙、门阙、角楼、封土、祭殿等。陵园平面多呈方形,四周有夯土围墙。帝陵陵墙边长370～780米,后陵陵墙边长300～400米。各陵墙中央均开一陵门(汉时称"司马门"),宽12～16米,门旁建有门阙。陵墙四隅建有曲尺形建筑,与明堂院落之四隅相似，当为附属用房。陵园内最重要的位置上夯有高大的坟丘封土，常做覆斗状，或有多层台。

陵园的地下部分即地宫，关于西汉地宫的文献记载和考古资料都很少。《汉旧仪》中说前汉：

> 天子即位明年，将作大匠营陵地。用地七顷，方中用地一顷，深十三丈，堂坛高三丈，坟高十二丈。武帝坟高二十丈，明中高一丈七尺，四周二丈。内梓棺、柏木黄肠题凑。以次百官藏毕。其设四通羡门，容大车六马，皆藏之内。方外陟车石外方立，先闭剑户。户设夜龙、莫邪剑、伏弩，设伏火。已营陵余地，为西园后陵。余地为婕妤以下。次赐亲属、功臣。

文中所说的"明中"是指在坟中所挖的土圹墓穴，其六面均以木料铺砌成很厚的壁。土圹内有椁室，椁室内分有数室或建有回廊，最核心的位置放置棺椁，称为"梓宫"（即棺室），梓宫前设"便房"，房内列床榻、家具、器皿、食物等，以供死者亡灵的起居、饮食。椁室的外壁均用方形断面朝内的柏木黄心铺

图8.15 霍去病墓冢全景

砌,即所谓"黄肠题凑"。凡在椁室范围内的殉葬器物都称为"正藏",在"黄肠题凑"之外的器物称为"外藏",或另建"外藏椁"贮放。

帝王陵园附近,还有陪附的嫔妃、皇族或勋臣墓葬,如茂陵东北著名的霍去病墓等(图8.15),另外还有一些埋有俑人、车马、器皿、宝货、珍禽异兽等器物的陪葬坑。

寝园是帝后陵寝中一组专门用以供奉先王神位、御用衣物及祭品的祭祀性建筑,西汉初年依秦制建于陵园之内,景帝时移到陵园外而形成一组独立的建筑。西汉景、昭、宣帝的寝园均在其陵园之东南,元帝的在西北。据考古发掘所知,寝园内有门殿、走廊、正殿、寝殿、吏舍及庭院等,目前仅杜陵遗存较完整。寝园平面多为方形或矩形,四周有墙,四墙中央辟门,形制与陵园相近。园内主体建筑为寝殿,等级甚高,其南、北俱设三阶,东、西各有门道。另有便殿、官舍等建筑和诸多庭院集中置于寝殿东侧。此外,寝园也设置园令、园丞、园郎等官吏管理园中事务,体制大致与陵园相仿。

西汉帝王陵寝中还有专祀帝王的陵庙。汉初的高祖、惠帝之庙(即高庙、西庙)皆在长安城内。从文帝霸陵开始都于陵旁建帝庙,这一部分在上文礼制建筑中有详述,不复多言。

西汉时设"园令"管理陵园,著名文学家司马相如就曾任文帝霸陵园令。园令之下还有"园丞"、"校长"、"主兵戎盗贼事"、"园郎"等职务,每陵有守司马门的"门吏"三十人、"候"四人,而日常守卫、洒扫、种植、供奉的军卒、宫女、杂役等,则不在千人之下。

第三节

汉代陵邑

为建造和保护帝王陵墓,秦始皇时开始在陵墓附近设置陵邑,原只是少量服务和保卫人员的居住地。汉初仍依秦制于帝陵旁设置供奉陵园的陵邑,并从全国各地迁徙豪富之家前来守陵。这种强制性的迁徙,实际上也是巩固中央集权的一项政治举措,在一定程度上振兴了秦末战争后委靡的关中经济,削弱了威胁中央的地方势力尤其是关东大族的势力。西汉初期的长陵邑和安陵邑,主要迁徙关东大族入住,就是为了控制关东政权。西汉中期的陵邑居民,以迁徙吏二千石以上、高赀富人、豪强兼并之家为主,则是为了削弱地方实力,繁荣京畿地区的经济。因此,西汉长安城附近的陵邑规模和形制,已较之秦时大有扩展。

汉长安城附近主要有长陵邑、安陵邑、霸陵邑、阳陵邑、茂陵邑、平陵邑和杜陵邑七座陵邑,每座陵邑即是一座小城,此外还有昌陵邑、云陵邑、南陵邑、少陵邑等。(图8.16~图8.18)

图8.16 西汉武帝茂陵

图8.17 茂陵陵碑

汉高祖的长陵邑紧邻长陵北墙，高祖时设置，居民主要是从东方齐地和南方楚地迁来的贵族。城址平面为矩形（南北2200米×东西1245米），高后六年（公元前182年）才建成城垣，除东面为壕沟没有城墙外，其他三面皆有城墙，三面城墙居中处各辟一门，陵邑内分布有大量汉代建筑遗址。

惠帝安陵邑位于陵北900米处，今咸阳渭城区韩家湾乡白庙村，惠帝曾"徙关东倡优乐人五千户以为陵邑"[1]。因为这些关东倡优乐人善为啁戏，所以安陵邑又称"女啁陵"。安陵邑城址平面呈倒凸字形，其北部东西1586米×南北500米，南部东西940米×南北235米。城址四周设城墙，东墙和北墙中央辟门。[2]

图8.18 阳陵陵冢及南阙门

文帝霸陵邑位于陵北十里灞河东岸,景帝阳陵邑位于陵东二里。

武帝茂陵邑在陵东1公里,面积东西1500米×南北700米。此陵邑是汉长安城诸陵邑中人口最多、地位最重要的城市。史载茂陵邑有61087户、277277人,人口数量甚至超过了都城长安。汉武帝曾三次徙民于茂陵邑,所徙居民为全国各地的豪强、官吏和家产三百万以上的家族。陵邑范围东西1500米、南北700米。

昭帝平陵邑位于陵东,今咸阳秦都区北上照村以西、渭惠渠以北。陵邑平面近方形,边长1500～2000米。平陵邑盛产人才,西汉晚期元、成、哀、平四位皇帝时,出自平陵邑的丞相就有魏相、王嘉、平当和平晏四位,而汉代著名文人和学者韦贤、朱云、张山拊、郑宽中、涂恽、士孙张、吴章等,均家居于此邑。东汉大儒鲁恭、鲁丕、苏竟、窦武、何敞等,也出自平陵邑。

宣帝杜陵邑是西汉最后一座正式设置的陵邑,在陵西北五里,今西安市雁塔区曲江乡三兆村北。城址东西2100米×南北500米。这座城市因居住有大批高官学者而十分闻名,如《汉书》中有传的御史大夫张汤、大司马张安世、历位九卿的张延寿、右将军苏建、典属国苏武、丞相朱博、御史大夫杜周、杜延平,丞相韦贤、韦玄成、后将军赵充国、太守韩延寿、御史大夫萧望之、执金吾萧育、大司

① 长安志. 卷十三. 引:关中引.
② 陕西省考古研究所. 西汉安陵调查简报. 考古与义物. 2002(4).

农萧咸、太守萧由、石将军冯奉世、大鸿胪冯野王、太守冯逡、右将军史丹、丞相王商等数十人,家都住在杜陵邑。

除帝陵邑之外,还有薄太后南陵邑(陵西南约3公里)、武帝钩弋夫人云陵邑(陵西北500米)等皇亲的陵邑。宣帝刘询父母葬于奉明园,因未即皇位不能置陵邑,于是在园北建奉明县,迁入1600户,也可说是陵邑的一种变体。

诸陵邑形成了一组组卫星般的城市,拱卫着都城长安,开创了中国古代都城"卫星城"的先河,在维护西汉政治稳定方面起着重要的作用。陵邑相当于"县"级单位,但汉元帝之前直属朝廷"九卿"的"太常"管辖,其县令的社会名望和政治地位也远高于一般县令。《汉书·百官公卿表》记载,一般县令"秩千石至六百行",而长陵令竟秩二千石,其薪俸如太子太傅至右扶风。元帝停止徙民后,才将原来的诸陵下放三辅管辖。陵邑外均构筑城墙,内辟市肆、坊里,如茂陵邑中有显武里(司马迁祖居)、成灌里(马援故宅),长陵邑则设有小市。又置官衙、监狱,等等。

迁入诸陵邑的富户大族,一开始时或有被迁徙之怨,之后为了生存发展,争相攀附皇室,逐渐在陵邑落户繁衍稳定下来,形成了一片特殊的城邑。这从政治上笼络了一批人,从经济上增加了关中地区的实力,也大大提高了关中地区的人口素质。西汉一代,诸陵邑出现了许多著名的政治家、文人、豪富,包括权倾朝野的宠臣名相如韦贤、王商、杜周、萧望之等,闻名于世的博学鸿儒如司马迁、董仲舒、司马相如等,以及家资巨万的长陵田氏、安陵杜氏、茂陵挚纲、杜陵樊嘉等,不胜枚举。如此集中的贵族富豪城,高密度的人才含量,造就了汉长安城郊陵邑非常独特的人文景观,无怪乎班固在《西都赋》中描述道:"南望杜霸,北眺五陵。名都对郭,邑居相丞。英俊之域,绂冕所兴。冠盖如云,七相五公。与乎州郡之豪杰,五都之货列,三选七迁,充奉陵邑。盖以强干弱枝,隆上都而观万国。"徙民的背景也带来了诸陵邑的不同特色,如长陵邑以关东大族为主,安陵邑多艺人,平陵邑多文人,杜陵邑多达官,茂陵邑多豪富,等等。迁入关中地区的富户大族,与周围的居民形成了共生关系,发展成为完整的城邑。起初长陵、安陵、霸陵、阳陵邑的徙民各只有万户,较大的茂陵、平陵和杜陵徙民皆3万户至5万户①,发展到后来,据《汉书·地理志》所载,长陵邑人口达到了50057户,179469人,茂陵邑多达6万余户,27万余人。

第四节

隋唐帝陵

隋代较短，只文帝建有泰陵在陕西武功县，与独孤皇后合葬。（图8.19）

有唐一代二十个皇帝中，有十八个葬在西安西北的北山脚下，人称"唐十八陵"。西起唐高宗和武后的乾陵，东至唐玄宗的泰陵。唐初帝陵沿前朝旧制，唐高祖献陵仍是平地深葬，夯筑陵山。自唐太宗起开始因山为陵，以山的气势和永恒感来衬托死者的功德盛大和永垂不朽。唐十八陵中有十四座因山而建，现存较完整的有太宗昭陵[②]、高宗乾陵[③]、睿宗桥陵[④]、肃宗建陵[⑤]等。其中以太宗的昭陵规模最大，以高宗武后合葬的乾陵在选址和利用地形上成就最高。（图8.20～图8.25）

图8.19 隋文帝泰陵陵碑

---

① 据《文献通考》卷一二四引《汉旧仪》载。
② 昭陵文物管理所. 昭陵陪葬墓调查记. 文物. 1977（10）.
③ 陕西省文物管理委员会. 唐乾陵勘察记. 文物. 1960（4）.
④ 陕西省文物管理委员会. 唐桥陵调查简报. 文物. 1966（l）.
⑤ 陕西省文物管理委员会. 唐建陵探测工作简报. 文物. 1965（7）.

图8.20 唐诸帝陵墓分布图

图8.22 唐桥陵

图8.23 唐定陵

图8.24 唐泰陵

图8.25 唐太宗昭陵

另外，西安附近还有一些隋唐皇亲贵族的墓葬，如西安考古发现隋文帝长女李静训墓在隋大兴城内休祥坊，文帝的亲信宿卫军官姬威墓在西安市郭家滩，武则天之母杨氏墓在西安西北，等等。

一、唐代帝陵基本组成

隋代帝陵规制不详。唐代帝陵包括陵园、陵墓及寝宫三大部分。

陵园四周有两重围墙，内墙包在封土或山峰四周，一般围成方形，每面开一门，分别称青龙（东）、白虎（西）、朱雀（南）、玄武门（北）。四门外建有土阙,并置石狮一对,北门外另加设石马。正门为南门朱雀门,门内建有献殿,即祭祀所用之殿,殿后即是坟丘。朱雀门外向南有长达数里的神道,神道两侧从南向北依次排列着土阙、石柱、翼马、石马、碑、石人、番君长像等。外墙称"墉垣",墙上辟门,称司马门。在陵区最外还立有一圈界标,称"立封",界标内称"封域"。一般唐陵,陵区周40里,最小的献陵只20里,而最大的昭陵、贞陵周长120里 ①。外墙内遍植柏树,称为柏城。一般的陪葬墓只能建于柏城外的封域中,只有子女陪葬墓才能置于柏城之内。(图8.26~图8.29)

图8.26 石狮

图8.27 翼马

图8.28 朱雀

图8.29 番君长石像

寝宫为祭拜和追思先帝后或祖先之处，一般在陵墓西南数里，大多位于柏城之内。寝宫是一组宫殿，包括朝、寝两组回廊院落，院中分别以前殿（献殿）、寝殿为核心，朝、寝之间有永巷相隔。宫门称神门，门外列戟。前殿内设所葬帝后的神座，后面还陈设并保存着他们的衣冠用具，每天有宫人内侍为其展衣衾、备盥洗、三时上食，并依朔望和节日上祭。《开元礼》中载有（皇帝拜陵）仪式，说皇帝先到山陵，自陵垣东门入，在东南方向跪拜行礼，礼毕，返回，再到寝宫行礼。先在前殿神座前叩拜，再入内省视服玩、拂拭床帐，然后进馔祭拜[②]。

陵墓即坟墓，地上部分为土丘或山陵，内有隧道（即"羡道"）通至地下部分的墓室（即"玄宫"，存放棺椁之处），室内有棺床（称"御榻"），玄宫内在棺木之东设"宝帐"，帐内设"神座"，座上陈放宝绶、谥册、玉币。

二、唐太宗昭陵

唐太宗昭陵在西安西北礼泉县的九嵕山。九嵕山主峰高耸陡峭，前方左右有两座山峦夹峙，宛如双阙，山势自双阙之间起开始上升直抵主峰下，非常适合营造陵前祭祀气氛。（图8.30～图8.31）

昭陵以九嵕山主峰为陵，其内深处开凿玄宫。从山峰南面陡峭的悬崖上向内开凿墓道，深约两百米后到达玄宫门，玄宫有五重石门。贞观十年（636年）葬长孙皇后时，曾修建三百多米的绕山栈道通向悬崖上的墓道，贞观二十三年（649年）太宗入葬后，遂封闭墓室和墓道，拆除栈道，并在墓道口建神游殿。[③]玄宫内情况不详，五代时曾被盗掘，据《新五代史·温韬传》说："（陵内）宫室制度闳丽，不异人间。中为正寝，东西厢列石床，床上石函中为铁匣，悉藏前世图书。"[④]

---

① 杨宽. 中国古代陵寝制度研究. 附表四. 上海：上海古籍出版社，1985：245～247.
② 通典. 卷一百一十六.（礼）七十六.（开元礼纂类）Ⅱ.（皇帝拜陵）.
③ 唐会要. 卷二十.（陵议）. 昭陵条原注.
④ 新五代史. 卷四十.（杂传）二十八.

图8.30 九嵕山主峰上的昭陵

图8.31 由南面远眺昭陵

昭陵山峰四周建陵垣，围成方形，四面设门。陵园南面朱雀门内建有献殿，献殿西南建寝宫。昭陵的寝宫已毁，798年德宗时重建寝宫，距陵18里，其遗址东西237米×南北234米。

唐代诸帝陵被公认是利用地形比较成功的例子，昭陵即是其中的代表。它由将作监主持兴建，有工官和匠师负责具体事项。以主峰为屏障，陵前开阔，左右山势连贯，有辅翼环抱之势。所在高地附近有河湖，排水顺畅而无积水之患。从规划设计的角度看，这类地形是极为理想的建陵地段，不仅有利于防风排水的地理条件，也可以利用地形很好地衬托建筑物，创造祭祀氛围。

太宗昭陵是陪葬墓最多的一座唐陵，至今考古调查已发现167座。不仅有太宗子女亲属的陪葬墓，还有魏征、李靖、李勣等很多功臣的陪葬墓（图8.32），可见太宗对功臣的重视。就连太宗生平争战所骑六匹有功之马，也雕刻其像放置在陵园陵北司马门之内。（图8.33）

太宗昭陵的167座陪葬墓中，已确定墓主的有57人。其中比较特殊的如魏征和新城公主墓依山为陵，前有双阙，李靖、李勣墓起冢象山以旌其军功。其余墓可分为两类：一类规格较高，多为嫡出的王子、公主墓，作覆斗形封土，四周有墙，四角有土阙，在南阙以北，围墙以内立石柱、羊、虎、碑等，构成神道，通到坟丘前；另一类规格较低，为功臣和一些庶出的王子、公主墓，作圆锥形封土，无阙。

图8.32 陪葬墓之一的李勣墓

图8.33 唐昭陵六骏 特勤（另一说为"勒"）骠

三、唐高宗乾陵

高宗乾陵在陕西省乾县北。中宗嗣圣元年（684年）葬入高宗；中宗神龙二年（706年）武则天合葬入内。乾陵以梁山主峰为陵，在山腰山石中凿出墓道、墓室。乾陵的墓道已发现，正南北向，全长65米，宽3.87米，尽端为隧道入口。墓道及隧道口全用条石封闭，条石间用腰铁连固，再用铁熔汁灌注。石条之上用夯土封固，与山体齐平。从墓道现状看尚未被盗，墓室内情况不明。（图8.34）

图8.34 由南面远眺乾陵

乾陵陵园有两重夯土陵墙，内墙筑于主峰四周，平面近方形，东西1450米×南北1538米，西南角略有内收，四角均建有包砖的土阙。四面内墙中央开门，四门之外各有一对包砖的土阙，门阙内各有一对石狮，南门外加设两石人，北门外加设六石马，大概是仿"昭陵六骏"之遗制。在陵园内墙南面朱雀门内建有献殿，朱雀门外有神道，向南伸向陵园外墙（即"墉垣"）南门。（图8.35～图8.36）

梁山主峰东西有两个小的翼峰，天然护卫着主峰陵体。神道顺着梁山支脉向南延伸，其南端左右各有一个山阜，形成天然的门阙。山阜上各建一座巨大的包

图8.35 乾陵陵冢

图8.36 唐高宗乾陵复原图

砖土阙,阙两边连着墙垣,垣内为柏城。两阙之间的墙上开门,即乾陵陵园的正南门,门内即神道,向北通到陵园内墙的朱雀门。神道两侧自南而北依次排列着石柱、翼马、朱雀各1对,石马5对,石人10对,石碑1对。阙北东有石人29座,西有石人31座。墙垣南门外为陵道,长约2850米,陵道尽头立有一对土阙,标志着进入陵区封域。(图8.37~图8.39)

乾陵是唐陵中利用地形最为成功巧妙的实例。其陵体所选梁山主峰浑厚开阔,周围众山俯伏拱卫而又气脉相连,显得主峰独尊。最重要的是主峰两侧有山

图8.37 唐乾陵六十一蕃臣石刻图

冈为翼，向南有支脉逐渐下降，南端又有两个门阙似的山阜相夹，可谓天然形胜之地。陵园规划设计中，以主峰为陵，在南行支脉上建神道，在二小山阜上建阙，形成两肩巨阙中夹着主峰的天然入口。进入神道后即在支脉的山脊上行走，左右柏城逐渐低下，神道步步升高，导向前方的主峰，突出主峰的恢宏气势。十分巧妙地利用地形，形成了天然的祭祀氛围。（图8.40）

此外，经考古调查陵域内有17座陪葬墓，包括章怀太子李贤（高祖之子）（图8.41）、懿德太子李重润

图8.38 唐乾陵石碑

图8.39 唐乾陵石狮

图8.40 乾陵陵冢前的门阙

（高祖之孙）、永泰公主李仙蕙（高祖孙女）的墓（图8.42），等等。上述三墓均为覆斗形封土，其中李重润墓封土方58米，高17.92米，陵墙南北256.5米×东西214米，陵墙四角有角阙，南面正中有双阙，阙南为神道，有石狮、石人、石柱等。

四、唐陵的地宫

西安唐代帝陵的地宫部分情况不明，但西安已发现有多处唐代王子和公主墓，从中或可窥见帝陵地宫之一斑。

图8.41 唐章怀太子李贤墓

图8.42 唐永泰公主李仙蕙墓

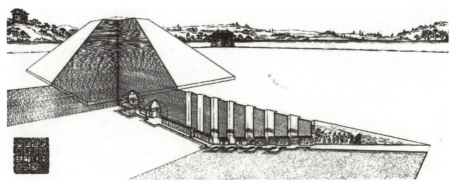
图8.43 乾县唐懿德太子墓剖视图

西安已发掘唐代王子和公主墓的地下部分，多有两个墓室，墓室之间有甬道相连。墓室用砖砌四壁，上部逐层内收形成攒尖顶。最外一间墓室前接甬道，甬道上装墓门。甬道外为通向陵外的土隧道和土羡道。隧道上方有数个天井通向地面。（图8.43）

墓内多绘有壁画，一般是在羡道两侧画青龙白虎和仪仗队、墓主出行图等。隧道入口门洞上方画楼阁和阙，以表示阴宅入口。隧道被天井分割成若干段，每段均画壁柱、阑额、天花以表示室内，天井侧壁画壁柱、槃戟、车乘等以表示庭院。甬道也画壁柱、阑额、天花板以表示门屋和廊道，前后墓室内则绘有更精致的壁柱、阑额和斗栱，以表现墓主人的前堂后寝。墓室顶多画天象图及金乌等，或为表现天国，前后墓室间的甬道顶也画有云鹤，应与此同义。（图8.44～图8.47）

图8.44 永泰公主墓后室

图8.45 懿德太子墓壁画三重阙摹本

图8.46 懿德太子墓壁画（一）

图8.47 懿德太子墓壁画（二）

第捌章 汉唐帝陵田野间——西安地区的帝陵

插图目录

引言

图号	图注	图片来源
本章题图	西安地区古建筑遗址分布示意图	《西安大遗址保护》
图0.1	西安在世界地图的位置	http://www.dlgw.net/UploadFiles/Photo_UploadPhotos/20060719113122843.jpg
图0.2	唐时全国地图	《中国历史地图集》
图0.3	西安周边地形图+四关	googlearth
图0.4	西安市城区远红外图	《西安历史地图集》
图0.5	西安周边山脉照片	www.google.com.hk
图0.6	西安周边要塞照片	www.google.com.hk
图0.7	西安府周边河流山川示意图	《四库全书》——《陕西府志》
图0.8	"丝绸之路"路线图	《西安大遗址保护》
图0.9	大明宫的数字化再现	《大明宫：灼热的大遗址》
图0.10	西安市区遗址保护单位分布示意图	《西安大遗址保护》

第壹章 秦中自古帝王州——西安建都的历史

图号	图注	图片来源
图1.1	陕西西安半坡遗址照片	《中国古代建筑史》第一卷
图1.2	陕西西安市半坡仰韶文化聚落平面图	《西安半坡》
图1.3	西安半坡囤式建筑复原模型	《中国建筑艺术全集》
图1.4	西安半坡方形半穴居复原模型	《中国建筑艺术全集》
图1.5	西安半坡圆形穹隆复原模型	《中国建筑艺术全集》
图1.6	[宋]聂崇义《三礼图》中的周王城图	《四库全书》
图1.7	秦都咸阳位置示意图	赵凯波绘制，源自《西安历史地图集》
图1.8	汉长安城平面示意图	赵凯波绘制

图 号	图 注	图片来源
图1.9	汉长安城霸城门遗址	《西安大遗址保护》
图1.10	历代建都图	《钦定四库全书》（卷七十二）
图1.11	周秦汉唐都城变迁图	赵凯波绘制，源自《西安大遗址保护》
图1.12	汉唐长安平面关系图	赵凯波绘制，源自《西安大遗址保护》
图1.13	隋大兴六爻地形	不详
图1.14	唐长安平面示意图	贺从容绘
图1.15	唐长安明德门平面和轴侧复原图	《中国古代建筑史》第二卷
图1.16	唐长安明德门遗址	《考古》1974年第1期
图1.17	隋唐长安城坊内示意图	《考古》1978(6): 409-425.
图1.18	妹尾达彦对坊内分区的推测示意图	《唐研究》第九卷
图1.19	隋大兴唐长安宫城皇城位置示意图	《中国建筑艺术全集》
图1.20	唐长安皇城复原平面图	《千年古都西安》
图1.21	宋吕大防《长安城图》残碑拓片	《中国历史地图集》第五册
图1.22	宋吕大防《长安城图》平冈武夫整理版	《唐代的长安与洛阳》
图1.23	明清西安与隋唐长安城的位置关系示意图	《西安历史地图集》
图1.24	民国初年（1912年）长安县城图	《西安历史地图集》
图1.25	西安明城墙遗址照片一	《北京的城门与城墙》（英文版）
图1.26	西安明城墙遗址照片二	《中国建筑艺术全集》
图1.27	西安明城墙安远门瓮城遗址	《中国建筑艺术全集》
图1.28	西安明城墙西南城角与城壕遗址	《中国建筑艺术全集》
图1.29	西安明城墙西南角台	《中国建筑艺术全集》
图1.30	西安明城墙东城门长乐门全景	《中国建筑艺术全集》
图1.31	西安明城墙东城门长乐门现状	贺从容摄
图1.32	西安明城墙南门外护城河现状	贺从容摄
图1.33	西安明钟楼	《中国建筑艺术全集》
图1.34	西安明钟楼现状	贺从容摄
图1.35	西安明鼓楼遗址照片	《北京的城门与城墙》（英文版）
图1.36	南城门向北俯瞰中轴线	王南摄
图1.37	鸟瞰西安	石锐摄

第贰章 各领风骚数百年——西安历史上的宫殿

图号	图注	图片来源
本章题图一	电影《大明宫》从含元殿望丹凤门	电影《大明宫》
本章题图二	电影《大明宫》丹凤门	电影《大明宫》
图2.1	周王宫想象图	《钦定四库全书》（卷七十二）
图2.2	秦王宫想象图	《钦定四库全书》（卷七十二）
图2.3	秦咸阳宫一号宫殿遗址复原示意图	《建筑考古学论文集》
图2.4	西汉长安宫城位置示意图	《西安历史地图集》
图2.5	汉长安长乐宫4号建筑遗址照片	《考古》2006年第10期
图2.6	汉长安长乐宫遗址照片	《西安大遗址保护》
图2.7	汉长安城长乐宫5号建筑（凌室）遗址保护工程施工前原状	《西安大遗址保护》
图2.8	汉长乐、未央宫想象图	《钦定四库全书》（卷七十二）
图2.9	西汉未央宫平面示意图	赵凯波绘制，源自《西安历史地图集》
图2.10	未央宫遗址平面示意图	《古都西安——汉长安城》
图2.11	未央宫前殿遗址示意图	《古都西安——汉长安城》
图2.12	西安汉长安城未央宫遗址前殿复原设想鸟瞰图	《西汉未央宫前殿与椒房殿复原初探》
图2.13	前殿A区遗址（西北—东南）	《汉长安城未央宫》（下）
图2.14	椒房殿遗址（北—南）	《汉长安城未央宫》（上）
图2.15	椒房殿遗址正殿一号庭院	《汉长安城未央宫》（下）
图2.16	椒房殿遗址正殿夯土基址（西南—东北）	《汉长安城未央宫》（下）
图2.17	少府（或所辖官署）早期遗迹	《汉长安城未央宫》（下）
图2.18	少府（或所辖官署）遗址（西北—东南）	《汉长安城未央宫》（上）
图2.19	少府（或所辖官署）遗址早期遗迹F23础墩	《汉长安城未央宫》（下）
图2.20	少府（或所辖官署）遗址早期遗迹F23	《汉长安城未央宫》（下）
图2.21	少府（或所辖官署）遗址早期遗迹F5东通气道	《汉长安城未央宫》（下）
图2.22	中央官署遗址考古平面、剖面图	《汉长安城未央宫》（上）
图2.23	桂宫遗址平面图	《古都西安》
图2.24	汉长安桂宫二号建筑遗址	《西安大遗址保护》

图 号	图 注	图片来源
图2.25	汉长安城桂宫二号建筑遗址南院建筑殿堂台基外散水	《汉长安城桂宫》（彩版）
图2.26	汉长安城桂宫二号建筑遗址南院建筑水井和排水道	《汉长安城桂宫》（彩版）
图2.27	汉长安城桂宫二号建筑遗址南院建筑殿堂台基外西阶	《汉长安城桂宫》（彩版）
图2.28	汉长安城桂宫二号建筑遗址北院建筑F2和一、二号地下通道	《汉长安城桂宫》（彩版）
图2.29	汉长安城桂宫二号建筑遗址北院建筑发掘现场	《汉长安城桂宫》（彩版）
图2.30	汉长安城桂宫三号建筑遗址全景	《汉长安城桂宫》（彩版）
图2.31	汉长安城桂宫三号建筑南部大房址、F1、一号墙垛、F2、二号墙垛（由西北向东南）	《汉长安城桂宫》（彩版）
图2.32	汉长安城桂宫四号建筑遗址全景	《汉长安城桂宫》（彩版）
图2.33	汉长安城桂宫四号建筑遗址出土III型云纹瓦当	《汉长安城桂宫》（彩版）
图2.34	太极宫平面布局示意图	《中国古代建筑史》第二卷
图2.35	唐长安太极宫想象图	《钦定四库全书》（卷七十二）
图2.36	唐长安大明宫想象图	《钦定四库全书》（卷七十二）
图2.37	唐长安大明宫平面复原图	《中国古代建筑史》第二卷
图2.38	电影《大明宫》中丹凤门复原形象	《大明宫：灼热的大遗址》
图2.39	大明宫遗址公园丹凤门复原现状	贺从容摄
图2.40	含元殿平面复原图	《中国古代建筑史》
图2.41	含元殿立面复原图	《中国古代建筑史》
图2.42	含元殿剖面复原图	《中国古代建筑史》
图2.43	含元殿复原图	《盛世皇都》
图2.44	宫廷生活图之一	《盛世皇都》
图2.45	宫廷生活图之二	《盛世皇都》
图2.46	麟德殿复原总体鸟瞰图	《杨鸿勋建筑考古学论文集》
图2.47	唐长安大明宫麟德殿复原图	《中国古代建筑史》第二卷
图2.48	电影《大明宫》中麟德殿复原形象	《大明宫：灼热的大遗址》
图2.49	唐麟德殿遗址一	《西安历史地图集》
图2.50	唐麟德殿遗址二	《盛世皇都》
图2.51	唐大明宫麟德殿柱础遗址	《中国建筑艺术全集》

图号	图注	图片来源
图2.52	大明宫国家遗址公园照片一	贺从容摄
图2.53	大明宫国家遗址公园照片二	贺从容摄
图2.54	大明宫国家遗址公园照片三	贺从容摄
图2.55	唐长安兴庆宫平面复原示意图	《中国古代建筑史》第二卷
图2.56	宋刻唐兴庆宫图（拓本）	《西安大遗址保护》
图2.57	吕大防唐长安兴庆宫平面线描图	《唐代的长安与洛阳》图集
图2.58	唐兴庆宫建筑分布图	王铮绘
图2.59	唐长安城兴庆宫复原模型图	贺从容摄
图2.60	唐兴庆宫遗址新建花萼相辉楼、勤政务本楼与角楼复原鸟瞰图	《宫殿考古通论》
图2.61	兴庆宫勤政务本楼遗址照片	贺从容摄
图2.62	兴庆公园现状一	源自百度图片
图2.63	兴庆公园现状二	源自百度图片
图2.64	兴庆公园现状三	源自百度图片

第叁章 仙山琼阁皇家苑——汉唐长安的离宫苑囿

图号	图注	图片来源
图3.1	上林苑范围示意图	《西安历史地图集》
图3.2	上林苑昆明池范围示意图	《西安历史地图集》
图3.3	建章宫平面示意图	《西安历史地图集》
图3.4	汉建章宫想象图	《钦定四库全书》（卷七十二）
图3.5	汉甘泉宫遗址及其附近秦汉遗迹分布图	《古都西安汉长安城》
图3.6	唐禁苑位置示意图	《西安历史地图集》
图3.7	《长安志图》中的唐长安禁苑图	《中国古代建筑史》第二卷
图3.8	大唐芙蓉苑复建图一	贺从容摄
图3.9	大唐芙蓉苑复建图二	贺从容摄
图3.10	大唐芙蓉苑复建图三	贺从容摄
图3.11	大唐芙蓉苑复建图四	贺从容摄
图3.12	大唐芙蓉苑复建图五	贺从容摄
图3.13	大雁塔上俯瞰芙蓉苑	王南摄

图号	图注	图片来源
图3.14	陕西麟游隋仁寿宫遗址地理位置图	《杨鸿勋建筑考古学论文集》
图3.15	隋仁寿宫（唐九成宫）复原总平面图	《中国古代居住图典》
图3.16	唐仁寿宫纨扇图摹本	《中国古代居住图典》
图3.17	九成宫殿图（木刻）——赵人洁作	《古都西安》
图3.18	九成宫殿水榭复原示意图	《宫殿考古通论》
图3.19	唐九成宫遗址	《西安历史地图集》
图3.20	唐骊山华清宫位置示意图	《西安历史地图集》
图3.21	唐华清宫示意图	《古都西安》
图3.22	《长安志图》唐骊山宫图	《中国古代建筑史》第二卷
图3.23	骊山及华清宫现状照片	《西安历史地图集》
图3.24	陕西临潼唐代华清宫平面示意图	《中国古代建筑史》第二卷
图3.25	华清池公园示意图	《古都西安》
图3.26	华清池公园	《盛世皇都》

第肆章 繁花似锦山池园——西安历史上的园林

图号	图注	图片来源
本章题图	兴庆宫公园图	www.google.com.hk
图4.1	兴庆宫公园之一	www.google.com.hk
图4.2	兴庆宫公园之二	www.google.com.hk
图4.3	兴庆宫公园之三	www.google.com.hk
图4.4	西安止园平面示意图	《西安近代园林》
图4.5	敦煌莫高窟第338窟初唐壁画中的园林	《中国古代建筑史》第二卷
图4.6	敦煌莫高窟唐壁画中的园池	《中国古代建筑史》第二卷
图4.7	西安柯氏半园复原图	《西安近代园林》
图4.8	莲湖公园平面示意图	《西安近代园林》

第伍章 明堂宗庙安社稷——西安的礼制建筑

图号	图注	图片来源
图5.1	明堂（辟雍）遗址平面图	《古都西安——汉长安城》
图5.2	汉长安明堂辟雍外围建筑复原图	《杨鸿勋建筑考古学论文集》

图号	图注	图片来源
图5.3	西汉南郊礼制建筑辟雍遗址总体复原鸟瞰图	《中国古代建筑史》
图5.4	唐洛阳宫武则天明堂立面复原示意图	《中国古代建筑史》第二卷
图5.5	隋牛弘明堂方案平面示意图	《中国古代建筑史》第二卷
图5.6	唐永徽明堂方案平面示意图	《中国古代建筑史》第二卷
图5.7	唐总章明堂方案总平面示意图	《中国古代建筑史》第二卷
图5.8	唐长安城天坛遗址保护工程完工后现状	《西安大遗址保护》
图5.9	唐长安城天坛遗址	贺从容摄
图5.10	唐长安城天坛遗址的坛顶	贺从容摄
图5.11	唐长安城天坛遗址木梯	贺从容摄
图5.12	西安碑林博物馆	贺从容摄
图5.13	西安碑林照壁	贺从容摄
图5.14	西安碑林牌坊	贺从容摄
图5.15	西安碑林博物馆内的碑林	贺从容摄
图5.16	西安碑林棂星门与泮池	贺从容摄

第陆章 名刹古寺遍长安——西安历史上的宗教建筑

图号	图注	图片来源
图6.1	唐初长安城中遗留的隋代佛寺分布图	《隋唐长安城佛寺研究》
图6.2	唐玄宗天宝十四年（755年）前长安佛寺分布图	赵凯波绘制，源自程光裕、徐聖謨主编《中國歷史地圖》
图6.3	唐武宗会昌五年（845年）后的长安佛寺分布图	《隋唐长安城佛寺研究》
图6.4	唐佛寺多院式布局平面示意图	《中国古代建筑史》第二卷
图6.5	唐中、小型佛寺示意图	《中国古代建筑史》第二卷
图6.6	敦煌中唐第231窟北壁弥勒经变画中的佛寺	《敦煌建筑研究》
图6.7	敦煌盛唐第148窟南壁弥勒经变画中的佛寺	《敦煌建筑研究》
图6.8	据《祇洹寺图经》所绘佛院平面示意图	《中国古代建筑史》第二卷
图6.9	据《戒坛图经》所绘佛院平面示意图	《中国古代建筑史》第二卷
图6.10	《戒坛图经》南宋刻本附图	《中国古代建筑史》第一卷
图6.11	唐大慈恩寺遗址公园	贺从容摄

图号	图注	图片来源
图6.12	西安大慈恩寺题牌	贺从容摄
图6.13	西安大慈恩寺明代铁钟	贺从容摄
图6.14	西安大慈恩寺一景	贺从容摄
图6.15	西安大慈恩寺玄奘法师铜质塑像	贺从容摄
图6.16	西安大慈恩寺大雁塔	《中国建筑艺术全集》
图6.17	西安大慈恩寺大雁塔一景	贺从容摄
图6.18	西安大慈恩寺大雁塔局部	贺从容摄
图6.19	大雁塔向北俯瞰	贺从容摄
图6.20	西安大兴善寺图一	贺从容摄
图6.21	西安大兴善寺图二	贺从容摄
图6.22	西安大兴善寺内景	贺从容摄
图6.23	西安大兴善寺天王殿	贺从容摄
图6.24	西安大兴善寺舍利塔	贺从容摄
图6.25	西安大兴善寺文殊阁现状	贺从容摄
图6.26	西明寺遗址位置图	《唐研究》第六卷
图6.27	西明寺遗址发掘图	《唐研究》第六卷
图6.28	唐青龙寺遗址勘测总图	《杨鸿勋建筑考古学论文集》
图6.29	唐青龙寺遗址复建图一	贺从容摄
图6.30	唐青龙寺遗址复建图二	贺从容摄
图6.31	唐青龙寺遗址复建图三	贺从容摄
图6.32	唐青龙寺惠果、空海纪念堂	《盛世皇都》
图6.33	西安护国兴教寺山门	贺从容摄
图6.34	西安护国兴教寺大殿	贺从容摄
图6.35	西安护国兴教寺现状	贺从容摄
图6.36	西安护国兴教寺塔	《中国建筑艺术全集》
图6.37	西安护国兴教寺建筑	贺从容摄
图6.38	西安荐福寺遗址公园	贺从容摄
图6.39	西安荐福寺小雁塔	《中国建筑艺术全集》
图6.40	西安罔极寺	贺从容摄

图 号	图 注	图片来源
图6.41	西安罔极寺内景之一	贺从容摄
图6.42	西安罔极寺大雄宝殿	贺从容摄
图6.43	西安罔极寺内景之二	贺从容摄
图6.44	西安罔极寺山门	贺从容摄
图6.45	西安唐香积寺	贺从容摄
图6.46	西安唐香积寺内景	贺从容摄
图6.47	西安唐香积寺天王殿	贺从容摄
图6.48	香积寺善导塔	《中国建筑艺术全集》
图6.49	西安草堂寺	贺从容摄
图6.50	西安草堂寺碑廊	贺从容摄
图6.51	草堂寺唐故圭峰定慧禅师碑	《中国建筑艺术全集》
图6.52	西安草堂寺鸠摩罗什舍利塔	贺从容摄
图6.53	西安草堂寺鸠摩罗什塔	《中国建筑艺术全集》
图6.54	西安草堂寺烟雾井	贺从容摄
图6.55	西安法门寺塔	李路珂摄
图6.56	西安法门寺内景	李路珂摄
图6.57	西安法门寺外景	李路珂摄
图6.58	西安华严寺砖塔	《古都西安》
图6.59	西安广仁寺	贺从容摄
图6.60	西安广仁寺山门	贺从容摄
图6.61	西安广仁寺内景一	贺从容摄
图6.62	西安广仁寺内景二	贺从容摄
图6.63	西安八仙庵题牌	贺从容摄
图6.64	西安八仙庵内的八仙宫	贺从容摄
图6.65	西安八仙宫八仙殿	《中国建筑艺术全集》
图6.66	西安八仙宫灵官殿	《中国建筑艺术全集》
图6.67	西安八仙庵庙会一景	贺从容摄
图6.68	西安重阳宫山门	百度图片
图6.69	西安重阳宫祖庭	百度图片

图 号	图 注	图片来源
图6.70	西安重阳宫祖庵碑林	百度图片
图6.71	周至楼观台说经太灵官殿	《中国建筑艺术全集》
图6.72	周至楼观台老子祠山门和钟、鼓楼	《中国建筑艺术全集》
图6.73	周至楼观台老君殿	《中国建筑艺术全集》
图6.74	周至楼观台斗姥殿	《中国建筑艺术全集》
图6.75	西安东岳庙	贺从容摄
图6.76	西安东岳庙正殿	贺从容摄
图6.77	西安东岳庙壁画	贺从容摄
图6.78	西安城隍庙	王铮绘《古都西安》
图6.79	西安城隍庙现状	贺从容摄
图6.80	西安化觉巷清真寺大照壁	《中国建筑艺术全集》
图6.81	西安化觉巷清真寺进口木牌楼	《中国建筑艺术全集》
图6.82	西安化觉巷清真寺庭院内石碑坊	《中国建筑艺术全集》
图6.83	西安清真寺省心楼	贺从容摄
图6.84	西安化觉巷清真寺北讲经堂正立面	《中国建筑艺术全集》
图6.85	西安清真寺大殿	贺从容摄
图6.86	西安大学习巷	贺从容摄
图6.87	西安大学习巷清真寺	贺从容摄
图6.88	西安大学习巷清真寺远景	贺从容摄
图6.89	西安大学习巷清真寺照壁	贺从容摄
图6.90	西安大学习巷清真寺部分建筑	贺从容摄
图6.91	西安大学习巷清真寺内景	贺从容摄

第柒章 百千家似围棋局——城坊内的住宅与市场

图 号	图 注	图片来源
图7.1	唐长安城里坊布局图	贺从容摄
图7.2	唐长安平面示意图	据考古和研究资料自绘
图7.3	城坊内格局示意图	《考古》1978(6)

图号	图注	图片来源
图7.4	坊内十六区划	《唐研究》第九卷
图7.5	710—740年间平康坊内用地格局推测示意图	贺从容绘
图7.6	720—756年间宣阳坊内用地格局平面推测示意图	贺从容绘
图7.7	720—756年间宣阳坊内格局示意图	王朗绘
图7.8	平康坊西北隅李穆宅示意图	贺从容绘
图7.9	亲仁坊二王宅示意图	贺从容绘
图7.10	崇仁坊长孙无忌宅示意图	贺从容绘
图7.11	宣平坊长孙览宅示意图	贺从容绘
图7.12	崇仁坊高士廉宅用地	贺从容绘
图7.13	平康坊李林甫宅用地	贺从容绘
图7.14	宣阳坊官宅用地分析	贺从容绘
图7.15	晋昌坊官宅用地分析	贺从容绘
图7.16	大宁坊官宅用地分析	贺从容绘
图7.17	亲仁坊官宅用地分析	贺从容绘
图7.18	靖安坊韩愈宅推测示意图	贺从容绘
图7.19	甘肃敦煌莫高窟第45窟壁画中的唐代住宅	《中国古代建筑史》第二卷
图7.20	甘肃敦煌莫高窟第23窟盛唐法华经变壁画中所绘外有土墙的大第宅	《中国古代建筑史》第二卷
图7.21（1）	甘肃敦煌莫高窟第85窟壁画	萧默《敦煌建筑研究》
图7.21（2）	住宅前院（晚唐第9窟壁画）	萧默《敦煌建筑研究》
图7.22	甘肃敦煌第98窟壁画中的宅院（节选）	萧默《敦煌建筑研究》
图7.23	寇鄘宅推测方案示意图（左为一；右为二）	贺从容绘
图7.24	平康坊北里三曲中的宅院推测示意图	贺从容绘
图7.25	西安中堡村唐墓出土三彩院落模型	《隋唐长安城佛寺研究》
图7.26	山西长治王休泰墓出土陶屋	《考古》1965年第8期
图7.27	四川出土东汉画像砖表现之市肆	《中国古代建筑史》
图7.28	四川广汉出土市井图砖	《中国古代建筑史》
图7.29	四川彭县出土市井图砖	《文物》1977年第3期

第捌章 汉唐帝陵田野间——西安地区的帝陵

图 号	图 注	图片来源
图8.1	秦始皇陵	王南摄
图8.2	秦始皇陵冢（春景）	《中国建筑艺术全集》
图8.3	秦始皇陵墓	《中国世界自然文化遗产》
图8.4	秦始皇陵平面	《西安历史地图集》
图8.5	兵马俑博物馆始皇陵模型	王南摄
图8.6	秦始皇陵一号铜车马	《西安历史地图集》
图8.7	秦始皇陵陶俑与陶马	《中国世界自然文化遗产》
图8.8	秦始皇陵一号兵马俑坑全景	《中国建筑艺术全集》
图8.9	西安秦二世皇帝陵	《中国建筑艺术全集》
图8.10	西汉诸帝陵墓分布图	《西安历史地图集》
图8.11	长陵全景	《中国建筑艺术全集》
图8.12	西汉杜陵现状图一	贺从容摄
图8.13	西汉杜陵现状图二	贺从容摄
图8.14	西汉杜陵墓群	贺从容摄
图8.15	霍去病墓冢全景	《中国建筑艺术全集》
图8.16	西汉武帝茂陵	《西安历史地图集》
图8.17	茂陵陵碑	《中国建筑艺术全集》
图8.18	阳陵陵冢及南阙门	《中国建筑艺术全集》
图8.19	隋文帝泰陵陵碑	《中国建筑艺术全集》
图8.20	唐诸帝陵墓分布图	《西安历史地图集》
图8.21	暮霭中的昭陵	《中国建筑艺术全集》
图8.22	唐桥陵	《中国建筑艺术全集》
图8.23	唐定陵	《中国建筑艺术全集》
图8.24	唐泰陵	《中国建筑艺术全集》
图8.25	唐太宗昭陵	《盛世皇都》
图8.26	石狮	《中国建筑艺术全集》
图8.27	翼马	《中国建筑艺术全集》

图 号	图 注	图片来源
图8.28	朱雀	《中国建筑艺术全集》
图8.29	番君长石像	《中国建筑艺术全集》
图8.30	九嵕山主峰上的昭陵	《中国建筑艺术全集》
图8.31	由南面远眺昭陵	《中国建筑艺术全集》
图8.32	陪葬墓之一的李勣墓	《中国建筑艺术全集》
图8.33	唐昭陵六骏 特勒（另一说为"勒"）骠	《盛世皇都》
图8.34	由南面远眺乾陵	《中国建筑艺术全集》
图8.35	乾陵陵冢	《中国建筑艺术全集》
图8.36	唐高宗乾陵复原图	王铮绘
图8.37	唐乾陵六十一蕃臣石刻图	李路珂摄
图8.38	唐乾陵石碑	李路珂摄
图8.39	唐乾陵石狮	李路珂摄
图8.40	乾陵陵冢前的门阙	《中国建筑艺术全集》
图8.41	唐章怀太子李贤墓	《盛世皇都》
图8.42	唐永泰公主李仙蕙墓	《盛世皇都》
图8.43	乾县唐懿德太子墓剖视图	《中国古代建筑史》第二卷
图8.44	永泰公主墓后室	《中国建筑艺术全集》
图8.45	懿德太子墓壁画三重阙摹本	《傅熹年建筑史论文集》
图8.46	懿德太子墓壁画（一）	《中国建筑艺术全集》
图8.47	懿德太子墓壁画（二）	《中国建筑艺术全集》

图 号	图 注	图片来源
封面局部用图	含元殿立面图	《傅熹年建筑史论文集》

参考文献

[1] [唐]韦述, 杜宝 撰. 辛德勇 辑校. 两京新记辑校·大业杂记辑校. 西安: 三秦出版社, 2006.
[2] [宋]宋敏求. 长安志. 中华书局影印丛书集成本, 北京: 中华书局, 1991.
[3] [元]骆天骧. 黄永年 点校. 类编长安志. 北京: 中华书局, 1990.
[4] [清]徐松. 张穆 校补. 唐两京城坊考. 北京: 中华书局, 1985.
[5] [清]顾炎武. 历代宅京记. 北京: 中华书局, 1984.
[6] [日]足立喜六. 长安史迹研究. 王双怀、淡懿诚、贾云 译. 西安: 三秦出版社, 2003.
[7] 李健超. 增订《唐两京城坊考》. 西安: 三秦出版社, 2006.
[8] 何清谷. 三辅黄图校释. 北京: 中华书局, 2005.
[9] 葛洪. 周天游 校注. 西京杂记. 西安: 三秦出版社, 2006.
[10] 刘庆柱 辑注. 三秦记辑注·关中记辑注. 西安: 三秦出版社, 2006.
[11] 谭其骧. 中国历史地图集（第五册 隋、唐、五代十国时）. 北京: 地图出版社, 1982.
[12] 史念海. 西安历史地图集. 北京: 地图出版社, 1996.
[13] 杨鸿年. 隋唐两京考. 武汉: 武汉大学出版社, 2005.
[14] 刘运勇. 西汉长安. 北京: 中华书局, 1982.
[15] 刘庆柱, 李毓芳. 西汉十一陵. 西安: 陕西人民出版社, 1987.
[16] 刘庆柱, 李毓芳. 汉长安城. 北京: 文物出版社, 2003.
[17] 赵焰, 潘建志. 未央宫风云. 呼和浩特: 内蒙古人民出版社, 1981.
[18] 王社教. 汉长安城. 西安: 西安出版社, 2009.
[19] 李健超. 汉唐两京及丝绸之路历史地理论集. 西安: 三秦出版社, 2007.
[20] 中国社会科学院考古研究所. 汉长安城未央宫遗址. 北京: 科学出版社, 1996.
[21] 中国社会科学院考古研究所, 日本奈良国立文化财研究所 编著. 汉长安城桂宫(1996—2001年考古发掘报告). 北京: 文物出版社, 2001.
[22] 中国社会科学院考古研究所 编著. 汉长安城武库. 北京: 文物出版社, 2005.
[23] 中国社会科学院考古研究所汉长安城工作队. 汉长安城遗址研究. 北京: 科学出版社, 2006.
[24] 中国社会科学院考古研究所. 汉长安城未央宫: 1980—1989年考古发掘报告. 北京: 中国大百科全书出版社, 1996（电子资源）.

[25] 中国社会科学院考古研究所，日本奈良国立文化财研究所. 汉长安城桂宫. 北京：文物出版社，2007.
[26] 姚生民. 甘泉宫志. 西安：三秦出版社，2003.
[27] 杨宽. 中国古代都城制度研究. 上海：上海古籍出版社，1993.
[28] 史念海. 中国古都和文化. 北京：中华书局，1998.
[29] 刘庆柱. 古代都城与帝陵考古学研究. 北京：科学出版社，2000.
[30] 肖爱玲 等著. 隋唐长安城. 西安：西安出版社，2008.
[31] 龚国强. 隋唐长安城佛寺研究. 北京：文物出版社，2006.
[32] 陈平原，王德威，陈学超 编. 都市想象与文化记忆. 北京：北京大学出版社，2009.
[33] 阎琦. 唐诗与长安. 西安：西安出版社，2003.
[34] 张在明 主编. 中国文物地图集（陕西分册）（下）. 西安：西安地图出版社，1998.
[35] 中国人民对外文化协会西安分会 编. 西安文物胜迹. 西安：长安美术出版社，1959.
[36] 史红帅. 明清时期西安城市地理研究. 北京：中国社会科学出版社，2008.
[37] 陕西省博物馆 编. 西安名胜古迹介绍. 西安：陕西人民出版社，1955.
[38] 西安半坡博物馆 编. 西安半坡. 北京：文物出版社，1988.
[39] 李令福. 古都西安城市布局及其地理基础. 北京：人民出版社，2009.
[40] 贺业钜. 中国古代城市规划史. 北京：中国建筑工业出版社，1996.
[41] 贺业钜. 考工记营国制度研究. 北京：中国建筑工业出版社，1985.
[42] 杨宽. 中国古代都城制度史研究. 上海：上海人民出版社，2006.
[43] 刘叙杰. 中国古代建筑史（第一卷）. 北京：中国建筑工业出版社，2003.
[44] 傅熹年. 中国古代建筑史（第二卷）. 北京：中国建筑工业出版社，2001.
[45] 傅熹年. 中国古代城市规划、建筑群布局及建筑设计方法研究（上、下）. 北京：中国建筑工业出版社，2001.
[46] 辛德勇. 隋唐两京丛考. 西安：三秦出版社，1991.
[47] 萧默. 中国建筑艺术史. 北京：文物出版社，1999.
[48] 萧默. 敦煌建筑研究. 北京：文物出版社，1989.

[49] 杨鸿勋. 建筑考古学论文集. 北京：清华大学出版社，2008.
[50] 西安市文物局 编著. 西安大遗址保护. 北京：文物出版社，2009.
[51] 陈桥驿 主编. 中国七大古都. 北京：中国青年出版社，1991.
[52] 朱士光 主编. 中国八大古都. 北京：人民出版社，2007.
[53] 雷学华 编著. 秦中自古帝王居：西安. 武汉：中国地质大学出版社，1997.
[54] 王崇人 编著. 古都西安. 西安：陕西人民出版社，1981.
[55] 李新民. 古都西安漫记. 北京：新华出版社，1985.
[56] 晏振乐 等编著. 巍巍长安：西安卷. 北京：中国人民大学出版社，1992.
[57] 韩保全. 西安的名刹古寺. 西安：陕西人民出版社，1990.
[58] 樊光春. 长安道教与道观. 西安：西安出版社，2010.
[59] 西安市文史研究馆 编. 西安胜迹志略. 西安：陕西人民出版社，1963.
[60] 西安市地方志编纂委员会 编. 西安市志. 西安：西安出版社，2006.
[61] 西安市文物管理委员会 编. 西安文物与古迹. 北京：文物出版社，1983.
[62] 张尊祯 主编，杨春龙. 西安古都. 北京：外文出版社，2002.
[63] 董长君 编著. 西安地区名胜古迹. 西安：陕西人民教育出版社，1989.
[64] 中国社会科学院考古研究所、日本奈良国立文化财研究所中日联合考古队. 汉长安城桂宫二号建筑遗址发掘简报. 考古，1999（1）.
[65] 中国社会科学院考古研究所、日本奈良国立文化财研究所中日联合考古队. 汉长安城桂宫二号建筑遗址B区发掘简报. 考古，2000（1）.
[66] 中国社会科学院考古研究所、日本奈良国立文化财研究所中日联合考古队. 汉长安城桂宫三号建筑遗址发掘简报. 考古，2001（4）.
[67] 中国社会科学院考古研究所、日本奈良国立文化财研究所中日联合考古队. 汉长安城桂宫四号建筑遗址发掘简报. 考古，2002（4）.
[68] 中国社会科学院考古研究所、日本奈良国立文化财研究所中日联合考古队. 汉长安城桂宫四号建筑遗址发掘简报. 考古，2002（4）.

附录 西安重要古建筑遗址列表

古城、城门和城墙等遗址

遗址名称	时代	级别	位置	地表遗存情况
蓝田猿人遗址	旧石器	县级	蓝田县公王岭，泄湖镇陈家窝子村南100米	有博物馆
半坡村落遗址	新石器	国家级	西安市东郊浐河东岸灞桥区纺织城街道半坡村北侧	有博物馆
姜寨遗址	新石器	国家级	骊山镇姜寨村西南侧	遗址占地约2万多平方米，发掘面积1万平方米
康家遗址	新石器	国家级	相桥镇康家村北侧	房址300余座
西周丰镐	西周	不详	西安市西南郊，长安县马王镇、斗门镇一带的沣河两岸	城址范围待考
周原	西周	国家级	陕西岐山县北岐山下	面积1469平方米，前后两进院落，有夯土台基
阳陵故城	西汉	县级	高陵县马家湾乡米家崖村北300米	城址平面呈现长方形，城墙夯筑。南墙残长约600米，东、西墙均残长约60米，残高1米
左冯翊故城	东汉	县级	高陵县鹿苑镇古城村北150米	城址平面呈长方形，东西长约600米，南北宽约400米。残存有夯土墙基
秦栎阳故城	秦	国家级	西安市东北60公里，阎良区武屯镇东官庄村与古城屯村之间（官庄、新义、东西党家、南丁、花刘、汤家村），石川河与清河汇夹之地（自元并入临潼区）	长方形，东西1800米，南北2200米。主要遗址有15处集中在官庄东，御宝屯西，四支渠南，官御路北
秦咸阳	秦	一般	西安市西北、咸阳市以东约15公里处	散布有殿基、墓葬遗址

续表

遗址名称	时代	级别	位置	地表遗存情况
汉长安城	汉	国家级	西安城西北郊约5公里处未央区六村堡、汉城、未央宫乡、三桥镇	36平方公里。包含城墙城门、未央宫、石渠阁、天禄阁、长乐宫、北宫、桂宫、明光宫、武库、拜水台、高祖庙、制陶作坊、双凤阙、神明台、曝衣阁、北沙口、东柏梁、建章宫、太液池等遗址
汉长安城墙	汉	国家级	渭河南岸	地面遗址52里。沿线有宣平门、灞城门、覆盎门、西安门、直城门、洛城门等遗址
子午栈道遗址长安段	汉至清	县级	子午镇、喂子坪乡	包括子午谷口栈道、喂子坪栈桥栈道、黑沟口栈桥栈道、枣儿岭栈桥、石羊观栈道、太平桥南栈道等遗址
隋大兴唐长安城遗址		国家级	雁塔区丈八沟乡、山门口、长延堡、小寨、大雁塔街道	包括城墙、城门、宫城、皇城、大明宫、兴庆宫、慈恩寺等遗址
唐长安外郭城墙遗址	隋至唐	国家级	莲湖区纸坊村、华强路；西安高新区唐延路与沣惠南路间城墙遗址公园	地表无存，仅残存0.6~1.4米深夯土墙基。玄武门、安化门附近有一小段，延平门附近有遗址公园
明德门	隋至唐	国家级	雁塔区长延堡街道杨家村西南80米	唐长安外郭城南面中部明德门遗址。门洞各宽5米，深18.5米
通化门	隋至唐	国家级	西安市新城区长乐西路东段省火电公司	唐长安外郭城东面三门中最北通化门遗址
启夏门	隋至唐	国家级	西安南郊雁塔区长延堡街道瓦胡同村北侧，陕西师范大学南墙以东30米处	唐长安外郭城南面偏东门。东西35米，南北15米，面积525平方米
春明门	隋至唐	国家级	新城区咸宁路东端	唐长安外郭城城门
延兴门	隋至唐	国家级	雁塔区大雁塔街道铁路庙村南	唐长安外郭城城门
安化门	隋至唐	国家级	雁塔区山门口街道山门口村东220米	唐长安外郭城城门
延平门	隋至唐	国家级	雁塔区丈八沟乡响塘寨村南1.5公里	唐长安外郭城城门
金光门	隋至唐	国家级	莲湖区李家庄村西北130米	唐长安外郭城城门

续表

遗址名称	时代	级别	位置	地表遗存情况
夹城	隋至唐	国家级	新城、碑林、雁塔区	外郭城夹城遗址
宫城遗址	隋至唐	国家级	莲湖、新城区 承天门（莲湖区莲湖公园莲池南岸）、宫城南墙（莲湖区香米园西五台）、玄武门（莲湖区自强西路北侧）、西内苑苑墙（新城区联志村西北侧）含光殿（新城区铁一村西北侧郑州铁路局党校）	包括有宫城承天门遗址、宫城南墙遗址、玄武门、西内苑苑墙遗址、含光殿遗址等
皇城遗址	隋至唐	国家级	莲湖、碑林、新城区	含安上门、朱雀门、含光门、安福门、安上门等遗址
朱雀门	隋至唐	国家级	碑林朱雀路北端	唐长安皇城正南门
含光门	隋至唐	国家级	碑林区甜水井街南端，西安城南墙下	唐长安皇城南面三城门之一，长37.4米、宽19.6米，东部保存最高处8.2米
东市遗址	唐	国家级	碑林区友谊东路中段路北	东市址平面呈方形,南北长1千余米,东西宽924米
西市遗址	唐	国家级	莲湖区丰庆路南侧	西市平面大致呈正方形，边长1060米
鹿苑故城	唐	县级	高陵县马家湾乡西营村南50米	城址平面呈长方形，城墙夯筑。现存北墙残长约1千米，东、西墙残长100～150米；残高2～3米
西安明城墙	明	国家级	西安市中心区	城池平面矩形，长13.74公里
钟楼	明	国家级	西安城中心	位于四条大街的交汇处，平面方形，边长35.5米
鼓楼	明	国家级	西安城中心，西大街与北院门交汇处	基座高7.7米，砖砌
佛坪厅故城	清	一般	周至县厚畛子乡老县城村周围	东西长约1200米，南北宽约250米，存部分城墙、城门、建筑基址

宫殿

遗址名称	时代	级别	位置	地表遗存情况
阿房宫遗址	秦	国家级	西郊纪杨乡赵家堡和大古树之间	包含前殿遗址、阿房宫村遗址、磁石门遗址、高窑遗址、蔺高遗址
汉长乐宫	汉	国家级	渭河南岸西北角的阁老门村	遗址平面呈矩形，东西宽2900米，南北长2400米
汉未央宫	汉	国家级	西安市西北约3千米，西北郊的西马寨	汉长安西南部。多座夯土台基耸立地表，包括前殿、椒房殿等遗址
汉建章宫	汉	国家级	西安市西北郊未央区堡子村、三侨镇东张村、后卫寨、东柏梁村一带	汉长安城西墙外。包括前殿、承露台、柏梁殿等殿阁台基，武库、太液池等遗址
汉桂宫	汉	国家级	西安市西北郊	未央宫北靠城西墙。发掘有明光殿、鸿宁殿等四组建筑遗址
汉北宫	汉	国家级	西安市西北郊	厨城门大街以东、安门大街以西、雍门大街以南和直城门大街以北
讲武殿遗址	十六国、前秦	一般	未央宫乡讲武殿村西北500米	边长25米，高17米
大明宫遗址	唐	国家级	西安城东北部龙首原未央区大明宫乡孙家湾、坑底寨、马旗寨村	现已建成遗址公园，包含左右银台门、丹凤门、含元殿、朝堂、宣政殿、紫宸殿、麟德殿、三清殿、清思殿、太液池等遗址
兴庆宫遗址	唐	国家级	西安市东南和平门外咸宁路北，今兴庆公园	遗址南北1250米，东西1075米，宫墙厚5~6米

离宫、苑囿、园林

遗址名称	时代	级别	位置	地表遗存情况
甘泉苑甘泉宫	汉	不详	长阳、扶风境内，咸阳市旬邑县排厦乡沟老头村附近，甘泉宫在淳化县城北凉武帝村	遗址东西长1500米，南北宽1000米。周围45公里。宫殿台基犹存，形似覆斗

续表

遗址名称	时代	级别	位置	地表遗存情况
上林苑	秦至汉至唐	一般～省级	西安市未央区后围寨村北地跨长安、咸阳、周至、户县、蓝田五县县境。昆明池（长安区斗门、镐京、义井乡）长杨宫（周至县终南镇竹园头村西150米）鼎湖延寿宫（蓝田县焦岱镇焦岱村南100米）	包括昆明池遗址、长杨宫遗址、鼎湖延寿宫遗址、射熊馆遗址等
西峪宫殿	汉	省级	周至县竹峪乡西峪村南	遗址东西390米，南北691米
芙蓉园遗址	唐	国家级	西安市南郊雁塔区	今已改建为大型公园：大唐芙蓉园
华清宫遗址	唐	国家级	临潼区骊山镇街南	现存九龙池和海棠汤等遗址
翠微宫遗址	唐	一般	长安区滦镇黄峪村南1.5公里	地表遗址无存
曲江池遗址	隋至唐	国家级	西安市南郊雁塔区曲江乡曲江池东村北	底凹地带。现已建设成曲江池遗址公园
东湖	宋	一般	陕西凤翔县城东门外	现为东湖公园
莲花池	明	一般	西安市大莲花池街莲湖路南，莲湖公园	总面积121亩。在唐代宫城承天门遗址附近
碑林博物馆	近代	国家级	西安市文昌门内	12个文物陈列室，陈列面积达到4900平米
止园	近代	不详	西安市青年路	现为杨虎城将军纪念馆
柯氏半园	近代	不详	西安曹家巷故居原址	仅余平房数间、假山石一堆、古树一棵，以及残存院中的秦砖汉瓦
张学良公馆	近代	不详	西安市建国路69号	全国重点文物保护单位。小院约2亩，保存完整，主体建筑为东西排列着的三座砖木结构的西式楼房

礼制建筑

遗址名称	时代	级别	位置	地表遗存情况
灵台遗址	西周	县级	灵沼乡	台顶已遭到严重破坏，每边残长31～41米，残高8米
王莽九庙遗址	汉	一般	莲湖区汉城北路两侧	汉长安城南。地表无存
汉长安城辟雍	汉	一般	莲湖区大士门村北侧	辟雍的主体建筑建造在一个直径62米的圆形夯土台上。夯土台的正中是平面呈"亞"字形的台基

续表

遗址名称	时代	级别	位置	地表遗存情况
唐天坛遗址	唐	国家级	雁塔区长安南路陕西师范大学院内	保存有三层夯土高台
东岳庙	唐	不详	城东关门内北侧昌仁里	有前殿、后殿、东院内三教宫
周公庙	唐	不详	陕西岐山县城北凤凰山麓	存古建筑30余座，占地约7公顷
老君殿遗址	唐	县级	骊山镇老母殿村西50米	原有的遗址得到保护
无量庙遗址	唐	一般	雁塔区山门口街道北沈家桥村南	现有大殿3间,厢房数间
文庙遗址	北宋	一般	高陵县鹿苑镇东街	不详
兴平文庙大成殿	明	明	兴平县城东街文化馆内	东西19米，南北14.8米；有大成殿、铁塔
城隍庙	明	不详	三原县城内东渠街	有博物馆
上帝庙遗址	明	一般	未央区大明宫乡广大门村	不详
陕西贡院	明至清	一般	莲湖区西贡举院巷	现为西安市儿童公园
樊川杜公祠	清	清	西安城南约12公里，长安县城东少陵原畔	前后两进，山门仿唐，内有三间享殿
西大街的城隍庙	清	不详	西安市西大街大学习巷东侧	分为庙院和道院两大部分，有大牌楼
苏公祠	清	不详	陕西凤翔县东湖东岸	祠内尚存苏轼诗文绘画石刻及手迹碑刻
神农祠	不详	不详	陕西宝鸡市渭河南岸之峪家村	祠内有正殿、东西庑殿，钟亭、魁星楼等建筑
太白庙遗址	清	一般	周至县厚畛子乡都督门村北200米	不详

寺观

遗址名称	时代	级别	位置	地表遗存情况
楼观台（包括楼观台元塔遗址）	西周至明	一般	周至县楼观镇终南山北麓	有老子说经台、尹喜观星楼、秦始皇清庙、汉武帝望仙宫、大秦寺塔以及炼丹炉、吕祖洞、上善池等60余处古迹
北丈八寺	周、汉	县级	户县天桥乡丈八寺北堡村东南侧	存有寺址
卧龙寺	汉	不详	西安市碑林区，柏树林街	寺内碑石林立，文物荟萃

续表

遗址名称	时代	级别	位置	地表遗存情况
法门寺	东汉	国家级	陕西扶风县城北法门乡	现有法门寺院、博物馆、合十舍利塔
水陆庵	六朝	国家级	陕西蓝田县普化镇王顺山下	殿内13面墙壁上存在大量泥制彩绘塑像、壁塑、悬塑，总计3000多尊
大兴善寺	晋	国家级	西安市南郊，城南约2.5公里的小寨兴善寺西街	现存寺院建筑沿正南正北方向呈"一"字形排列在中轴线上。包括转轮藏经殿遗址
草堂寺	东晋	国家级	陕西户县城东南的圭峰山下	现存鸠摩罗什舍利塔
上下悟真寺	隋	市级	陕西蓝田县城东的王顺山	上下两院，殿宇为近代建筑
通灵寺	隋至宋	一般	临潼区纸李乡纸李村内，今通灵寺小学即其故址	阿育王塔一所，十级，高百余尺
宝云寺	隋至宋	一般	临潼区零口乡河阜头村西北500米	存寺址
唐西明寺	唐	国家级	西安市西白庙村西南延康坊西南隅，今西安市友谊西路南	局部发掘，东侧发现一组唐代殿址
唐青龙寺	唐	国家级	西安市南郊雁塔区铁炉庙村北崖上	寺址南部已破坏，西北部有东西并列的两组院落遗迹
西五台安庆寺	唐	市级	西安城内西北隅玉祥门内莲湖路南侧	第四台殿宇全部塌陷，其余四台保存完整
罔极寺	唐	市级	西安市东关炮房街路北	西安市东关炮房街路北
兴教寺	唐	国家级	西安市南长安县杜曲镇，西安城南约20公里处，少陵原畔	现由殿房、藏经楼和塔院三部分组成，内有玄奘舍利塔，高约21米
牛头寺	唐	市级	西安城南，长安县少陵原畔的勋荫坡上	今有大殿3间，僧舍7间，经幢一座
香积寺	唐	国家级	城南约17.5公里长安县神禾塬上的香积村	寺宇现已废毁，仅遗留唐代两座古塔
三阳寺塔	唐	国家级	高陵县东南，高陵县中学校内	通高53米
八云塔	唐	国家级	陕西周至县城外西南郊，云塔公园内，变压器厂以西，云塔路以东，西宝线南	塔共11层，全高约42米。塔基周长35.94米
薄太后塔	唐	国家级	礼泉县城东薄太后村旁的香积寺内	塔身为方形七级砖造阁楼式，高40余米
大佛寺石窟	唐	国家级	彬县城西12公里	全寺共130孔洞窟，佛龛446处，大小造像1980尊
昭仁寺	唐	国家级	长武县城内东街路北	大雄宝殿面阔三间，进深15米，殿内无柱，采用八卦悬顶式

续表

遗址名称	时代	级别	位置	地表遗存情况
东善尼寺	唐	国家级	莲湖区西稍门西北（空军通讯学院）	不详
开善尼寺	唐	国家级	莲湖区大土门村南	不详
温国寺	唐	国家级	碑林区太白路1号（西北大学西南角）	仅存大殿5间、明代铁狮一对、匾额、碑记等
招福寺	唐	国家级	碑林区瓦窑村北	不详
大安国寺	唐	国家级	新城区电厂路龙华村北侧	三座唐代经幢和一些残散的碑石
大慈恩寺	唐	国家级	雁塔区雁塔路南端（大慈恩寺内）	主要建筑佛像，大雁塔，玄奘三藏院
普贤寺	唐至清	县级	长安区义井乡普贤寺村内	有大雄宝殿、万岁楼、观音殿等十余幢建筑和古塔、石牌等。山中还有上元庵、祝圣殿等古建筑
法幢寺	唐至清	一般	长安区申店乡瓜洲村西南侧	原为省级重点文物保护单位，因全部破坏，1992年撤销保护单位
清源寺	唐	一般	蓝田县辋川乡白家坪村东北300米	存有寺址
空寂寺	唐	一般	蓝田县厚镇乡东嘴村西500米	存有寺址
龙泉寺	唐	一般	周至县司竹乡龙泉寺村	占地15950平方米，现存影壁、牌坊、三座院落
庆山寺	唐	一般	临潼区新丰镇鸿门堡村东500米	唐武宗灭佛时被毁，至今尚未重建
崇皇寺	唐至明	县级	高陵县崇皂乡崇皇村	寺址约2万平方米
会灵观遗址	唐至元	一般	周至县楼观镇楼观堡村东南400米	不详
延生观遗址	唐至清	县级	周至县楼观镇延生观村	存有殿基、石碑、玉皇石像、石柱础、硬山顶玉真公主祠
泰塔	宋	国家级	旬邑县城内北街	八角七层楼阁式砖石结构，通高56米
八仙庵	宋		西安市东关长乐坊	现占地110亩，由山门至后殿，分为三进
重阳宫	宋		陕西户县城西祖庵镇北，西安市区西南40公里处	现余清重建灵官殿、七真殿，院中的几块硕大的筑基石和一件残存的屋脊
邠县塔	宋		咸阳市彬县城内西街紫微山下	楼阁式砖塔，高50余米，八角形，七层，中空

续表

遗址名称	时代	级别	位置	地表遗存情况
太平寺宋塔	宋	不详	陕西岐山县城内西街	为八角八层楼阁式砖塔，高30余米
玉华观遗址	元	一般	周至县楼观镇楼观堡村北300米	不详
元始玉清宫	元	一般	周至县集贤乡殿村南500米	寺址约4500平方米
清真寺	明	国家级	陕西西安化觉巷	共四进院落
千佛铁塔	明	国家级	咸阳市北杜镇	纯铁铸成，平面方形，十层，高33米，边宽3米。塔身保存完好，唯塔刹稍斜
崇文塔	明	国家级	泾阳县崇文乡南永乐店	共13层，八角形，高79米许
感业寺	明	市级	未央区六村堡乡六村堡村内	仅存大殿一座
石佛寺	明	一般	蓝田县汤峪镇石佛寺村西南侧	存北窟、南窟
能人寺	明至清	一般	临潼区油槐乡昌寨村西	不详
西安清真大寺	清	国家级	西安城内西大街之北	南北宽50米，东西250米
西安城西北隅的广仁寺	清	市级	西安城内西北隅	有大雄宝殿、藏经殿、法堂三重殿堂，两侧有配殿、厢房、跨院

坊肆、住宅、作坊

遗址名称	时代	级别	位置	地表遗存情况
孟家村铸钱遗址	秦	一般	临潼区代王镇孟家村南50米	已有考古发掘
草市遗址	汉	一般	高陵县鹿苑镇草市村西200米	面积约8万平方米
永崇坊道路遗址	唐	国家级	碑林区雁塔路中段南（防洪渠北岸）道路中心东距今雁塔路中心约70米	路面距今地表1.5米，宽约15米，路土厚10~35厘米。下层有车辙遗迹
平康坊南道路遗址	唐	国家级	碑林区建西街	已有考古发掘
平康坊渗井遗址	唐	国家级	碑林区雁塔路北段	已有考古发掘
普宁坊窑址	唐	国家级	莲湖区任家口村南侧	已有考古发掘
长乐坊窑址	唐	国家级	碑林区友谊东路东段北侧	已有考古发掘

续表

遗址名称	时代	级别	位置	地表遗存情况
崇化坊建筑遗址	唐	国家级	雁塔区丈八沟乡赵家坡村东200米	遗留有宽数10米、深10余米的大坑数个，多处残窑址
南油巷制陶作坊遗址	宋	一般	莲湖区南油巷中段	已有考古发掘
三里头铸钱遗址	北宋、金	一般	蓝田县三李镇乡三里头村西南200米	已有考古发掘
斡尔垛遗址	元	省级	灞桥区十里铺乡秦孟街北120米	周长2282米，四面有墙，东西南三面有门，内有夯土殿基
明秦王府遗址	明	省级	新城区新城广场及其北侧	仅余基坑东边和南沿约200多平方米的小部分面积

陵墓

遗址名称	时代	级别	位置	地表遗存情况
秦始皇陵	秦	国家级	陕西临潼县城以东的骊山北	丘陵现高76米，周长约2千米
秦始皇陵兵马俑丛葬坑	秦	国家级	临潼县城以东，秦始皇陵东侧1.5公里处	有博物馆
秦陵铜车马	秦	国家级	陕西临潼县城以东，秦始皇区内	铜车马两乘
少陵	汉	国家级	西安市南，长安县司马村东	封土堆现高45米
汉陵	汉	国家级	咸阳市北五陵原上	绵延约50公里，覆斗形状，夯土筑成
长陵	汉	国家级	咸阳市东，窑店镇三义村北	现陵冢高80米，呈长方形夯土堆
茂陵	汉	国家级	兴平县东北南位乡茂陵村，渭北高原窦马	有博物馆
钩弋夫人墓	汉	国家级	淳化县铁王乡，大圪塔村西北	墓形似覆斗，夯筑，东西长166米，南北宽154米，高约20米
霍去病墓	汉	国家级	兴平县东北，茂陵东500米处	墓冢底南北105米，东西73米，冢高约25米。
符坚墓	十六国	省级	彬县水口乡，城西南的水国镇西	墓冢坐南向北，面积140平方米，封土堆高3米，呈角锥形
泰陵	唐	国家级	扶风县城东南45里的三畤原	陵域38公里，有内外两圈城
献陵	唐	国家级	三原县徐木乡，城东20里	封土堆呈覆斗形，高13米，长、宽均约100米

续表

遗址名称	时代	级别	位置	地表遗存情况
昭陵	唐	国家级	礼泉县东北九峻山	占地面积30万亩,周匝60公里,陪葬墓167座
顺陵	唐	国家级	咸阳市东北20公里处渭城区底张镇韩家村	陵园范围面积110公顷,略呈长方形
李昺墓	唐	省级	咸阳市东的北塬上	冢高10米,直径15米
建陵	唐	省级	礼泉县城东北武将山上	陵园面积15万平方米
唐乾陵	唐	国家级	乾县城北,西安西80公里的梁山	内城总面积240万平方米,陪葬墓共计17座
章怀太子墓	唐	国家级	乾陵东南约3公里处	壁画50多幅,保存基本完好
懿德太子墓	唐	国家级	乾陵东南隅	有博物馆
永泰公主墓	唐	国家级	乾陵东南隅	地面存有唐代封土堆和围墙
李晟墓	唐	省级	陕西高陵县白象村渭水桥附近	冢为圆锥形夯土堆,高5米,直径15米;墓前有碑
尉迟敬德墓	唐	不详	礼泉县东北烟霞新村	墓封土堆高11.2米,直径26.5米,墓碑身高4.45米
李勣墓	唐	不详	礼泉县烟霞新村	墓为三个相邻的大夯土堆,墓碑高7.5米
魏征墓	唐	不详	礼泉县昭陵西南的凤凰山巅	墓垣现仅有蟠桃纹碑首的丰碑一通
崇陵	唐	省级	泾阳县云阳镇北之嵯峨山	现仅南门有华表、天马等,多残破不全
杨贵妃墓	唐	省级	兴平县马嵬坡	占地3000平方米,墓呈半球形,冢高3米

其他

遗址名称	时代	级别	位置	地表遗存情况
坑儒遗址	秦至汉	县级	临潼区韩峪乡洪庆堡村南50米	不详
鸿门坂遗址	汉	县级	临潼区新丰镇街南500米	不详
并渭漕渠遗址	西汉	一般	灞桥区新合乡,临潼区西泉乡	灞桥段、临潼段
影山楼遗址	汉	一般	莲湖区曹家堡村南150米	夯土台高约七八米,面积约数百平方米
渠北遗址	汉至宋	一般	碑林区雁塔路西防洪渠北侧	不详
龙首渠遗址	隋至唐	国家级	新城区长乐西路东段	不详

续表

遗址名称	时代	级别	位置	地表遗存情况
清明渠遗址	隋至唐	国家级	雁塔区山门口街道山门口村东200米至碑林区西何家村北	不详
灞桥遗址	隋至元	国家级	灞桥镇灞桥街、柳巷村	长约9.5米，宽约2.5米，残高2.68米。桥总长约100余米
东渭桥遗址	唐	省级	高陵县耿镇白家嘴村西南100米	现存遗址长548.8米、宽11米
悟真峪栈道	唐、宋	县级	蓝田县普化乡蝉坡村南1公里	不详
北关遗址	唐至金	一般	蓝田县蓝关镇北关	不详
横渠书院遗址	北宋至清	一般	骊山镇书院门北侧	现已完成大殿、讲学堂（两座）、山门等建筑的修复及彩绘工程
明道书院遗址	清	县级	户县甘亭镇西大街书院巷	不详

后 记

本书不想刻意介绍西安极为丰富的古代遗存，因为有很多好书已经详尽描述了。关于西安的研究成果和著述已经颇丰，内容非常广泛，研究非常深入，我实在难有新的发现贡献出来。只能从我比较熟悉的城市规划历史和建筑历史领域，力图在已有文献、研究和考古发掘成果的基础上，对西安历史上的都城规划历程和成就、经典的建筑作品做一个系统的梳理，其间遗漏有待方家指正。

摆在大家面前的这本书参考了诸多学者的研究成果，不少图片是在已有考古勘测图的基础上绘制的，因此首先要向一直坚持研究的学者们致敬。根据华润"中国古代建筑知识普及与传承系列丛书·中国古都五书"编写的要求，本书一方面与学术性接轨，力图将文献记载和考古成果结合起来，做到言必有据；另一方面尽量不过多讨论学术问题，力求通俗易懂。对古都历史和建筑历史研究中一些尚存争论的问题，尽量概括地提供比较全面的看法给读者自己判断，同时也根据我对历史文献记载和考古材料的理解，提出自己的看法。如果读者因读此书而产生对古都西安的城市规划和建筑历史的一点兴趣，则是对我最大的回馈了。

虽然博士论文写作期间接触了不少关于西安的资料，但着眼点主要是围绕隋唐时期的坊内用地规划，而整个城市的生活以及都城的历史演变，内容十分庞杂，如何在已经看不过来的信息中整理出我的思路，往往令我有眼睛不够用、脑子不够使的感觉，多次写了又放下。

如果不是古都丛书的主编、同时又是我尊敬的导师王贵祥先生的反复督促，恐怕还要拖更长的时间，或可能中途知难而退，不会拿出来呈现在大家面前。实地考察中，唐长安的尺度之大、遗存之分散，仍超乎时人想象，如果不是大学同学刘斌全程慷慨出车相助，我的西安现场调研也可能还要延长些时日，很难如此顺利完成。最后,编辑部的袁增梅、张弦、吴雅琼、杨靓、毛娜还协助完成了整理插图、附录、编目、扫描等工作,赵凯波同学帮助绘制了书稿中的几张插图,在此向他们表示衷心感谢!

贺从容
2011年12月20日于清华大学